LOS CUBANOS DE MIAMI
LENGUA Y SOCIEDAD

COLECCIÓN POLYMITA

EDCIONES UNIVERSAL, Miami, Florida, 2003

Humberto López Morales

LOS CUBANOS DE MIAMI
LENGUA Y SOCIEDAD

...EDICIONES UNIVERSAL

———

Primera edición, 2003

EDICIONES UNIVERSAL
P.O. Box 450353 (Shenandoah Station)
Miami, FL 33245-0353. USA
Tel: (305) 642-3234   Fax: (305) 642-7978
e-mail: ediciones@ediciones.com
http://www.ediciones.com

Library of Congress Catalog Card No.: 2003112597
I.S.B.N.: 978-1-59388-016-3

Composición de textos: Luis García Fresquet

Diseño y fotomontaje de la cubierta: Luis García Fresquet

Foto del autor: Orlando Rossardi

ÍNDICE

INTRODUCCIÓN

I

Muchos son ya los investigadores que en los últimos años se han encargado de estudiar desde diversas perspectivas el 'fenómeno hispano' en los Estados Unidos y, consecuentemente, la situación lingüística de los inmigrantes que constituyen esos núcleos, en especial, los de mayor peso: mexicanos, puertorriqueños y cubanos.[1]

Pero esos mismos estudios se han encargado de demostrar que los únicos lazos comunes que pueden observarse entre los diferentes grupos de estos inmigrados son la lengua, aunque se trate de diferentes variedades dialectales del español, y —si bien en menor grado— la religión católica.[2] Esta circunstancia hace muy recomendable que, además de los siempre útiles trabajos de conjunto, otros exámenes se centren monográficamente en determinadas entidades democulturales, incluso en aspectos muy concretos de ellas.

No es necesario subrayar la vital importancia que reviste el análisis de los resultados del contacto entre la lengua materna de estos inmigrantes, el español, y la lengua dominante en la comunidad receptora, el inglés. Y es importante, porque dentro de la amplia variedad de situaciones que el contacto puede llegar a crear, las hay extremadamente drásticas.

---

[1] La bibliografía es tan extensa que ha merecido ya varias recopilaciones: la amplia y muy detallada de Techner, Bills y Craddock (1975) ha sido continuada recientemente por Morales y Cardona (1999); *Vid*. sus secciones: 'El español en los Estados Unidos' (7-39), de carácter general, y las especiales 'El español del oeste de los Estados Unidos. Chicanos (39-94), 'El español del este de los Estados Unidos. Puertorriqueños y dominicanos' (94-110) y 'El español de [la] Florida y Louisiana, Cubanos e isleños' (110-116). Un *status quaestionis* muy documentado en Morales (1992), actualizado años después (1999), y otro, en Silva Corvalán (2000).

[2] El Director Ejecutivo del Secretariado de Asuntos Hispánicos de la Conferencia Episcopal de los Estados Unidos informó en un comunicado de prensa (*El Nuevo Herald*, 5 de marzo de 2000) que de los sesenta y dos millones que integran la población católica estadounidense, un treinta por ciento son hispanos, es decir, unos 18 600 000 fieles, algo más del 52% del total de inmigrantes de esa procedencia.

Algunas situaciones muestran la existencia de un bilingüismo social equilibrado, en el que ambas lenguas se mantienen independientes e inalterables, sin influencias de una sobre otra, ni viceversa. En realidad, son comunidades más fáciles de describir sobre el papel que de encontrar en la realidad. Otra cosa es que existan *individuos* que cumplan con estas características, que sí los hay, tanto dentro de una de estas comunidades como fuera de ellas. Aquí las cuestiones de interés lingüístico y social son de otra naturaleza: si el uso de ambas lenguas está condicionado por ámbitos comunicativos específicos, una para los domésticos y la otra, para los públicos, por ejemplo.

En las ocasiones en las que la influencia se da, estas pueden ser menores –léxicas en solitario–, o acompañadas de fenómenos más profundos, como las transferencias y las convergencias de tipo gramatical. No hay que descartar, desde luego, que la lengua materna de los inmigrantes sufra, directa o indirectamente, otros percances, como la simplificación y generalización de su sintaxis, por ejemplo. Si la alternancia de códigos – la presencia de ambas lenguas en el discurso del mismo hablante– se instalara de manera permanente en la comunicación habitual de la comunidad de habla, se añadiría otra situación causada por la fuerte presencia de la lengua dominante. Como ninguno de los casos señalados hasta aquí son excluyentes, su coexistencia sería responsable de un hibridismo lingüístico de proporciones muy diversas.

Cuando la erosión de la lengua inmigrada alcanza cotas de importancia, se entra en un proceso de creciente debilitamiento: el monolingüismo de los inicios se va convirtiendo en bilingüismo, para encontrarnos al final del camino de nuevo con el monolingüismo, pero de signo contrario. La lengua de los inmigrantes se debilita y muere. Esta trayectoria tiene su contrapartida en lo social: aquí se suele partir de un nacionalismo ejercido con diferentes grados de intensidad y desembocar en una desetnización cultural muy acusada, pasando por etapas intermedias, como la transculturación.

En todos los casos, desde los más superficiales hasta los más agudos, estas influencias pueden acelerarse, aminorar su ritmo, detenerse, e incluso, involucionar, según se den o no en los inmigrantes ciertas características, como un determinado nivel sociocultural, una autoestima considerable, una actitud positiva hacia su lengua materna y, consecuentemente, unos índices altos de lealtad lingüística. Ello depende en lo esencial de las razones que motiven la emigración: no es lo mismo pertenecer a niveles socioculturales muy modestos, presentar grados paupérrimos de preparación profesional y proceder de situaciones económicas precarias, a veces, desesperadas, es decir, ser un inmigrante *económico*, que estar situado en el otro extremo del parámetro, y abandonar su país por otras causas, el rechazo a un determinado régimen político, por ejemplo. En el primer caso, lo que se suele pretender es superar cuanto antes ese calamitoso estado de cosas, lo que lleva aparejado que se mire con ferviente admiración hacia la cultura anfitriona y, consecuentemente, que todos los esfuerzos sean pocos para olvidarse de su procedencia y abrazar cuanto antes los patrones sociales de los dominadores y, por supuesto, su lengua. Nada de esto ocurre en el caso contrario, al menos, no de manera colectiva. Estas actitudes, sean del signo que sean, se traducen siempre en la estructura sociocultural y económica que adquiere la comunidad de habla, en caso de haberla.

II

Aunque la reciente diáspora ha llevado a los cubanos a lugares muy distantes y diversos,[3] bastante más de un millón y medio de ellos —en torno al 12% de la población de la Isla— ha terminado por radicarse en suelo norteamericano, llegando a constituir en el presente cerca del 5% del total de la población de ese país. Es verdad que podían —y pueden— encontrarse cubanos, aunque a veces en proporciones muy modestas, en muchos

---

[3.] Con excepción de los Estados Unidos, los destinos más frecuentes han sido Puerto Rico, diversos países hispanoamericanos —Venezuela y México entre los favoritos— y España, aunque en ocasiones estos lugares fueran solo transitorios. De todos ellos, el exilio más estudiado —aunque no desde el punto de vista lingüístico— ha sido el de Puerto Rico. De los títulos producidos, *Vid.* especialmente: Esteve (1984), Montaner (1991) y Cobas y Duany (1995), trabajos que, en cierta medida, se complementan entre sí.

otros estados de la Unión,[4] pero también lo es el hecho de que la gran mayoría haya decidido vivir en la Florida, concretamente en el Gran Miami.

La preferencia de los cubanos por Miami es cada vez más explicable: la cercanía geográfica a las costas de Cuba, la semejanza climatológica y, sobre todo, la cada vez más creciente *atmósfera* cubana que domina este enclave[5] –en la que ocupa un lugar destacadísimo el manejo asiduo del español en la vida pública– han hecho de esta ciudad, casi desde el principio mismo de las inmigraciones recientes, un enclave único entre los núcleos hispánicos de Norteamérica: Miami es la meca, la 'capital del exilio', la ciudad *cubana* de mayor población, inmediatamente después de La Habana.

III

A pesar de que la bibliografía sobre los cubanos en los Estados Unidos, y en el Gran Miami en particular, ha florecido extraordinariamente en las últimas décadas –al compás de las sucesivas olas inmigratorias–, hay que reconocer que el interés principal de esas investigaciones ha ido hacia cuestiones históricas, sociológicas, económicas y políticas, y que solo un pequeño número de trabajos se ha centrado en temas lingüísticos.

Además de los estudios sobre los cubanos en los Estados Unidos en general, los trabajos monográficos centrados en los

---

[4.] Al margen de la Florida, los estados con mayor proporción de población cubana son Nueva Jersey, con un 8% (85,378), Nueva York, con un 7% (74,345) y California, con otro 7% (71,977). Las zonas metropolitanas de Nueva York, Nueva Jersey y Connecticut aportan un 15% más. Los estados de Illinois y Texas cuentan con muy pocos habitantes de esta procedencia (18 204 y 18 195, respectivamente); en el resto de los casos, los números son insignificantes (Boswell, 1994).

[5.] Un conocido sociólogo neoyorquino, David Rieff (1987:224) afirmaba, hace ya casi tres lustros, que "Cubans have largely taken control of the *athmosfere* of the city", premisa que lo lleva a concluir lo siguiente: 'Cubans are probably the only people who really do feel confortable in Dade County these days (...) and Miami –subrayo– *is their own town*'. Estas observaciones de Rieff, que no son ni esporádicas ni aisladas, siguen hoy en pie, incluso mucho más fortalecidas.

que habitan en el Gran Miami, si no abundantes, son muy ilustrativos: la influencia del inglés en el español de la comunidad (transferencias, convergencias, intercambios de código), los dominios de uso y la elección idiomática, las actitudes y las creencias motivadoras, la lealtad y la deslealtad lingüísticas y, consecuentemente, el mantenimiento o el cambio idiomático, han sido estudiados por Fernández (1973), Varela (1974, 1979, 1983), Solé (1979, 1980, 1982), Staczek (1981, 1983), García y Otheguy (1988), Roca (1988, 1991), Castellanos (1990), Ramírez (1992), García y Díaz (1992), Portes y Schauffler (1993), Lipski (1996), Lynch (1999, 2000), López Morales (2000, 2001, 2002, 2003a, 2003b, 2003c) y Lynch y Klee (2003); el papel del español desde el punto de vista económico, por Resnick (1988), Jong Devis (1988), Fradd (1996) y Fradd y Boswell (1996).[6] Dedican especial atención a la enseñanza recibida por los niños en el Condado de Miami-Dade, concretamente en las llamadas *escuelitas* cubanas, García y Otheguy (1985, 1987). Estas obras, entre otras, son de consulta obligada, por el rigor y la seriedad de las investigaciones en que se apoyan.

El punto cardinal más importante de todo este trabajo es, naturalmente, lo relativo al mantenimiento del español frente a su desplazamiento por el inglés; la bibliografía examinada nos ofrece aquí dos hipótesis encontradas. De una parte, los que piensan en una transición idiomática, avanzada ya, que terminará por dar preponderancia al inglés, relegando la lengua materna a una posición muy discreta, y de otra, los que se incli-

---

[6] Caen fuera de este recuento los estudios sobre el español de Cuba realizados o publicados en los Estados Unidos, otros como los aparecidos en los años 1970 y 1971 hechos con exiliados cubanos recién llegados a Miami (Vallejo Claros, 1970; López Morales, 1971; también 1992), puesto que perseguían la obtención de datos sobre el español *de Cuba*; tampoco investigaciones que analizan diversos aspectos del español de los cubanos de Miami: Navarro (1963), Hammond (1976, 1978, 1979a, 1979b, 1980) y Guitart (1982, 1986). Es de advertir que aunque este pequeño ramillete de investigaciones no esté concebido desde la óptica de 'lenguas en contacto', aspecto que constituye el tema principal del presente libro, no dejan, de ofrecernos información muy provechosa. Por razones que no es necesario subrayar, tampoco se consignan los trabajos sobre los cubanos en los Estados Unidos (en general), ni sobre las comunidades asentadas en otros sitios de la Unión.

nan por vislumbrar un bilingüismo equilibrado, en el que el español nativo desempeñará un papel importante.

García y Otheguy (1988), apoyados en la información disponible entonces y basados en Fishman (1977) y en las cinco razones que apunta para lograr el mantenimiento de la lengua minoritaria –1) demografía, 2) situación sociocultural, 3) economía, 4) aspectos filosóficos e ideológicos, y 5) política–, creían que en el caso de los cubanos del Gran Miami, la pervivencia del español solo contaba a su favor con la demografía, de manera que, a pesar del alto porcentaje de hablantes monolingües de español (1988), de la cultura y del alto estatus económico de la comunidad, el futuro de esta legua era incierto.[7] La posición contraria, la que apuesta por el fortalecimiento de la lengua materna dentro de una comunidad bilingüe y bicultural, esgrime en su favor, además de la creciente demografía –constantemente enriquecida por la llegada de otros hispanos de Colombia, América Central y el Caribe, de México y del Cono Sur–, la cohesión sociocultural (no considerada importante por García y Otheguy) y el poder económico mostrado por la comunidad.[8]

IV

A pesar de los trabajos con los que hoy contamos, estaba aún por hacer una investigación abarcadora que nos dejase ver con

---

[7] Otro puntal en que se apoyan estos autores –siguiendo a Goonen (1984)– es que, aunque el 85% de estos cubanos sean católicos, y aunque las misas a las que asisten se celebren en español, esta actividad refuerza poco el uso de esta lengua, pero Roca (1991) ha recordado que la Iglesia Católica celebra también otros oficios en español (rosarios, bautizos, funerales, comuniones, bodas y, añadimos, todo el ceremonial de Semana Santa, entre ellos el *Via Crucis*), y que, además, son en español la mayoría de las actividades extra-litúrgicas (fiestas, romerías, campañas para la obtención de fondos, etc.). Esta posición ya había sido esbozada, aunque tímidamente, por Resnick (1988), y llevada, de manera impresionista, hasta sus últimas consecuencias, por Rosa (*Apud*. Montalbano, 1979: 32), que llegó a afirmar: 'In twenty-five years Spanish will be dead in Miami as a first language'.

[8] Apoyan esta postura, entre otros: Fishman y Hofman (1966), Aid (*Apud*. Montalbano, 1979: 33), Staczek (1981), Castellanos (1990), Roca (1991), Lynch (2000) y López Morales (2000).

claridad la verdadera situación lingüística de esta comunidad, su presente, desde luego, y basados en las últimas tendencias, adelantar una proyección de lo que ocurrirá allí con nuestra lengua en un futuro inmediato, es decir, corroborar, con datos muy actuales, cuál de las hipótesis presentadas por la investigación anterior resulta –de momento– corroborada.

No es otro, por lo tanto, el propósito de estas páginas que ofrecer al lector un panorama detallado de la situación de lenguas en contacto –español e inglés– de la comunidad cubana del Gran Miami. Se notará que la mayoría de los estudios efectuados ya trabajan con las generaciones más jóvenes, que son precisamente las que ofrecen una fenomenología lingüística más rica en todas estas situaciones. Este libro también se ocupa de ellas, pero como un integrante más de la comunidad, ya que nuestra aspiración aquí es ofrecer un retrato que precise en qué estado se encuentran las forzosas influencias de la lengua dominante en el idioma de los inmigrados de *toda* la comunidad.

Nuestro interés se centra, por lo tanto, en uno de los componentes de mayor interés –el lingüístico– de una parcela, –la comunidad cubana del Gran Miami, diferente y original en no poca medida entre otras de origen hispano– de ese amplio proceso inmigratorio, que ha llegado a convertir a los Estados Unidos en uno de los primeros países hispanohablantes del mundo.[9]

---

[9]. No es posible equiparar automáticamente los datos demográficos con los lingüísticos; es verdad que la población hispana de los Estados Unidos está rondando los 40 millones, pero los hispanohablantes no deben sobrepasar mucho los 32, pues esa importante diferencia –unos ocho millones–, no habla español o posee una competencia muy escasa en él. Los siguientes datos, de 1990, presentados por Silva Corvalán (2000: 70) nos dejan ver que en los ocho estados estudiados, el porcentaje de hispanohablantes (de entre el total de hispanos) es el siguiente: Arizona (69%), California (72%), Colorado (48%), Nuevo México (69%), Texas (79%), Nueva York (84%), Florida (92%) e Illinois (81%), lo que arroja una media de 77%. Es posible que de entonces acá las cifras se hayan incrementado algo. Las poblaciones estimadas (Microsoft, *Enciclopedia Encarta*, 2001) para México (101 879 170), Colombia (40 349 388), España (40 037 995) y la Argentina (37 384 816), parecen darle a los Estados Unidos un honroso quinto lugar –por el número de hablantes– entre el concierto de países hispánicos, y ello, a pesar de que tampoco aquí es posible identificar los datos demográficos con los lingüísticos, pero en México habla español el 98.2% de sus hablantes, en Colombia, el 99%, en España, el 99.1% y en la Argentina, el 99.7%.

V

Este libro, como todos, debe mucho a varios amigos que me hicieron más fácil el camino, largo pero entusiasmante, que he tenido que recorrer desde que nació la idea y esta se convirtió en propósito, hasta que se puso punto final al manuscrito. Mi gratitud más profunda a todos ellos. En primer lugar, a los informantes, porque sin su ayuda desinteresada no hubiese podido ni siquiera dar inicio a esta investigación, y –sobre todo– porque con sus intervenciones en las entrevistas he aprendido mucho y me he emocionado con frecuencia al palpar de cerca, primero, el desarraigo, después, el esfuerzo, la dedicación, la disciplina y el tesón para superarse cada día más. Mi agradecimiento también a Orlando Rodríguez Sardiñas (Rossardi), que desde Miami mantuvo su mano generosa siempre tendida en oferta de ayuda y de apoyo, y a Leonel Antonio de la Cuesta, quien desde la capital del exilio, quitó obstáculos y allanó para mí el sendero. No puedo –ni quiero– cerrar estas líneas sin reconocer, agradecido, a las Ediciones Universal y a Juan Manuel Salvat, su benemérito director, la acogida inmediata y solícita que dio a este proyecto en momentos en que aún era solo eso. Mil gracias a todos.

Madrid–Miami, verano de 2003

I. MIAMI: EL GRAN COMPLEJO SOCIAL

1.1 *Los cubanos de Miami*[1]

El Miami–Dade County, condado nacido en 1957, consta de 30 municipios y de una buena cantidad de territorios no incorporados, extendidos a través de cerca de 5 180 kilómetros cuadrados en el sur de la Florida, excepción hecha del Parque Nacional de los Everglades, que ocupa una tercera parte de esta supeficie. El mayor de los municipios del Condado es la ciudad de Miami.[2] A su alrededor existen otras municipalidades con altos índices demográficos que constituyen el llamado Gran Miami.

En el nuevo condado, con una demografía actual de aproximadamente 3 900 000, el 57% es de origen hispano; de este porcentaje sobresalen los cubanos, con un 50%.[3] Miami-Dade es hoy el condado de mayor concentración hispana de todo el país, pues ha llegado a superar al tejano de Bexar, donde está enclavada la ciudad de San Antonio, que hasta hace una década ostentaba este título.

---

[1] En la bibliografía sobre el tema se manejan los términos *cubanos* y *cubano-americanos* para referirse a los integrantes de esta comunidad. Mi preferencia, ya notada por el lector desde el título de este libro, es por el primero de ellos. Esto obedece a dos razones principales: objetivamente, *cubano-americano* parece hacer referencia, bien a los que han nacido en suelo norteamericano, bien a estos y a los que han adoptado la nacionalidad estadounidense, pero no a los demás. Por otra parte, muchos exilados rechazan esta etiqueta e insisten en que su identidad será siempre cubana, pues uno solo se *americaniza* –cito a uno de mis informantes– 'si se transculturaliza y si olvida su lengua materna'. Entre los más jóvenes, especialmente entre los nacidos en los Estados Unidos, cuya socialización ha seguido patrones norteamericanos (Pérez-Firmat, 1997; del Águila, 1998), no son pocos los que eligen llamarse *cubanos*, aunque algunos se sienten más cómodos con su lado de *–americano*, pero sea como sea este segmento poblacional no es el más numeroso.

[2] *Miami*, topónimo de origen indígena, es el nombre del río que atraviesa la ciudad, que de él tomó el nombre; *Dade* es el apellido de Francis Longhorne Dade, personaje muy ligado a la historia temprana de la región.

[3] Mientras que la población de origen cubano parece haberse estabilizado en el Condado de Miami-Dade en los últimos años, el crecimiento de otros gru-

Aunque se encuentran hispanos y cubanos en todo el Estado de la Florida, la mayor cantidad de ellos está distribuida entre los siguientes municipios del Gran Miami:

CUADRO 1.1

Distribución poblacional de hispanos y cubanos en el Gran Miami

hispanos		C	PR	M
	%	%	%	%
Miami	258 351 66	52	4	2
Hialeah	204 543 90	69	3	1
Miami Beach	47 000 53	38	8	3
Coral Gables	19 703 47	62	5	2
Hialeah Gardens	17 324 90	60	4	1
Homestead	16 537 52	13	13	44
North Miami	13 869 23	19	19	3
Sweetwater	13 253 93	54	2	1
North Miami Beach	12 245 30	16	15	2
Miami Springs	8 173 60	53	6	1

United States Bureau of the Census, 2001
C = cubanos, PR = puertorriqueños, M = mexicanos

Al margen de Miami-Dade, la población hispana, y cubana en particular, está empezando a adquirir cotas importantes en otras zonas del sur de la Florida: el Condado de Broward ha experimentado un ascenso del 71% en esta última década, y el de Palm Beach, del 77%, aunque aún sus proporciones alcanzan cifras modestas: el 13% y el 11%, respectivamente. Sin embargo, estos índices han convertido a Broward y a Palm Beach en el segundo y el tercer condado del país con respecto al incremento de la población hispana, solo superado por el de Clark [Nevada], sede de la ciudad de Las Vegas. Los índices demográficos hispa-

---

pos hispanos ha sido espectacular: los puertorriqueños y los mexicanos son los casos más sobresalientes (índices de crecimiento de 78% y 65%, respectivamente), aunque sin llegar a constituir minorías significativas. Los colombianos, nicaragüenses, dominicanos y hondureños alcanzan tazas, menores que las anteriores, pero de alguna consideración. A partir de 1990, la población hispana del Estado de la Florida creció en un 70%, porcentaje muy notable, si se lo compara con el índice estatal de crecimiento general, que fue solo de un 24%.

nos han comenzado a tener también un gran incremento en los cayos sureños.

1.2 *Etapas de formación*

Aunque la emigración cubana a los Estados Unidos es fenó-meno antiguo,[4] la formación del importante complejo demoso-cial asentado hoy en el Gran Miami es resultado de los que, en olas sucesivas, han ido abandonando la isla antillana desde finales de diciembre de 1958. Los últimos cuarenta y tres años han sido testigos de este auténtico alud poblacional, que ha logrado cambiar drásticamente la estructura de la antigua ciudad apacible y provinciana de antaño.[5]

1.2.1 *De 1959 a 1962*

Un total aproximado de 248 070 cubanos, entre los que se encontraban 14 000 niños sin sus padres y sin familia alguna (United States Department of Health, Education, and Welfare,

---

[4] Comenzó en el siglo XIX, bastante antes de 1870, año a partir del cual puede rastrearse documentalmente; con anterioridad, como indica Pérez (2000:14), los registros oficiales incluían a los cubanos bajo la rúbrica más general de 'antillanos' (West Indies). Aunque los asentamientos más antiguos se dieron en Nueva York, Cayo Hueso y Nueva Orleans, los primeros años del siglo XX favorecieron a Tampa, gracias a su famosa industria tabacalera. Miami, que había sido fundada en 1896, no se asomó a este panorama hasta finales de la década de los 50 del siglo XX, época en la que empieza a adquirir un singular protagonismo con la recepción de elevados contingentes de refugiados cubanos. La inmigración anterior a 1959 ha sido estudiada por Martin (1963), el Center for Advanced International Studies (1967) y, sobre todo, por Balseiro (1976), Ripoll (1987) y Pérez (2000).

[5] Uno de los temas de conversación que se propuso a los sujetos de la encuesta fue las diferencias que veían, si alguna, entre la ciudad de hacía 20 años y la de hoy. Se consiguió una importante cantidad de testimonios que hablan en favor de un cambio drástico entre el 'pueblo' de antes y la ciudad moderna y cosmopolita actual. Una mujer, que vio día a día esa transformación, explicaba: 'Entonces, la única cultura era ir al *shopping center*; ahora se va a la ópera, al ballet, a los conciertos de la Sinfónica, al teatro y a otras muchas actividades'.

1962), entraron en los Estados Unidos entre los últimos días de 1958 y octubre de 1962, en que se suspenden los vuelos regulares entre La Habana y Miami, a raíz de la llamada 'Crisis de los misiles'.

La mayoría de estos exilados llegaba a los Estados Unidos con la firme convicción de que allí estarían por breve tiempo, hasta el momento preciso en que una nueva situación política les permitiera volver a la Isla. Lejos de sus mentes, pues, el convertirse en *americanos* y comenzar una nueva vida: eran *exilados*, no *inmigrantes*.[6]

La situación para ellos no fue fácil, pero tampoco demasiado difícil. Es verdad que los profesionales, excepción hecha de los maestros, como se verá más adelante, se enfrentaron a contratiempos muy duros al no poder dedicarse a sus respectivas profesiones: era necesario convalidar títulos, pero ello significaba aprobar exámenes de gran complejidad, en inglés, naturalmente. Aun los que tenían un buen dominio de esa lengua se veían obligados a tomar cursos y seminarios para actualizarse en diversos temas y disciplinas. Los demás debían comenzar por adquirirla. Entre tanto, había que sobrevivir, de manera que empezaron a desempeñar trabajos de cualquier tipo: fregar platos, limpiar casas, cortar césped, estacionar automóviles, ayudar en las tareas más simples de la construcción, etc. No faltó tampoco la práctica ilegal de médicos y dentistas, que prestaban sus servicios a clientes, también cubanos, a precios muy módicos. Las mujeres, por su parte, se emplearon con mayor facilidad como costureras, cocineras, domésticas, camareras, cajeras, manicuras y oficios similares que no requirieran un buen manejo del inglés.

Al mismo tiempo, sin embargo, había aspectos positivos. Los Estados Unidos en general, y Miami en particular, eran lugares relativamente conocidos para estos inmigrantes: los viajes tu-

---

[6] Hago mías las delimitaciones semánticas y las especificaciones de del Águila (1998) sobre los conceptos de *exilado* y *emigrante*. En el primer caso, la motivación fundamental para abandonar un país es política; en el segundo, se trata de ir a la búsqueda de un futuro mejor desde el punto de vista económico y social. Existen, sin embargo, casos fronterizos difíciles de clasificar con precisión: cuando son razones políticas las que llevan a la depauperación de un país, y es esta la causa *inmediata* de la salida.

rísticos habían acercado a algunos a estas realidades; para otros, eran las producciones cinematográficas de Hollywood, la televisión, las revistas y otros medios de presentar el *American way of life*, frecuentísimos en la Cuba que acababan de dejar, los que se habían encargado de producir una cierta familiaridad con el nuevo entorno. Un número mucho más limitado había estudiado en colegios y universidades norteamericanas y tenían por ello una idea más adecuada del país anfitrión. Aún menor era la cantidad de hombres de empresa que mantenían desde antes relaciones económicas con ese país.

Otro elemento altamente positivo fue la ayuda que recibieron del Estado, la más generosa de cuantas el país había brindado a inmigración alguna. Se les concedió un estatus especial, el de *parole*, que les permitió trabajar, aun sin ser residentes permanentes; se fundó el Cuban Refugee Program, dependiente del Department of Helth, Education and Welfare, que suministraba a los recién llegados servicios médicos, formación para nuevos empleos, cursos para adultos, productos alimenticios y hasta pequeños cheques mensuales de $100 por familia. El Gobierno otorgó un fondo especial para que el Distrito escolar del Condado de Miami–Dade pudiese acoger a los más de 35 000 niños cubanos que para entonces (enero de 1961) asistían a sus escuelas públicas.

También llegó –y de manera igualmente generosa– la ayuda privada: se estableció el Centro Hispano Católico (1959) e inmediatamente después el Catholic Relief Services, el Protestant Latin American Emergency Committee y la United HIAS (en cooperación con la Greater Miami Jewish Federation); todas estas instituciones, más algunas iglesias y sinagogas particulares, ofrecían desde información hasta asistencia económica en pequeña escala. La Cruz Roja se volcó igualmente con los recién llegados. A la Iglesia Católica había que agradecerle, además, que recibiera en sus escuelas parroquiales a 3 000 niños, a los que ayudaba con becas diocesanas (García 1996:18–24).

En 1961 el número de cubanos asentados en Miami había crecido demasiado en comparación con la cantidad de trabajos disponibles en la entonces pequeña ciudad. El recién fundado Cuban Refugee Program, deseando aliviar las presiones generadas por esta situación, diseñó y ejecutó un amplio plan de relocalizaciones. De los 153 536 cubanos que se habían inscrito en el Centro de refugiados entre 1961 y 1962, 48 361 fueron trasladados a diferentes estados, principalmente a Nueva York, Nueva Jersey, California e Illinois. El programa obtuvo un notable éxito en aquel momento, pues logró alejar del enclave miamense a casi una tercera parte (31.5%) de esos exilados.[7]

1.2.2 De 1965 a 1973: los 'Vuelos de la libertad'

En los tres años que mediaron entre la 'Crisis de los misiles' y la inauguración de los llamados 'Vuelos de la libertad', la emigración hacia la Florida fue menos abundante: entre el 22 de octubre de 1962 y el 28 de septiembre de 1965 entraron en los Estados Unidos unos 69 081 cubanos más. El fin del contacto aéreo directo entre La Habana y Miami propiciaba la llegada a través de terceros países, principalmente desde México y España (58 545); en la mayoría de los casos, se trataba de familiares de los que ya estaban establecidos en suelo norteamericano o de padres de los niños que habían sido enviados solos en la Operación Peter Pan. También lo hicieron en vuelos especiales organizados por la Cruz Roja, como los 5 000 prisioneros del frustrado episodio de Bahía de Cochinos, o mediante vías clandestinas (10 536), cruzando el estrecho a bordo de una buena cantidad de 'objetos flotantes'. Todos ellos recibieron también la simpatía y la colaboración, tanto del Gobierno como de instituciones privadas.

---

[7] Las relocalizaciones protagonizaron capítulos posteriores, algunos incluso con mayor éxito que este primero. Según Prohías y Casal (1973:109), el período más intenso de relocalizaciones (anterior al éxodo de Mariel) se produce entre 1965 y 1973. En el primero de estos años, un 42% de todos los cubanos exilados en los Estados Unidos vivía en el Condado de Miami–Dade; cinco años después, a pesar de que no cesaba la llegada de inmigrantes, era de solo un 40%. Una impresionante bibliografía sobre esta primera etapa de la inmigración cubana a los Estados Unidos es la de Miller (1976). Entre los estudios sociohistóricos más destacados por su información abundante y novedosa están los de Clark (1977) y The Cuban inmigration, monografía preparada por la Universidad de Miami (1967). Imprescindible es la consulta de la Cuban Refugee Program Fact Sheet (1967).

Pero, a pesar de las relocalizaciones, que llevaron a un buen número de cubanos lejos de Miami y sus alrededores, el aumento de la población que se produjo con esta nueva llegada, y los altos índices de desempleo –un 6%– que sufría entonces la zona, comenzaron a producir un cierto malestar entre los anglos: se suponía que aceptaban retribuciones inferiores a las establecidas, y que con ello estaban desplazando a los nativos de sus puestos de trabajo. Sin embargo, tanto Washington como el Estado de la Florida se apresuraron, con estadísticas en la mano, a desmentir tal suposición. El resumen que ofrece García (1966:37) del resultado de los estudios llevados a cabo sobre el asunto deja en claro que los inmigrantes cubanos, no solo no estaban usurpando el sustento a los *americanos*, sino que habían establecido muchos negocios, creando con ellos nuevas posibilidades de empleo. Los informes también subrayaron otros hechos: el flujo de cubanos no tenía incidencia alguna en los índices de criminalidad de la zona; que, a pesar de la delicada situación económica, el turismo había experimentado un notable avance y que, aunque el aumento demográfico había hecho difícil el tema de la vivienda, no se habían creado barrios de chabolas, sino que, por el contrario, florecían las empresas de bienes raíces. Se insistía también en que, no obstante el aumento de la población estudiantil, los millones de dólares transferidos al Sistema escolar público del Condado habían mejorado considerablemente las escuelas, y como colofón, explicaba que el dinero que Washington había enviado a la zona (para tener una idea aproximada: 70 millones de dólares, solo entre enero y mayo de 1963) había fortalecido la economía local, a despecho de la recesión que se sufría. Las cosas parecieron quedar en su sitio.[8]

[8.] En el terreno personal, sin embargo, algunos anglos desarrollaron entonces una actitud abiertamente hostil hacia los cubanos refugiados. Uno de nuestros sujetos de la encuesta, que vivió de cerca aquella época, cuenta que el malestar de este grupo era más que evidente, como se notaba en los carteles anunciando el alquiler de algunas casas o apartamentos: 'For rent. Pets, yes; Cubans, no'; eran los mismos individuos a quienes molestaba que se hablara español por todas partes, que el volumen de voz de las conversaciones

Del 28 de septiembre al 3 de noviembre de1965 es el puente marítimo que tuvo por base a Camarioca, pequeño pueblo pesquero de la costa norte de Matanzas; creado gracias a presiones internas y externas, logró que los cubanos de Miami llevaran consigo a sus familiares en las embarcaciones que pudieron comprar o alquilar –425 en total– con capacidad para transportar a 10 000 refugiados[9]. El 7 de octubre llegaron a la Florida las primeras de los 4 993 personas que lograron salir de la Isla por este medio, muy pocos en realidad, si se compara esta cifra con las 200 000 solicitudes que habían sido presentadas ante las autoridades cubanas. Un mes más tarde, el 7 de noviembre, habían salido 2 979 más; los otros 2 014 que quedaban seguían a la espera en el Campamento de Kawama, cercano a Camarioca. El 15 de noviembre empezaron a salir rumbo a Cayo Hueso.

Según Portes, Clark y Manning (1985:42), el 80.1% de estos emigrados salían de Cuba por razones políticas, el 12.3% perseguía la reunificación familiar, el 3,7% huía por imperativos económicos, y el restante 3.9, había sido expulsado por las autoridades del país. A pesar del alto porcentaje de individuos que escapaban debido a una frontal discrepancia con el gobierno isleño, a los de este grupo no les fue concedida automáticamente la condición de 'refugiados', ni recibirían, por lo tanto, los beneficios que tal estatus llevaba aparejados. Dada la irregula-

---

fuera muy alto y que se manejara una gesticulación tan excesiva, pero nada comparable a la incomodidad que producían esos vecinos, capaces de tocar a tu puerta, sin haber llamado antes por teléfono.

[9] Según el informe rendido por el Capitán William F. Cass, Jefe de operaciones de la 7th Coast Guard District de Miami, las embarcaciones variaban muchísimo entre sí: las había desde pequeñas lanchas de menos de cinco metros con motor fuera de borda hasta un *ferry* de casi 37 metros, construido en 1888. La Guardia costanera de los Estados Unidos tuvo en este éxodo un protagonismo excepcional; aunque se mantuvo siempre fuera de los límites jurisdiccionales de las aguas cubanas, ayudaron de manera decisiva al éxito de la operación: distribuyeron salvavidas, inspeccionaban y acompañaban a las embarcaciones más indefensas, subían a sus barcos a los pasajeros que abarrotaban las lanchas más frágiles y auxiliaban a los barcos que se averiaban durante la travesía, que no fueron pocos. Gracias a esta labor humanitaria los muertos en la aventura no llegaron a alcanzar la veintena. Cf. Cass, *apud* Clark (1977: 87 y n. 34, 35, 36 y 37).

ridad de estas entradas, los casos, previa solicitud, deberían ser estudiados uno a uno.

El fugaz episodio de Camarioca se cerró con la pérdida de varias vidas. Estas muertes, las primeras de una larga historia, y sobre todo, su repercusión en el exterior, produjeron, al menos, una feliz decisión: la firma de un 'Memorandum of understanding' entre Cuba y los Estados Unidos, por el cual se iniciaron los llamados 'Vuelos de la libertad'. Inaugurados el 1 de diciembre de 1965, y sufragados por el Gobierno de este último país, duraron ocho años, aunque a partir de agosto de 1971 fueron esporádicos hasta su cancelación, en abril de 1973; en los dos aviones que a diario despegaban del aeropuerto de Varadero (con un total de 3 048 vuelos) salieron del país otras 297 318 personas (Clark 1977:75).[10]

Como el objetivo de estos viajes era la reunificación familiar, la prioridad para obtener asiento en estos vuelos era ser pariente de quienes ya vivían en los Estados Unidos[11], aunque las autoridades cubanas no permitieron la salida de presos políticos (pese a la insistencia del Presidente Johnson en este punto), de jóvenes en edad militar (entre los 15 y los 26 años) ni de aquellos profesionales o técnicos que fueran necesarios para la producción económica de la Isla, al menos hasta que esas personas pudieran ser reemplazadas en sus tareas. Una condición esencial era que el destino final no fuera Miami ni su entorno, y efectivamente, más de la mitad de estos inmigrantes fundaron sus

---

[10.] Al momento de planear esta operación, las autoridades cubanas calculaban que las listas de peticiones de salida estarían integradas por unas 100 000 a 150 000 personas, mientras que Washington hacía cálculos de 75 000. A la luz de los hechos, queda claro que ambos países habían hecho estimados muy modestos. *Vid.* el artículo publicado por la revista *Time*, el 1 de abril de 1976, y el testimonio de Robert A. Kurvitch, Asistente del Secretario de Estado para Asuntos Interamericanos, 'Cuba and the Caribbean', citados ambos en Clark (1977: 91 y n. 45). Estimados no oficiales hechos por entonces en los Estados Unidos llegaron a manejar la cifra de 900 000.

[11.] Integrarían esta lista dos tipos de personas: primero, los padres y hermanos solteros de menos de 21 años de niños que vivieran en los Estados Unidos; segundo, niños y jóvenes solteros de menos de 21 años, hijos de padres ya asentados en la Unión; y tercero, cónyuges de individuos aposentados en suelo norteamericano. Una vez que esta lista hubiese sido agotada, tendrían su puesto en estos vuelos, otros parientes menos cercanos.

hogares en diversos estados de la Unión. Entre tanto, permanecían en unas barracas prefabricadas levantadas junto al aeropuerto internacional miamense, llamadas pronto 'Casa de la libertad', con capacidad para unos 400 individuos. Mientras estos cubanos esperaban la salida para sus destinos recibieron, además de la ayuda oficial, la de firmas comerciales y la de las iglesias.

Los 'Vuelos de la libertad' hicieron renacer entre los residentes anglos de Miami un gran malestar; en periódicos y en cartas enviadas a la Casa Blanca volvían a esgrimir los argumentos de antaño, y añadían ahora su descontento con las ayudas entregadas a los exilados, superiores a las de los anglos pobres, negros especialmente, no obstante ser estos ciudadanos del país. Sin embargo, las autoridades federales, estatales y locales continuaron manteniendo sus programas de cooperación y, además, crearon otros nuevos, entre los que figuraban los de educación bilingüe para integrar a los estudiantes cubanos y cursos de formación para adultos, con los que se facilitaba la obtención de empleo. Los proyectos que se llevaron a cabo entonces fueron muchos, pero de ellos, la estrella fue, sin duda, el llamado 'Aprende y supérate', concebido especialmente para mujeres sin familia: clases intensivas de inglés y diversos cursos de formación profesional (costura, manejo de equipos de oficina, secretariado, enfermería, etc.). La asistencia a estos programas era obligatoria; se requería que las participantes estuvieran dispuestas a abandonar Miami, en caso de que no hubiese trabajos disponibles en la ciudad. Muchas de ellas no tuvieron que ausentarse.

Durante estos años, otra vía estimable de entrada a los Estados Unidos fue a través de terceros países, principalmente desde España, que vio incrementar de manera espectacular el volumen de cubanos que llegaban a su suelo, sobre todo a partir de 1972, cuando el declinar de los 'Vuelos de la libertad' era un hecho palpable. Según Fabricio (1972a), el número de viajeros llegados de la isla aumentó en 1 100 individuos por mes. En poco tiempo había 30 000 a la espera del ansiado visado norteamericano. El 25% de ellos lo consiguió con rapidez porque eran reclamados por el cónyuge, los hijos o los padres; el resto viajó con status de *parole*. Fabricio (1972b) nos informa que hasta noviembre de 1972, los exiliados cubanos llegados a través de España eran 80 7000.

1.2.3   *1980: el éxodo de Mariel*

Aunque entre 1973 y 1979 llegaron a los Estados Unidos 179 000 cubanos más procedentes de España, México y Venezuela[12], y de que de octubre de 1978 a abril de 1980 el gobierno cubano permitió la salida de unos 14 000 presos políticos y sus familiares, fue necesario esperar unos meses más para que la emigración pudiera protagonizar otro capítulo de gran dramatismo: el episodio de Mariel. La antesala de esta experiencia fue, en marzo de ese mismo año de 1980, la violenta entrada de un grupo de cubanos en la Embajada del Perú en La Habana (empotrando un autobús contra las verjas) en solicitud de asilo político. Cuando el Gobierno permitió su salida, un aluvión de más de 10 000 personas entró en la sede diplomática solicitando visados. Ante este sonadísimo hecho, las autoridades cubanas informaron que permitirían la salida a todos los que la desearan. Así nació Mariel.[13]

A pesar de que la Guardia costera estadounidense llevó a cabo 988 operaciones de rescate, que salvaron la vida a miles de pasajeros, 25 de las más frágiles embarcaciones zozobraron en el estrecho. La historia volvía a repetirse: al conocerse la noticia, los cubanos de Miami zarparon hacia el puerto de Mariel en

---

[12] Según el *National Data Book and Guide Sources*, Statistical Abstract of the United States (1981:87), este total de 179 000 inmigrantes se desglosa de la siguiente manera: 17 000 en 1974, 25 600 en 1975, 28 400 en 1976, 66 100 en 1977, 27 500 en 1878 y 14 000 en 1979.

[13] El éxodo de Mariel ha llamado la atención de numerosos investigadores, como queda demostrado en la bibliografía preparada por Boswell y Curtis (1984). En este amplio abanico de trabajos destacan las obras de Bach, Bach y Tripplett (1981–1982), Clark, Lasaga y Roque (1981), Boswell y Curtis (1984), Bach (1985) y Portes, Clark y Manning (1985). Desde el punto de vista lingüístico, *Vid.* los estudios de Varela (1981) y de Über (1986a, 1986b, 1988, 1989a, 1989b, 1995). El relieve extraordinario que estos exilados alcanzaron posteriormente en la cultura cubana de Miami ha sido compendiado y subrayado en '20 años de Mariel', sección especial de 16 páginas del *Diario Las Américas* (21 de abril de 2000).

cualquier cosa que pudiera navegar con tal de recoger a su familia, e incluso a desconocidos que estuvieran deseosos de abandonar la isla. Las penalidades y los infortunios de estos viajes escalofriantes han sido descritos con pormenor por algunos de sus protagonistas, entre ellos, por Reinaldo Arenas en su obra *Necesidad de libertad.*

Key West, el primer puerto de llegada a la Florida, improvisó oficinas para inscribir a los recién llegados, someterlos a exámenes médicos, fotografiarlos, tomar sus huellas dactilares y llenar los largos cuestionarios preparados al efecto. Pero pronto estas instalaciones fueron insuficientes y se crearon otras dos, una en el Parque Tamiami y otra, en las barracas de Opa-Locka. Los centros de procesamiento que proseguían con los trámites trabajaban día y noche, y clasificaban a los inmigrantes en dos grandes grupos: los que se reunirían con sus familiares y aquellos que debían ser reclamados por un patrocinador (individual o institucional). Estos, que tenían que esperar algo más de tiempo, fueron instalados en una gran variedad de lugares disponibles: iglesias, gimnasios, estadios, hoteles, etc., y hasta en tiendas de campaña, levantadas bajo los puentes de algunas autopistas.

En poco más de cinco meses habían salido de la isla 124 776 personas (Bowen, ed. 1980), entre las cuales el gobierno insular tuvo cuidado de incluir –sin que los Estados Unidos tuviesen ningún control sobre ello– un número de indeseables sociales, desde asesinos y ladrones hasta prostitutas, más un grupo menor de enfermos y deficientes mentales y de gentes con algún tipo de invalidez. Se comprende que esta circunstancia, estupendamente magnificada por los medios de comunicación norteamericanos e internacionales, terminara con el estatuto de 'refugiados' (a pesar de que la generalidad de ellos declarara que salía del país por causas políticas), que se concedía a la mayoría de los cubanos; la clasificación oficial que recibieron fue la de *entrants* –término novedoso y ambiguo al mismo tiempo– hasta que pudiesen alcanzar un estatus más permanente, si es que acaso podían lograrlo. Se comprende que la opinión pública reaccionara en términos muy negativos y que también les fuera desfavorable el recibimiento dado por los inmigrantes cubanos de antes, que veían peligrar la buena imagen que tanto les había costado construir. Algunos es estos *marielitos* confesaban que se sentían más discriminados por sus propios compatriotas que por los *americanos*. No puede olvidarse que la impresión de ver a miles de estos cubanos deambulando por las calles sin hogar y sin trabajo era desalentadora, pero mucho más lo fue el hecho de que en ese mismo año de 1980, los latrocinios y los crímenes cometidos por algunos de ellos alcanzaran cotas alarmantes. No eran pocos –nativos y refugiados asentados ya– los que se preguntaban si aquellas gentes, nacidas y criadas bajo otro sistema, serían capaces de adaptarse a un régimen democrático.

Cuando terminaron las investigaciones, estas arrojaron un primer saldo de 1 500 individuos subnormales o con problemas mentales, 1 600 alcohólicos, adictos a drogas, tuberculosos o con trastornos cardiovasculares y cuatro leprosos, pero lo más asombroso era que 26 000 poseían expedientes carcelarios (García 1996.64). Todos ellos fueron internados en campamentos especiales, mientras se determinaba si se trataba realmente de criminales. Muchos fueron puestos en libertad, al comprobar que su estancia en las cárceles cubanas obedecía a motivos políticos o a pequeños delitos, pero 1 769 –un 1.4% del total– fueron encontrados realmente culpables y enviados a cárceles federales. Por último, se decidió, sin demasiado éxito, devolver a Cuba a algo menos de 1 000 delincuentes (Hoobler y Hoobler 1996).

El 73% de los que integraban el grupo de los *marielitos* logró quedarse en la Florida (78 545), y de ellos, el 75% consiguió trabajos y fundó hogares en la zona metropolitana de Miami, llevando una vida completamente normal, que en nada se diferenciaba de los llegados con anterioridad.

1.2.4 *La década de los 90: los balseros*

Un acuerdo especial entre Cuba y los Estados Unidos, firmado en 1984, posibilitó entonces que 20 000 cubanos al año pudieran abandonar la Isla y a cambio, el gobierno insular se comprometía a aceptar a 2 746 *marielitos* indeseables. Se dio prioridad a aquellos que reunían los requisitos para recibir asilo, la mayoría de ellos presos políticos y sus familiares. No llegó a salir el número pactado, ya que en mayo de 1985 Cuba suspendió el acuerdo como medida de protesta por la fundación de Radio Martí. Para entonces habían sido repatriados solo 201 *marielitos*. Entre 1988 y 1993, otros 3 000 o 4 000 individuos lograron alcanzar la Florida a través de vuelos regulares.

Entre 1990 y 1994 salieron de Cuba otras 105 000 personas, de las cuales, tres cuartas partes (78 750) fueron a los Estados Unidos. De este período de cinco años, la emigración se acentuó considerablemente en los dos últimos, que acapararon cerca del 60% del total. Con respecto a 1990, en 1993 las salidas fueron dos veces y medio más, y en 1994, se multiplicaron por cinco. Durante este corto período la vía ilegal consiguió alcanzar porcentajes superiores al 40, en contraste con la legal, que no subió más del 30. A estas cifras, sin embargo, hay que añadir a los que, habiendo salido de la isla con visados temporales, no regresaron jamás.[14] A partir de 1990, año en el que a las salidas legales correspondía el 48.5% hasta el gran aluvión de los *balseros*, este tipo de inmigración fue decreciendo considerablemente.

Durante estos años el puente más transitado hacia la Florida fue el extremadamente frágil y peligroso construido por los *balseros*: 125 000 personas lograron sobrevivir al fatídico viaje. Solo en 1994, clímax de esta arriesgada operación, huyeron unos 30 000 individuos entre hombres, mujeres, niños y ancianos, como todos los demás, a través de unas balsas de manufactura casera, algunas de las cuales llegaron a flotar por

---

[14.] En 1991, los que no regresaron a Cuba al concluir el tiempo concedido en sus visados temporales fueron el 11.5% de los que habían salido a Norteamérica y el 25.2% de los que viajaron a otros países; en 1992, el 16.6% de los primeros y el 34.5 de los segundos; en 1993, a los Estados Unidos, el 20.8%, y a otros países, el 42.5%. Cf. Ajá Díaz (2000).

[15.] Durante estos cinco años las estadísticas de los no sobrevivientes y de los que fueron sorprendidos en su intento por las autoridades cubanas son sobrecogedoras. En 1990 hubo 467 salidas exitosas, mientras que 1 593 no llegaron a puerto alguno; en 1991, los que consiguieron su propósito sumaron 2 203 y los que no tuvieron esa suerte, 6 596; en 1992, lograron llegar a las costas estadounidenses, 2 557, contra los 7 073 que se quedaron en el camino; en 1993 triunfaron 4 208 y fracasaron 11 564. En 1994, año del alud de los balseros, el éxito acompañó a 35 108, pero no a otros 16 348. Ajá Díaz (2000). En

puro milagro.[15] No todos llegaron directamente a la Florida; muchos fueron rescatados en el estrecho por barcos norteamericanos y llevados a la base de Guantánamo, en el oriente de la Isla, donde permanecieron a la espera de que pudiesen ser acomodados en terceros países o de que Cuba permitiera su regreso. Poco tiempo después se instalaban en los Estados Unidos.

La terrible crisis de los *balseros* hizo posible que ese mismo año –1994– ambos países firmaran unos nuevos acuerdos migratorios, en los que Norteamérica ofrecía 20 000 visados anuales: algunos serían concedidos por calificación, otros, por la vía de refugio político o por *parolee*, y otros, por un sorteo especial para llenar las cuotas inmigratorias correspondientes a Cuba.

Durante los tres años largos de que se dispone de estadísticas, los visados ortogados estuvieron en la siguiente proporción:

CUADRO 1.2
Tipo y cantidad de visados otorgados por los Estados Unidos
(1995–1997)

	1995	1996	1997	T
Calificación	6 244	5 006	5 000	16 250
Refugio político/				
parolee	14 602	3 000	3 369	20 971
Sorteo	5 398	7 000	6 679	19 077

Ajá Díaz (2000: 7)

Durante 1996 y 1997 (también en 1998), el Gobierno norteamericano descontó 5 000 visados anuales, correspondientes a los llegados desde la Base de Guantánamo. Realizada la correspondiente operación de resta, el total de visados concedidos durante este período a los que residían en la Isla fue de 66 298 (Ajá Díaz, 2000). Los visados necesitaban del visto bueno de las autoridades cubanas, por lo que será fácil imaginar que ambas

---

ese período los intentos de abandonar la Isla a través de este *puente de la muerte* fueron 87 717; 43 174 (el 49.2%) lo consiguieron. Guerra y Álvarez–Detrell (1997) han recogido una impresionante serie de testimonios de boca de estos balseros en Albuquerque, Nuevo México, y Miami. Los textos presentados en este libro de memorias constituyen, entre otras cosas, documentos de muy elevado interés lingüístico.

listas no coincidían nunca. Es verdad también que no había coincidencia entre el número de solicitudes de visado y su concesión: en 1995 hubo 190 peticiones, pero se otorgaron 5 398 visados; en cambio, al año siguiente, de 436 277 solicitudes, solo se concedieron 7 000.

En 1995, la Declaración conjunta firmada por los dos países intentaba cerrar la puerta a la inmigración ilegal de manera definitiva. Los Estados Unidos se comprometían a enviar a la isla a los *balseros* que fueran interceptados en el mar, y Cuba, a recibirlos sin represalia alguna. Desde mayo de 1995 hasta la fecha, cerca de un millar de balseros sorprendidos en el estrecho floridano han sido devueltos a su país. En los últimos tres años la medida no se cumple, pero solo con aquellos que logran tocar tierra estadounidense.

De aquí en adelante el futuro de la emigración cubana es incierto, aunque una investigación del Centro de Estudios de Alternativas Políticas (CEAP) de la Universidad de La Habana informa que el 'potencial migratorio' se encontraba hasta 1999 entre 490 000 y 733 000 personas.[16]

Como se ha visto, la población cubana del sur de la Florida ha ido aumentando apenas sin pausa. Las sucesivas olas inmigratorias han sido la causa principal de este hecho, y el factor concomitante de que los recién llegados hayan preferido radicarse en esa zona; a ello hay que añadir la llegada a la meca de los que por diversas razones, incluyendo los –a la larga, fallidos– procesos de relocalización, se habían instalado en otros lugares de la Unión.[17]

[16.] Por 'potencial migratorio' el estudio entiende la probabilidad que tienen los individuos de decidirse a abandonar el país (sin que tengan que hacer público su deseo o comenzar los trámites oficiales), según condicionantes económicos, políticos o sociales (incluidos los familiares).

[17.] Múltiples son las causas que han venido impulsando este flujo constante de regreso al Gran Miami. Entre los que están activos laboralmente, el interés de ejercer su profesión o su oficio (muchas veces adquiridos, actualizados y perfeccionados durante su anterior lugar de residencia) en el enclave miamense, o por motivos sentimentales y familiares, o por dificultades en el aprendizaje del inglés, necesario en otros puntos del país. Únanse a estos, los jubilados, que tras años de trabajo en otras regiones, deciden regresar a su 'capital'.

En 1990, ya el Gran Miami era la tercera concentración de hispanos de los Estados Unidos, solo superada por Los Ángeles y Nueva York, cuyos primeros asentamientos databan de mucho tiempo atrás, y hoy es la primera zona metropolitana de la Unión americana de más de dos millones de habitantes con una mayoría hispana.

GRÁFICA 1.1
Índice de crecimiento de la población hispna en Miami

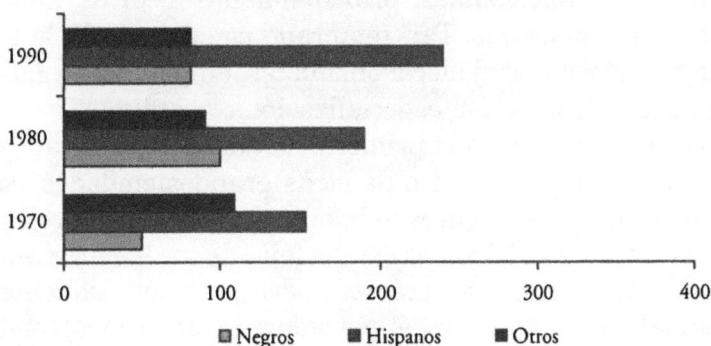

Tomada de López Morales (2000: 35)

Esta importante concentración marca una diferencia radical con respecto a mexicanos y puertorriqueños, los grupos más populosos de inmigrantes hispanos en el país que, por el contrario, han venido dispersándose cada vez más de sus lugares de origen.

1.3 *El perfil demosocial de la comunidad cubana*

La población cubana del Gran Miami es hoy un abigarrado conglomerado de gentes procedentes de zonas urbanas, de campesinos y de pescadores, de blancos, negros y mulatos, de pobres, de clase media y de millonarios, de profesionales altamente especializados, de grandes empresarios y de trabajadores de todo tipo, incluyendo los de categoría más modesta, de individuos con escasa instrucción y de otros con títulos universitarios superiores. Estamos, pues, ante una especie de gran palimpsesto demosocial enclavado al otro lado del estrecho de la Florida, a tan solo unos 166 kilómetros de La Habana.

Entre 1951 y 1958, años de la dictadura batistiana, salieron de la Isla, 63 000 cubanos, aunque la mayoría de ellos regresó a Cuba tras el triunfo de la revolución castrista. A partir de esa fecha, la emigración tuvo los mismos motivos, pero de signo contrario; siguió esta última un claro patrón social: los primeros en salir eran los que tenían fuertes lazos con el gobierno derrocado –unas 3 000 personas–, y los pertenecientes a la clase alta; siguieron después los de las clases medias: hombres de negocios, ejecutivos y profesionales, principalmente médicos, abogados, ingenieros y maestros. Tan temprano como en 1962 le tocó el turno a la clase trabajadora: oficinistas, empleados de fábricas, artesanos y obreros, con especialización o sin ella.

Los inmigrantes de la primera ola (1959–1962), eran gentes procedentes de la capital o de otras grandes ciudades, con un alto grado de instrucción, que habían desempeñado profesiones bien remuneradas. El grupo estaba lejos de ser homogéneo, pues aunque estas eran las características más sobresalientes, no dejaban de encontrarse en él pescadores, campesinos, conductores de camiones, mecánicos y vendedores, es decir, representantes de todo el espectro laboral.

En efecto, el 62 por ciento de estos refugiados procedía de La Habana, el 25%, de otra ciudad grande (de más de 50.000 habitantes), el 11%, de pueblos (entre 50.000 y 250 habitantes), y solo el 2%, del 'campo' (localidades de menos de 250 habitantes)[18]. Al comparar estos porcentajes con los de los lugares de residencia que muestra el censo poblacional cubano de 1953

[18.] Estas estadísticas están basadas en 165 000 individuos que buscaron ayuda en el Cuban Refugee Center de Miami durante estos primeros años. Fagen, Brody y O'Leary (1968:17–18) piensan, sin embargo, que esta cantidad, a pesar de ser muy amplia (cerca del 77% del total de los inmigrantes de entonces) no es representativa de los exilados de esa época: primero, porque aquellos que no se inscribieron en el Centro (cerca de un 23%) eran los más acomodados y los que, al disponer de mejores relaciones en suelo estadounidense, no necesitaban ayuda para volver a encauzar sus vidas, y segundo, porque se trataba de cubanos que habían llegado al exilio antes de 1961, año en que se fundó este centro de refugiados. Ambas razones parecen conjugarse satisfactoriamente, pues no es hasta mediados de este año de 1961 en que la incautación de bienes empieza a producirse en la isla a gran escala. Esto indica que en la muestra utilizada no están lo bastante representados ni los más ricos ni los de llegada temprana.

(N=5 829 000) se observan grandes desigualdades. Aquí, la cifra mayor, un 43%, es la de los habitantes de zonas rurales, y le sigue, con un 26%, la población que habitaba en pueblos o en pequeñas ciudades. Los residentes habaneros aparecen con un 21%, y los de otras ciudades de importancia, con un 10%.[19]

Además del carácter eminentemente urbano de estos refugiados, hay que destacar también la abundancia de profesionales de alto nivel y de educación avanzada:

CUADRO 1.3

Comparación de la fuerza laboral de Cuba (1953) y de Miami (1958–1962)

Ocupación	Cuba	%	Miami	%	Ratio
Abogados y jueces	7 858	0,5	1 695	3	7,8
Profesionales y semiprofesionales	78 051	4	12 124	22	5,5
Ejecutivos y altos administrativos	93 662	5	6 771	12	2,5
Personal de oficina y vendedores	264 569	14	17 123	31	2,3
Servicios domésticos, militares y policía	160 406	8	4 801	9	1,1
Obreros especializados, semiespecializados y no especializados	526 168	27	11 301	20	0,75
Agricultura y pesca	807 514	41,5	1 539	3	0,06
N	1 938 228		55 354		

Fagen, Brody y O'Leary (1978:19)

Mientras que la fuerza laboral de la Cuba de 1953 descansaba en los renglones más bajos, esta muestra de refugiados cubanos habla de la existencia de grupos mucho más nutridos en los niveles altos. Los profesionales y semiprofesionales, por ejemplo, están superrepresentados por un factor superior a 5, y

---

[19] Los datos de 1953, fecha del último censo de la Cuba democrática, han sido tomados por los autores directamente de los Censos de población, vivienda y electoral de la República de Cuba; también de United Nations (1960, 1963) y de MacGaffey y Barnett (1962).

en cambio, las personas dedicadas a la agricultura y a la pesca, están infrarrepresentados por un factor cercano a 14.

Esto explica sobradamente el paralelismo que se observa entre estos datos y los relativos a la educación. En este primer grupo de exiliados (N= 1 085)[20], un escaso 4% no ha completado sus estudios primarios, el 60% tiene algunos años de bachillerato, un alto 23.5% ha llegado a la universidad, y un 12.5 posee algún grado superior. El contraste con la realidad cubana de principios de la década de los 50 es notable. Según los datos del Censo (N= 2 633 000), un 1% de la población adulta disponía de un título superior, y apenas el 3% había cursado años de universidad, mientras que un 44% se encontraba entre la primaria y el bachillerato, y un altísimo 52% no había logrado terminar los estudios de la primera etapa.

Los contrastes entre los exilados de esta primera ola y la comunidad de origen se hacen también patentes al examinar el factor 'ingresos'; los sujetos entrevistados (N=199) informaron haber recibido los siguientes sueldos durante 1958:

GRÁFICA 1.2
Ingresos obtenidos en Cuba, 1958*
*las cifras están en pesos cubanos, que en aquella época tenían paridad con el dólar estadounidense

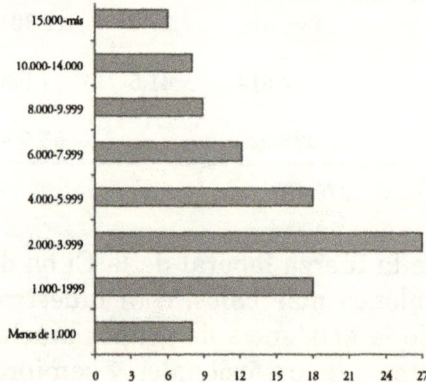

Tomada de López Morales (2000: 21)

El análisis llevado a cabo por Fagen, Brody y O'Leary (1968:20-21) indica que menos del 23% había ganado sueldos inferiores a los 2 000 pesos, el 56%, obtuvo entre 2 000 y 8 000, y un 21%, recibió más de 8 000. La media de ingresos era de 5 960. Para 1957, la renta *per capita* en Cuba fue de 431 pesos, pero teniendo en cuenta que entonces solo uno de cada tres adultos estaba empleado, el producto nacional bruto de cada trabajador era de 1 293 (Russett *et alii*, 1964). Se supone que si los cubanos llegados a Miami ofrecieran un paralelo con la situación cubana general, su media de ingresos debería haber estado por debajo de esta cifra; en cambio, la media de aquellos recién exiliados multiplica los 1 293 pesos por un factor superior a 4. Un estudio monográfico sobre este asunto (Álvarez Díaz *et alii*, 1963) pone de manifiesto que en 1958, el 60.5% de los hombres empleados ganaba menos de 900 pesos al año. En cambio, obsérvese que en la muestra miamense de cabezas de familia, únicamente el 7% tiene ingresos inferiores a los 1 000 dólares.

Es de lamentar que no se tengan datos precisos sobre la composición racial de estos primeros exiliados, pero el Research Institute for Cuba and the Caribbean de la Universidad de Miami ha calculado que, aproximadamente, el 2% de ellos eran negros y el 3.5, mestizos. Según el Censo de 1953, el total de la población negra ascendía en Cuba a un 12.4%, y la mulata, al 14.5 (Center for Advanced International Studies, 1967). Estas cifras indican que el grueso de esta primera ola inmigratoria era preponderantemente blanca.

Hasta 1965 los inmigrantes que continuaron llegando mostraban características sociales muy similares a los de la primera ola, ya que en una proporción considerable eran familiares suyos.

Las características sociales de los llegados anteriormente comenzaron a cambiar con los nuevos exiliados procedentes del puerto de Camarioca (28 de septiembre al 3 de noviembre de

---

[20]. Del total de los 165 000 inscritos, el Centro preparó una lista de 84 578 individuos, clasificados de acuerdo con la ocupación y con la fecha de entrada en los Estados Unidos. Para el estudio que sigo, se excluyeron de aquí estudiantes, amas de casa y jubilados, que no tenían datos de ocupación, así como los llegados con anterioridad a enero de 1959. La lista quedó así reducida a 59 682, de los cuales se seleccionaron 1 096 individuos, que quedaron en 1 085, porque de 11 de ellos no se disponía de datos de escolaridad. En los casos en que el análisis estadístico necesitaba de otras variables, por ejemplo, 'ingresos' y 'lugar de residencia', se acudió a otra muestra de 199 cabezas de familia.

1965). Solo el 12% eran profesionales o administrativos, mientras que un alto 57% eran oficinistas, empleados múltiples, vendedores, obreros especializados y sin especialización, y trabajadores agrarios. Como resultado de las restricciones impuestas por Cuba, las amas de casa, junto a niños, estudiantes y viejos, constituían mayoría. La novedad era, sin duda, la importante representación de las comunidades china y judía —esta última de origen centroeuropeo–, asentadas en Cuba por largos años. Los primeros, dueños de pequeños negocios (puestos de fruta, restaurantes y lavanderías), los segundos, enfrascados en actividades comerciales de más vuelo. Los negros, sin embargo, seguían con una representación mínima.

En los 'Vuelos de la libertad' (1 de diciembre de 1965 al 3 de abril de 1973) apenas si llegaron profesionales o técnicos, y ningún joven en edad de prestar servicio militar, ni presos políticos, lo que logró que la población cubana del exilio llegara a ser más equilibrada, con el consiguiente aumento de la proporción de obreros y la disminución de profesionales y semiprofesionales (de 7.1% en 1967 a 4.1% en 1971). Se trataba ahora de una población muy heterogénea, con representantes de todas las clases sociales, todas las profesiones y oficios, varios grupos étnicos y religiosos, y aunque seguían primando los de la provincia de la Habana, había nutrida representación de las demás. García (1996:44) subraya el hecho de que, junto a esta variedad, también existían en el exilio diferencias políticas que cubrían un amplio espectro ideológico.[21]

En muchos aspectos el grupo de los *marielitos* (1980) mostraba diferencias importantes con los exiliados anteriores, si bien es verdad que la gran mayoría de ellos seguía asegurando que salían de la isla debido a razones políticas: escapar del comunismo y con-

---

[21] Quizás lo más sorprendente de este complejo panorama sean las posiciones de izquierda que se gestaron en el exilio, y del que son ejemplos sobresalientes el Grupo Areíto y la Brigada Antonio Maceo. No había transcurrido aún una década desde el triunfo de la Revolución cuando emergió un movimiento radical de jóvenes exilados e hijos de exilados. Estos jóvenes no se han visto impelidos solamente por la nostalgia o el fervor patriótico, sino que representan un movimiento político de amplios espectros y proyecciones. Aunque es cierto que su prioridad ha sido reinjertarse de alguna forma en el proceso histórico de la Revolución cubana (que sentían como un evento central en la historia de Cuba y que por una serie de circunstancias diversas les había sido escamo-

quistar la libertad personal. Aproximadamente un 70% eran hombres de una media de edad de 34.2 años, seis años menos que los llegados durante la década anterior; las mujeres eran algo más jóvenes aún. Aunque la mayoría de ellos era de raza blanca, los negros y los mulatos cuadruplicaban el 3% de los informes emitidos en 1973. Los solteros ascendían al 43%, cantidad dos veces y media superior a la de los inmigrantes de la década de los 70. Más del 80% procedía de ciudades de más de 50 000 habitantes de diferentes zonas de la isla, y la mitad, de la provincia de la Habana.

Ni sus índices de educación ni otros factores correlativos eran inferiores al de los cubanos llegados en años anteriores.

CUADRO 1.4
Índices de educación y de varios factores correlativos de los *marielitos*

	1973	1980
Graduados de bachillerato	22.	25.4
Conocimiento del inglés	44.8	57.4
Lectura de periódicos:		
a) frecuencia: diario	44.6	34.7
semanal/mensual	37.8	34.1
casi nunca	17.6	31.2
b) lengua: español	67.8	82.
inglés	12.	9.3
ambas lenguas	20.2	8.6
Radio:		
a) frecuencia: diario	84.7	78.4
mensual/semanal	9.	12.3
casi nunca	6.3	9.3
b) lengua: español	70.	69.
inglés	14.	14.1
ambas lenguas	16.	16.9

Portes, Clark y Manning (1985: 45)

---

teado como posibilidad biográfica); estos jóvenes han visto los requerimientos de la época en términos más amplios para lo que la Revolución misma les ha servido de modelo (García, 1996: 202-204). Así los vemos incorporados a las luchas por los derechos de las minorías nacionales en el seno de la sociedad norteamericana, o integrados a la lucha de la independencia de Puerto Rico', 'Introducción' de *Contra viento y marea. Jóvenes cubanos hablan desde su exilio en [los] Estados Unidos*, escrito por el Grupo Areíto. Aquí encontrará el lector interesado el documento más elocuente de esta postura política.

El perfil laboral de los *marielitos* era paralelo a los de la clase trabajadora de los llegados a través de los 'Vuelos de la libertad': obreros manuales, empleados de fábrica, trabajadores profesionales y técnicos.

Las características generales de la inmigración de los años 90 son: predominio de hombres (59.8%), de personas jóvenes (en torno a los 30 años), en su mayoría, procedentes de la capital (65.3%). Cuando estos datos se desglosan, como hace Ajá Díaz (2000), en las tres categorías que estudia, el resultado es el siguiente: entre los emigrados legalmente, las proporciones entre hombres y mujeres están muy equilibradas (50.5%, 49.5%, respectivamente), jóvenes la gran mayoría, con una media de 30 años de edad, procedentes de las provincias occidentales de Cuba: el 60% llega desde la capital, y el resto se divide entre la provincia de la Habana, Pinar del Río, Matanzas, Villa Clara y Camagüey. A lo largo de esta década crece el número de inmigrantes menores de 20 años, y el de entre 30 y 39, mientras que se debilita el de más de 50 años, lo que ha propiciado un notable rejuvenecimiento de la comunidad cubana del exilio. Un alto porcentaje (70%) estaba desempleado a la salida del país; el resto contaba con un 55% de hombres y mujeres menores de 39 años. En el grupo de profesionales y técnicos, las mujeres constituían mayoría. El 85% de estos emigrados declararon, subrayo, *en Cuba*, que sus motivaciones para abandonar el país eran 'completamente económicas'.

Entre los que salieron con visados temporales, pero que nunca regresaron a la Isla, el grupo mayoritario está constituido por hombres de entre 30 y 49 años (X=41 años), en su mayoría profesionales y técnicos (57.5%); siguen las mujeres de edad avanzada (más de 50 años), procedentes en sus tres cuartas partes de La Habana y su provincia; las amas de casa y los jubilados fueron aumentando sus proporciones: constituían el 25% de los emigrados por este medio entre 1991 y 1992, y eran ya el 45% de los que salieron entre 1993 y 1994.

El perfil que ofrece la inmigración ilegal, con su cúspide en el alud de los *balseros*, es muy singular. En su gran mayoría, hombres jóvenes (de entre 27 y 28 años), blancos, procedentes de la capital, que viajaban solos, a pesar de que la mitad de ellos estaban casados o vivían acompañados. Predominan los jóvenes profesionales, los obreros de las ciudades y los trabajadores agrarios. Según una encuesta *realizada en La Habana*, el 60% de ellos confesaba que su salida se debía a 'motivos económicos' y a otros relacionados con expectativas de realización personal (Ajá Díaz, 2000:19).

El estudio sociológico de la investigación sobre el 'potencial migratorio' realizada en La Habana (Centro de Estudios de Alternativas Políticas, CEAP) informa que el grupo está integrado por personas menores de 40 años, con buen nivel profesional y técnico, desempleados, estudiantes (mujeres en mayor proporción) y residentes de la capital en un 60%, aunque también los hay de la provincia y de Pinar del Río, Villa Clara y Camagüey (Ajá Díaz, 2000:9–10)

Hoy, la inmigración cubana de Miami ha llegado a constituir un núcleo amplio y muy heterogéneo, y si en un principio esta población discrepaba significativamente de la composición social de la Isla, en la actualidad los paralelos son casi perfectos.

1.4 *El poder económico*

Durante algún tiempo se describía la inmigración cubana del sur de la Florida con tintes bastante alejados de la situación actual, sobre todo, cuando se la comparaba con otros grupos hispanos, concretamente el mexicano y el puertorriqueño. De la cubana se dijo que era una inmigración impulsada por causas políticas, y que estaba integrada por una elite culta y adinerada. La primera de estas premisas habría dado lugar a una política de recepción de brazos abiertos y de ayudas de todo tipo, como pruebas de la admiración de los anfitriones por quienes abandonaban una vida de bienestar por rechazar principios políticos inadmisibles para la democracia. Estas ventajas, unidas a la buena formación profesional de estos inmigrantes fueron responsables de su éxito económico inmediato.

Tal concepción fue sin duda inspirada por la situación reinante hasta los inicios de la década de los 70. A partir de estos años, y aun de antes, aunque en proporciones más modestas, las cosas comenzaron a cambiar. A medida que aumentaban los índices de depauperación de la isla, no eran únicamente motivos políticos sino *también* económicos (aunque reconozco que lo uno es causa de lo otro) los que impulsaban a los cubanos al éxodo.

Es verdad que a pesar de ciertas inyecciones desestabilizadoras, como la llegada de los 125 000 *marielitos* en graves momentos de inflación, la economía cubana de Miami se mantuvo en alza. Pero ello fue debido a factores muy específicos que empezaron a actuar desde los primeros momentos: la fundación de negocios y el aprovechamiento de las oportunidades brindadas para reiniciarse en la vida profesional, las facilidades intragrupales de obtención de empleo, la estructura familiar trigeneracional, que favoreció la incorporación masiva de la mujer a la fuerza laboral, y el control de la natalidad.

A mediados de los 70, pasadas ya las épocas más difíciles en las que había pocas posibilidades de empleo y en las que abrir un negocio, por modesto que fuera, era un verdadero acto de heroísmo,[22] se pudieron adquirir préstamos de pequeños bancos

---

[22] Un botón de muestra. En 1966, del 48.2% de los refugiados que en Cuba habían sido propietarios, administradores, profesionales y técnicos, en Miami seguía siéndolo un escaso 12.7%. Luis Sabines, Presidente entonces de la Cámara de Comercio Latina (CAMACOL), actor y testigo de las épocas difíciles del exilio miamense, explicó la situación desde su comienzo hasta los primeros años de la década de los 70, en una elocuente entrevista de prensa (2000): 'La mayoría de los pequeños negocios allá por los comienzos de los sesenta fueron verdaderos actos de heroísmo', y continuaba: 'Aquí había muy pocas oportunidades de empleo. Uno tenía que arañar la tierra. Así se abrieron las primeras bodeguitas con carnicería, al estilo cubano, panaderías y dulcerías, barberías y peluquerías, algunas farmacias, restaurantes y cafeterías. Esa era gente que trabajaba de sol a sol y hasta de luna a luna'. CAMACOL fue fundada en 1965 por un pequeño grupo de comerciantes hispanos, en su mayoría cubanos, con el propósito múltiple de representar al sector comercial y contribuir al desarrollo económico y al bienestar de la comunidad. En 1976, COMACOL fundó el 'Centro de oportunidades para pequeños negocios', encargado de fomentar este tipo de empresa y fomentar empleo. La Cámara de Comercio Latina es hoy una poderosa institución que goza de un alto prestigio internacional, de aquí que haya alcanzado éxitos sin precedentes en el establecimiento de relaciones comerciales entre el Gran Miami e Iberoamérica y el Caribe, siempre a través del Congreso Hemisférico de Cámaras de Comercio e Industrias Latinas, creado en 1980 por iniciativa de la propia CAMACOL.

de dueños cubanos o hispanos, solo con el apoyo de una firme historia empresarial de los tiempos de Cuba. En general, se fundaron empresas modestas: restaurantes, tiendas de comestibles, estaciones de gasolina, farmacias, estudios fotográficos, tiendas y bares, y poco después, otras no tan modestas, como tiendas por departamentos, fábricas, cines y salas de fiesta. En ambos extremos de este espectro, los vendedores callejeros –de *guarapo* (jugo de caña) y granizado–, y los muy ricos, que habían entrado directamente a las industrias bancaria y bursátil, y a otras grandes empresas. Los profesionales fundaron firmas de trabajo y consultoría, las más notables, las pequeñas clínicas médicas y odontológicas, muchas de las cuales recordaban las estructuras que las habían sostenido en Cuba.

Por otra parte, la presencia de los abuelos en los núcleos familiares, que aparte de colaborar con sus cheques de asistencia social se dedicaban al cuidado de los niños y a las tareas domésticas, permitía a la mujeres entrar de lleno, a veces hombro con hombro con sus maridos, en el mundo del empleo, lo que posibilitó, en el más modesto de los casos, redondear la economía del hogar, y en el más exitoso, fundar firmas comerciales familiares, en las que la mujer desempeñaba con frecuencia papeles protagónicos.[23]

Pero, además, los núcleos familiares eran pequeños. En general, el tamaño de los hogares hispánicos era –y es– mayor (3.6 miembros) que el de los no hispanos (2.6), pero entre los primeros se dan diferencias muy significativas: las familias de origen mexicano, por ejemplo, muestran un promedio de 4 miembros; las cubanas, en cambio, se han mantenido en un 2.8, cifra que se acerca considerablemente a la de los hogares no hispanos (Strategy Research Corporation, 1999).

---

[23]. La fuerza laboral femenina en los Estados Unidos era entonces de un 59.9%, y la cubana en particular, de un 65%. Muchas mujeres trabajaron en guarderías infantiles, tiendas de vestidos, peluquerías, autoescuelas y negocios, de los que algunas eran dueñas; otras, improvisaron talleres de costura en su propia casa. La más rentable de sus actividades fue, sin duda, la preparación la comidas para entrega a domicilio, las llamadas *cantinas*, que ayudaban, y mucho, a otras mujeres trabajadoras. Ferree (1979) y Prieto (1987) han estudiado con detalle este importante cambio en el tradicional *sex role orientation* de los patrones sociales anteriores.

Muy importante dentro del mundo del empleo fue la presencia de las estrechas redes sociales que los cubanos fueron construyendo y fortaleciendo en Miami a lo largo de estas últimas décadas. En contraste con otros inmigrantes que tienen ante sí fundamentalmente un mercado de trabajo abierto en sectores periféricos de la economía, los cubanos, pasada ya la difícil época de los comienzos, encontraron trabajo con relativa facilidad en los negocios, también cubanos, cuyos dueños o administradores habían llegado de la Isla en situación parecida a la de ellos, solo que antes.[24] Puede que en estos casos, la retribución económica que recibían por su labor no haya sido muy alta, al menos en los inicios, pero esto quedaba compensado por el hecho de que el proceso de aprendizaje de nuevas destrezas se hacía mucho más fácil, al borrarse o difuminarse –gracias a los lazos étnicos– las rígidas estructuras jerárquicas en los puestos de trabajo.

Los negocios propiedad de hispanos se multiplicaron casi por ocho en quince años: de 3 447 en 1969 a 24 898 en 1982, un incremento del 622% (Cuban American Policy Center, 1988). En estos momentos –2000– según señala la revista *Hispanic Business,* de las 500 más grandes compañías hispanas del país, 116 están en California, 111 en la Florida y 74 en Texas, pero las floridanas están en el primer lugar de ingresos, con 5 531 millones de dólares, seguidas de las californianas (3 064 millones) y de las tejanas (2 245 millones). La mayor empresa hispana de los Estados Unidos es la MacTec, propiedad de la familia cubana Mas Canosa, la primera en llegar a facturar más de mil

---

[24] Por supuesto que también hubo desempleo. Aún en 1979, cuando las épocas difíciles parecían haber llegado a su fin, el índice de cubanos desempleados (en todos los Estados Unidos) era de un 6.6%, frente al general de 5.3%. Al año siguiente, con la llegada de los *marielitos*, este índice subió súbitamente al 13%, pues durante el primer año de su estancia en el país, el 56% de este grupo carecía de trabajo o estaba subempleado. Fue necesario esperar a diciembre de 1983 para que la tasa de desempleo de la fuerza laboral cubana de la Unión fuese menor que la del nivel nacional. Ese mismo año, los empleadores cubanos contaban con más de 100 000 plazas de empleo y generaban un ingreso de dos millones de dólares anuales. Para entonces, el 85% de la mano de obra de la industria textil era cubana, y también el 50% de los encargados del mantenimiento y reparación de aviones. La situación se ha mantenido muy favorablemente, a pesar de fluctuaciones ocasionales.

millones anuales. Según el Censo de 1992, el Gran Miami ocupaba ya el primer lugar en la Nación en cuanto a densidad de negocios hispanos, pues de un total de 161 300 firmas comerciales, 77 300 eran de propiedad hispana, es decir, un 47.8%, muy cerca de la mitad del total de empresas de la zona.[25] Y estos ya no estaban circunscritos a los típicos negocitos étnicos, sino que muchos constituían, después de años de trabajo, grandes empresas de manufactura, construcción, seguros, bienes raíces, banca, publicidad y exportación–importación (Portes y Bach, 1985). Otro tanto puede decirse del número de facturas emitidas: del total de 35 733, un 31% –10 949– fueron producidas por empresas hispanas. Los datos indican que en un período de tiempo que va de 1990 a 1995, mientras el crecimiento general de los negocios en el país fue de un 26%, los hispanos alcanzaron un 76%. Todo ello ha hecho del Gran Miami una de las zonas de los Estados Unidos que más ha crecido económicamente y con mayor rapidez.[26]

Concretamente los negocios cubanos –los datos son para todo el país– constituyen el 12.1% de las empresas hispanas, y las facturas que producen ascienden al 21.4%. Por sobre ellos están los propietarios mexicanos con un importante 49.1%, y los de Centro y Suramérica, con un 20.9%. La situación en cuanto a la facturación, sin embargo, es diferente, pues aquí solo las firmas mexicanas –39.7%– sobrepasan a las cubanas. Las demás se quedan en un 16.6%.

La proporción de negocios de propiedad cubana en los Estados Unidos podría parecer pequeña, pero si se tiene en cuenta el volumen demográfico de las diversas procedencias de inmigrantes, el cuadro cambia completamente: el 12.1% de las firmas comerciales cubanas debe ser proyectado sobre el 5% de la población estadounidense que procede de la Isla, mientras

---

[25]. Según Morales (2001 a 250), que se basa en datos del Bureau of the Census, SB/96, siguen al Gran Miami, San Antonio, en Texas, con un porcentaje de 25.4, y Long Beach, Los Ángeles, con 16.

[26]. La población hispana de Miami tiene –julio de 1999– un poder adquisitivo *per capita* de 11 180 dólares al año, el mayor promedio de todas las comunidades hispánicas de los Estados Unidos, lo que arroja un total de 16 000 000 de dólares. Tras ellos, la de Tampa: $10 720, y la de Washington: $10 545 (Strategy Research Corporation, 1999).

que el 49.1% de los mexicanos, lo será sobre el 63.3%. Las diferencias saltan a la vista a favor de las primeras, con un margen altamente significativo.

En el caso concreto del Gran Miami, en 1970, una tercera parte de los negocios y pequeñas empresas de la zona, 8 500, eran propiedad de cubanos o estaban administradas por ellos, y tres cuartas partes de las estaciones de servicio para automóviles, restaurantes y clubes nocturnos (más de cien) eran también cubanas. A finales de esa década, poseían 230 restaurantes, 30 fábricas de muebles, 20 fábricas de ropa, 30 fábricas de tabaco y una fábrica de calzado que empleaba a 3 000 personas, y en los años 80: 500 supermercados, 250 farmacias y 60 negocios de automóviles nuevos y usados.

Por esa misma época, de los 70 bancos del Gran Miami, cinco tenían un presidente o un alto cargo cubano, cuatro años más tarde, eran 14, y en 1980, en los 62 bancos del Condado de Miami-Dade, había 16 presidentes y 250 vicepresidentes de este origen. En 1983, los bancos con operaciones internacionales administrados por cubanos eran 130, entre ellos, el Continental National Bank (29 millones de dólares en activo y 585 en depósitos) y el Barnett of South Florida (con depósitos por 88 115 000 de dólares). A finales de 1985, cuando ya se había absorbido el desequilibrio económico de Mariel, los cubanos eran dueños de 21 bancos y de 18 000 negocios, responsables del desarrollo del comercio internacional controlado desde el Gran Miami.

En 2001, de las diez empresas hispanas distinguidas y premiadas por su éxito sobresaliente, nueve eran de propiedad o estaba administradas por cubanos: PanAmerican Hospital, Sedano's Supermaket, The Related Group, Ocean Bank, Farm Stores, Physicians Hearthcare Plant, Headquarer Toyota-Lincoln Mercury & Affiliates, Avanti Press y Northwestern Meat.

Todo esto ha dado por resultado que la posición económica de los cubanos sea la mejor de entre los grupos de inmigrantes hispanos de la zona.[27]

---

[27] Quede claro que se trata de medias aritméticas que engloban los datos procedentes de los índices de pobreza. Cuando este se analiza por separado, los hogares cubanos de todo el país clasificados como pobres (ingresos máxi-

GRÁFICA 1.3
ÍNGRESOS FAMILIARES SEGÚN
LOS DIFERENTES GRUPOS HISPANOS

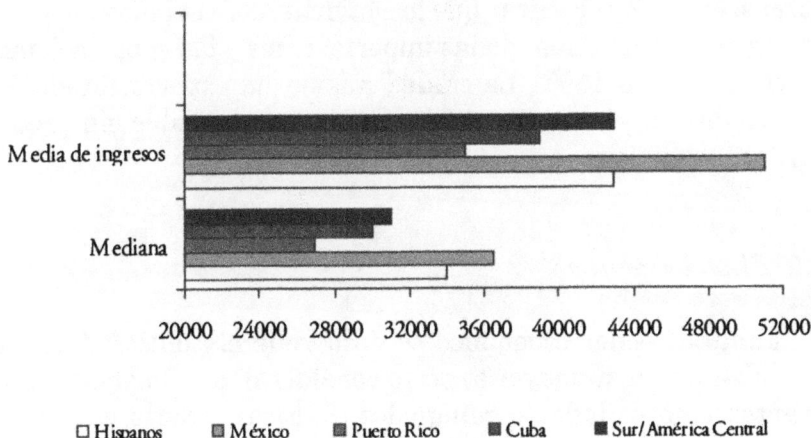

□ Hispanos   ▣ México   ▣ Puerto Rico   ■ Cuba   ■ Sur/América Central

Tomada de López Morales (2000: 35)

La media de ingresos familiares, que ha alcanzado los 50 000 dólares anuales, por una parte, y los casi tres millones que estos pagan al año en impuestos en el Condado de Miami–Dade, por otra, así lo demuestran.[28]

Aunque otros éxitos económicos no son atribuibles a los cubanos en exclusiva, no cabe duda de que siendo estos la amplia mayoría de los hispanos del lugar, tienen una buena parte de la responsabilidad. Miami, la zona metropolitana de los Estados Unidos con el más alto índice *per capita* de negocios hispanos, empezó su andadura en firme a partir de 1980, cuando trece grandes bancos y más de cien corporaciones nacionales y multinacionales abrieron sucursales en la ciudad, cuando el

mos de 16 000 dólares anuales para una familia de cuatro miembros) constituían en 1998, el 11% de toda la población hispana de la Unión; en contraste, las familias puertorriqueñas mostraban un 27% y las mexicanas, un 25%.

[28] También se explica el que solo en el primer año del período en que el gobierno cubano abrió las puertas a los exilados para visitas de una semana, estos dejaran unos cien millones de dólares en las arcas de la Isla, en primer lugar, por las cuantiosas compras de alimentos, medicina, ropa, electrodomésticos y muchas cosas más de las que tenían necesidad sus familiares.

puerto de Miami desplazaba al de Nueva Orleans en el comercio con Hispanoamérica, cuando el tránsito de pasajeros aumentó en un 100% en el aeropuerto internacional de Miami, y las cargas, en un 250%, cifras que lo convirtieron en el noveno aeropuerto del mundo, cuando las importaciones y las exportaciones crecieron en un 150%. La ciudad misma ha experimentado en su urbanismo y en sus servicios públicos un cambio sin precedente.[29]

1.5 *El poder político*

Junto al poder económico se desarrolló el político. Aunque los cubanos, en su mayoría, no se consideran a sí mismos inmigrantes sino exilados o refugiados políticos, pronto se dieron cuenta de que nunca ejercerían una verdadera influencia política si no disponían de un arma importante: el voto. Pero para poder conseguirlo se necesitaba la ciudadanía norteamericana.

En 1974 solo 200 000 cubanos eran ciudadanos de los Estados Unidos, a dos años de las festividades que conmemoraban el bicentenario de la independencia del país, dio inicio la campaña 'Cubans for American Citizenship', que se proponía conseguir 10 000 nuevas 'naturalizaciones'. Se obtuvo un éxito rotundo: solo en un día, el 4 de julio de 1976, 6 500 cubanos se convirtieron en ciudadanos de ese país; al final del año, la cifra ascendió a 26 275. A pesar de los reparos de muchos a adquirir la ciudadanía norteamericana, para 1980, el 55% de todos los exilados había jurado la nueva nacionalidad (Arboleya, 1985); en tan solo una década las proporciones se habían más que

---

[29]. 'El nuevo rostro urbano' es el título de toda una sección especial de ocho páginas independientes publicada por *El Nuevo Herald* el 3 de enero de 2000. En este documento, que se basa en un estudio del arquitecto Raúl L. Rodríguez, del American Institute of Architecture, el lector interesado podrá encontrar una historia pormenorizada del aporte de los arquitectos de origen hispano al esplendor actual de la ciudad: ellos han sido, en palabras del propio autor, 'la semilla fértil en el terreno acuoso de Miami para engendrar la nueva ciudad', y termina 'La huella del genio y del trabajo de estos arquitectos perdurará durante siglos en la transformación urbana del Miami pujante que amanece con el siglo XXI', pág. 19.

duplicado. A pesar de su nuevo estatus, muchos continuaban considerándose *cubanos*.

Las consecuencias fueron casi inmediatas: el crecimiento de cubanos en los puestos públicos a todos los niveles de gobierno. Llegaron a ser cubanos los alcaldes de las principales ciudades del Gran Miami, además de ser mayoría en los Concejos y Comisiones de estas ciudades. A principios de la década de los 90, diez de los 28 puestos de la delegación del Condado de Miami-Dade en la Legislatura del Estado de la Florida eran cubanos, siete en la Cámara y tres en el Senado. A sus manos pasó también la Superintendencia del Sistema Escolar Público del Condado, el Rectorado de la Florida International University, la Presidencia de la South Florida ALFCIO y la Intendencia del Miami-Dade County. Pronto llegó la representación a la Cámara Nacional en Washington y al gabinete presidencial de los Estados Unidos.

1.6 *La cohesión cultural*

Esta comunidad se muestra muy fuertemente cohesionada en lo cultural. Al margen de los signos urbanos externos, tres son los grandes índices que atestiguan esta cohesión: 1) la creación y fortalecimiento de una estrecha red de comunicaciones públicas en español, 2) un despliegue cada vez más acentuado de toda una serie de actividades públicas de tipo cultural, en las que el español desempeña un papel estelar (teatro, música, cine, conferencias, certámenes literarios, mesas redondas, etc.), actividades a las que es preciso añadir la publicación de libros y la edición de música en español y, además, 3) la creciente organización de un tupido calendario de actividades colectivas de carácter cívico, religioso y festivo.

1.6.1 *Los medios de comunicación pública*

Aunque en el Gran Miami, desde luego, los medios de comunicación pública son mayoritariamente en inglés, aun sin contar con las muchas posibilidades que ofrece el cable, los medios en español –sin olvidar la faceta publicitaria (Jong Davis, 1988, Soruco, 1996)– más modestos desde muchos puntos de vista son, sin embargo, más numerosos que en otras zonas con gran concentración de hispanos.

En 1959 solo existía el *Diario Las Américas*, de propiedad nicaragüense, periódico relativamente pequeño entonces. En 1960 amplió su estructura y, en consecuencia, su plantilla; muchos de los nuevos periodistas eran cubanos, y cubanos eran los temas a los que más atención se dedicaba, en especial, los relativos al exilio; cuenta con unos 133 440 lectores diarios y con 140 200 los domingos.

La primera versión española del periódico *The Miami Herald* nació en 1976; se trataba de un pequeño encarte ofrecido gratis al solicitarlo. Con todo, constituyó el único caso de que un gran rotativo norteamericano lanzara una tirada diaria en español, sorprendente, sobre todo en Miami, siendo esta, no la primera sino la tercera ciudad de la Unión –tras Los Ángeles y Nueva York– en cuanto a la proporción del mercado hispano. Tres años más tarde llegaba a 36 000 hogares. En 1987 se reorganizó del todo, convirtiéndose en un periódico independiente; en 1990 vendía 102 289 ejemplares de la edición diaria y 118 799 de la dominical; hoy, son 210 000 los días de semana y 316 000 los domingos. Su director y una gran parte de sus profesionales son cubanos. Hoy es una institución periodística de primer orden, un actor cívico sobresaliente y la voz editorial más influyente del Miami hispánico.

Además de estos rotativos, debe señalarse la existencia de un buen número de *periodiquitos* 'tabloides', revistas y boletines. Es verdad que algunos llegaron a publicar solo un número, pero otros, en cambio, han vivido durante veinte años.[30] Varias de

---

[30.] Entre periódicos, tabloides y revistas cubanas publicadas en el exilio, García (1996: 260-262) cita 61 títulos originados en el sur de la Florida, la gran mayoría, en el Gran Miami. A esta lista hay que añadir otros ocho periódicos y revistas de carácter literario, entre ellas, *Cuadernos Desterrados*, primera revista literaria cubana creada en Miami, *Punto Cardinal* y *Enlace*, ambas de Mauricio Fernández, esta última en colaboración con Orlando Rossardi; *Alacrán Azul, Nueva Generación, Guángara Libertaria, las más recientes Catálogo de Letras* y Apuntes Posmodernos, y las más famosas, *Linden Lane Magazine,* fundada en 1982 por Heberto Padilla y Belkis Cuza Malé, y *Mariel,* creada en 1983 por Reinaldo Arenas, Reinaldo García Ramos y Juan

estas publicaciones tenían su historia cubana (*Alerta, El Mundo, Bohemia, El Avance Criollo, El Imparcial, Isla, Occidente, Vanidades*) y renacieron en el exilio, mientras que las demás eran de nuevo cuño (*Socialite*, que se especializa en aspectos de 'la vida social de Miami... y más', según se muestra en la portada). No hay que olvidar las ediciones en español de importantes revistas norteamericanas (*Time, Newsweek, People, Good Housekeeping, Cosmopolitan*), varias de las cuales se editan en la zona. El ejemplo más reciente de este tipo de actividad periodística es *Ocean Drive* en español, 'la Biblia de la moda', fundada en febrero de 2001; la revista, impresa a todo lujo, tira 50 000 ejemplares mensuales, y aspira a servir como 'una pantalla que refleje el éxito de la experiencia hispana en el sur de la Florida'.

Algo similar ocurrió con la radio[31]. Muy a principios de la década de los 60 se funda en Miami la primera estación radiofónica en transmitir completamente en español: la WQBA, a la que acompañó el apelativo de 'La Cubanísima'. Se trataba de la antigua WMIE, que junto a otras dos, lanzaban programas en español durante unas pocas horas, casi siempre de noche o incluso de madrugada. Con la fundación de la WQBA las cosas comenzaron a cambiar con notable rapidez[32]. En 1965 sale al aire WFAB, 'La Fabulosa', y ocho años después lo hace la WRHC,

---

Abreu. A estas habría que añadir los nuevos intentos de revistas cibernéticas como *Nexos* y *Baquiana*. Las publicaciones más tempranas son de 1960, y aunque es verdad que muchas de ellas existieron durante pocos años, también lo es que se trata de unos esfuerzos que no han cesado nunca. *Vid.* Varona (1987), y Leyva Martínez (2000).

[31.] La radio comercial se había fundado en Cuba en 1922, tres años antes que en México, y a partir de aquí había adquirido un gran desarrollo (Draschner, 1991). A ello se debe que desde los orígenes mismos del exilio miamense abundaran en la ciudad profesionales de este medio con buena formación y larga experiencia.

[32.] Durante muchos años, la WQBA fue líder indiscutible de las radioemisoras 'cubanas' regionales. Sin embargo, cuando la empresa decidió 'descubanizarla' –lo que llevó consigo la supresión del apelativo 'La Cubanísima'- para darle ese papel a otra de sus cadenas, su audiencia decreció sensiblemente. El resultado de esta operación fue que desde entonces WAQI-AM (710), 'Radio Mambí', la elegida para sustituir a aquella, ha pasado al primer lugar de la preferencia de los oyentes.

Cadena Azul, la primera de propiedad cubana, que inauguró entre las estaciones hispanas de la zona la programación de 24 horas (Draschner, 1991).

Tras estos hitos las radioemisoras que transmitían en español siguieron multiplicándose. Durante los años 80 ya eran diez en la zona del Gran Miami. En la actualidad existen 30 estaciones asentadas en la Florida, que transmiten únicamente en español (Soruco, 1996; *Florida News Media Directory, 1999*), y otras tres en las que se puede oír también, principalmente los fines de semana, programas en portugués, en creole, en griego, en serbio, en polaco, en italiano y en algunas lenguas indígenas norteamericanas. De ese total de 33 empresas, 17 (un 51.1%) transmiten desde el Gran Miami o desde zonas muy vecinas[33].

El abanico de ofertas es muy amplio: las hay completamente musicales (música española, mexicana, cubana y antillana en general), otras, alternan música con noticias, también las hay de contenido religioso (católicas y protestantes casi en exclusiva), y las más, ofrecen una programación a base de espacios noticiosos, de opinión, tertulias y consultas varias, estos últimos programas, de micrófono abierto.

La primera cadena de televisión en español de la zona fue WLTV, Canal 23, asociada a Univisión, que comenzaba y cerraba su programación con el himno nacional cubano y vistas de la Isla. En 1980 consiguió los índices más altos de audiencia de todas las cadenas que operaban en la Florida, sobrepasando ampliamente a la ABC, la NBC y la CBS; en 1996 recibió 23 nominaciones para el Premio Emmy, más del doble que ninguna otra cadena del Estado. Al Canal 23 se unieron más tarde otras dos cadenas que también transmitían exclusivamente en español, el Canal 51, asociado a Telemundo, y el Canal 40,

---

[33]. Los datos que aquí ofrezco están basados en el *Florida News Media Directory 1999*, págs. 255-259, y en las actualizaciones que ofrece w.w.w.newsmedia-directories.com. Sin embargo, el *Broadcasting & Cable Yearbook 1999* lista 40 estaciones para el Estado; las diferencias parecen obedecer a discrepancias en los criterios clasificatorios en cuanto a horas de transmisión en español. Si se acepta esta última cifra, la Florida sería el tercer estado de la Unión por el número de estas radioemisoras, detrás de California y Texas. El Gran Miami también ocuparía la tercera posición después de El Paso y Los Ángeles.

TeleMiami. A través del cable se tiene también acceso a dos poderosas cadenas: CNN en español y CBS Telenoticias.

En conclusión, que Miami tiene en estos momentos más periódicos, estaciones de radio y canales de televisión en español que Los Ángeles y Nueva York juntos (Fradd, 1996: 9)

1.6.2 *Teatro, música, cine*

Las representaciones teatrales, las actividades musicales y cinematográficas son constantes, incluyendo la puesta en escena de zarzuelas y operetas, una tradición muy arraigada en Cuba. La rica y constante situación actual fue construida, a veces, penosamente, a lo largo de décadas.

Con respecto al teatro, todo comenzó a principios de los 60, años en el que el ya desaparecido teatro Radio Centro dio cobijo a un grupo de actores cubanos que representaban comedias folklóricas; sus principales protagonistas eran los famosos y tradicionales personajes del negrito y el gallego. También de esta época son otras dos salas teatrales, la de Néstor Cabell en Hialeah, y un pequeño local en la calle 8 en el que la famosa Chela Castro representó *La nalgada*. Más adelante se funda la compañía Añorada Cuba, germen del Patronato Cultural Cubano y origen de una serie de espectáculos esencialmente musicales, *Nuestra Cuba*, que alcanzaron grandes éxitos de público. Se abrieron también en esa década inicial otros dos locales, Teatro 66 y Teatro 67, aunque sin el éxito esperado. En cambio, se asiste al nacimiento del grupo Las Máscaras, que en 1969 logra inaugurar sala propia.

Entre 1970 y 1980 las actividades teatrales se intensifican. Se funda la importante Sociedad Pro-Arte Grateli que, aunque se dedica a una gran variedad de espectáculos musicales, se especializó desde el principio en la puesta en escena de zarzuelas, tanto españolas como cubanas. Además de patrocinar hasta el día de hoy conciertos con los más afamados artistas, ha incursionado con acierto en el teatro dramático. Es sin duda la década de más actividad musical, pues se fundan otras compañías de arte lírico: la Agrupación Lírica, la Sociedad Hispano-

Americana de Arte, Forum, la Asociación Internacional de Música de la Florida, la Sociedad Lírica Euterpe y el Instituto Musical Fajardo, del maestro Alberto Fajardo, convertido después en el Teatro Panamericano de la Ópera. Nace también la Academia Cubana de Ballet, que llega a fundar su propia compañía, Ballet Concierto, de la que varias de sus figuras estelares han pasado a incorporarse a diferentes compañías internacionales. Es el momento en que se multiplican las pequeñas compañías de baile clásico. En el estudio La Danza se crea el Conjunto Folklórico Cubano.

Casanova (2000), reconocida escritora, adaptadora y directora teatral, califica de 'época de oro del teatro hispano de Miami' a la que se abre con la fundación del Teatro Martí (1969) y sus largas temporadas de comedias costumbristas, primero, con siete años de representaciones ininterrumpidas, y picarescas después: el *Vodevil de medianoche*, su más sonado éxito, permaneció en cartel durante cinco años. Animados por estos éxitos surge el grupo 'Los comediantes' (1972), con un prolongadísimo calendario de representaciones de comedias ligeras. Se restaura y reforma el Teatro Martí para dar cabida a cuatro salas, que funcionaban simultáneamente. En cambio, el Lecuona y La Comparsa, dos nuevos locales teatrales abiertos en Hialeah no lograron permanecer por mucho tiempo. Se inaugura la tradición, muy viva hasta hoy, de los café-teatros, a cuyo palco escénico suben tanto comedias como variedades.

Entre 1973 y 1975 comienza a producirse un teatro serio de gran calidad; el Teatro Carrusel presenta sucesivamente una serie de obras hispanoamericanas y españolas, así como adaptaciones de dramaturgos norteamericanos, interpretados por renombrados actores cubanos. En 1976 abre sus puertas el hermoso Teatro Repertorio Español, llamado después Teatro América, y por fin, Teatro de Bellas Artes. Ese mismo año, el Teatro La Danza ve como *Corona de amor* se representa consecutivamente durante un año. Con posterioridad no decrece la fundación de salas teatrales, algunas de vida efímera: el Teatro Blanquita, de la famosa vedette cubana Blanquita Amaro, y el Teatro Versalles. El Teatro Avante (1979) de Mario Ernesto Sánchez, ha logrado mantenerse con excelentes puestas aunque bien es verdad que otras producciones teatrales se llevaron a escena en el Auditorium, en el Gusman Hall, en el Teatro Comunitario de la Pequeña Habana, en los parques de la ciudad y hasta en el jardín de una casa particular. Un aporte indiscutible al teatro en Miami lo ha llevado a cabo el grupo Prometeo, del centro educativo Miami Dade College, que bajo la dirección de Teresa María Rojas ha sido pionero en las artes escénicas de la comunidad.

Uno de los acontecimientos teatrales más importantes desde 1986 lo es, sin duda, el Festival Internacional de Teatro Hispano, creado por el fundador de Teatro Avante y que ofrece, cada año durante las primeras semanas de junio, una muestra de lo que acontece en los escenarios de España e Hispanoamérica. Los festivales se han desarrollado gracias al patrocinio económico de organizaciones gubernamentales y de empresas locales y nacionales con la participación de grupos de teatro de Hispanoamérica, Europa, Asia y los Estados Unidos. Al margen de estas funciones, se han presentado muchas obras importantes, entre las cuales se destacan *La Señorita de Tacna*, de Mario Vargas Llosa, *Mundo de cristal*, adaptación de *Zoo de cristal*, de Tenessee Williams, y *Entre mujeres*, del español Santiago Moncada.

La década de los 90 vio el extraordinario florecimiento de los café-teatros. A principios del 2001 la cartelera teatral anunciaba las comedias *Que el desorden sea con orden* de Pedro Román y *Entre marido y mujer*, versión de *Pareja abierta*, la obra del Premio Nobel de Literatura, Darío Fo. Por otra parte, en el Centro de Cultura Acting Together triunfó *La última parada*, adaptación cubana de *Un tranvía llamado deseo* de Tennesse Williams. Comedias ligeras en el Teatro 8, el Teatro Bellas Artes y el Teatro Las máscaras. El Hispanic Theater Guild representó en su temporada 2001–2002 *Rosa de dos aromas* de Emilio Carballido, *Jacinto García, viajante de comercio*, adaptación de *La muerte de un viajante* de Arthur Miller, y P.D. *Tu gato ha muerto* de James Kirkwood. Desde el año 2000, el Grupo Cultural La Ma Teodora, que se especializa en dar a conocer en Miami a dramaturgos cubanos de la Isla, pone en escena piezas de estos autores.

La presentación de películas hispánicas en el Gran Miami tuvo unos inicios tan duros como el teatro, o quizás, más. Pero aquellos momentos de escasez y penuria de material fílmico en español han sido superados con creces desde hace ya al menos dos décadas. El cine en español puede verse hoy en las salas públicas de la ciudad (en versión original o con subtítulos, como era usual en Cuba), en la televisión, tanto reposiciones como cintas muy recientes y, por supuesto, en vídeos comprados o alquilados en los establecimientos correspondientes.

El gran evento cinematográfico de la ciudad lo auspicia la Florida International University: el Miami Film Festival se celebra anualmente y en él se exhiben películas de todo el mundo, cuidadosamente escogidas por un grupo de expertos. La participación del cine hispánico es de importancia capital. En el décimo séptimo festival, celebrado en el año 2000, se presentaron cuatro cintas españolas: *La niña de tus ojos* (1998), *La lengua de las mariposas* (1999), *Solas* (1999) *Flores de otro mundo* (1999); una coproducción hispano-italiana: *Goya en Burdeos* (1999), una peruana: *Pantaleón y las visitadoras* (1999); una coproducción cubano-española: *La vida es silbar* (1998), y dos brasileñas: *Bossa nova* (1999) y *Orfeu* (1999). Del total de las 26 películas presentadas, nueve fueron hispánicas, algo más de una tercera parte (34.6%). El resto de las cintas estuvo constituido por cinco francesas, dos norteamericanas, dos italianas, dos danesas, una del Reino Unido, una de Corea del Sur, una de Bhutan, una japonesa, y dos coproducciones: Francia-Suiza-España y Francia-Bélgica-Luxemburgo-España.

En el festival del año siguiente, el décimo octavo, de 2001, la representación hispana fue también importante: cinco españolas: *Asaltar los cielos* (1996), *El otro barrio* (2000), *Obra maestra* (2000), *El cielo abierto* (2001) y *La voz de su amo* (2001); dos brasileñas: *Eu, tu, eles* (2000) y *Amores possíveis* (2001); una argentina: *Las aventuras de Dios* (2000); una mexicana: *Amores perros* (2000), y las coproducciones hispano-francesa, *Calle 54* (2000), franco-colombiana, *La virgen de los sicarios* (2000) y peruana-española, *Tinta roja* (2000). En esta última edición, las películas hispanas incrementaron su proporción (46.1%); de las restantes, tres fueron alemanas, dos australianas, una de Canadá, una de Suecia, una de Japón, una de los Estados Unidos, una de Francia, una de Italia, una de China (Hong Kong), una coproducción franco-inglesa y otra del Reino Unido-Francia-Italia.

Es cierto que, además de este gran Festival, se presentan con frecuencia ciclos especiales; uno de los últimos, organizado por José Arenal, fue sobre cine popular español. En él se vieron las cintas *El paseíllo* (sobre la vida del torero Paquirri), *La vil seducción*, con Fernando Fernán Gómez, *Raphael es Raphael*, *La primera entrega de una mujer casada*, con Emma Penella, y la veterana *Locura de amor*, con Aurora Bautista y Jorge Mistral.

Demás está decir que las películas producidas por cineastas cubanos del exilio –*El Súper* (1971), todo un clásico dentro del género, de León Ichaso y Orlando Jiménez Leal, *Conducta impropia* (1984), de Néstor Almendros y Orlando Jiménez Leal, con la colaboración de Jorge Ulla, 8-A también de Jiménez Leal, *Azúcar amarga* (1996), de León Ichaso, y *Bro* (2001) de Joe Cardona, por ejemplo– han sido notables éxitos de crítica y de taquilla en la ciudad que, además disfruta en los cines o en las pantallas de televisión de la importante serie de documentales, dirigidos y filmados también por cubanos: los de Mari Rodríguez Ichaso –*Marcadas por el paraíso* (1999) y *Niños del paraíso* (2000)–; de Agustín Blázquez, *Covering Cuba* (2000), *The next generation* (2001), *Elián* (2002)– y los de los 'chicos de Miami': Joe Cardona –*Café con leche* (1997), nominado para el Emmy, entre muchos otros–, Luis Guardia –*Mariel: 20 años de un éxodo* (2000), *Éxodo* (2001), *Somos los que andamos* (2002)–, Alex Antón –*Siempre presente* (2002)–, y Pedro Corzo –*Al filo del machete* (2001)–.

1.6.3 *Conferencias, mesas redondas, tertulias*

Además de las manifestaciones escénicas y cinematográficas, en la ciudad se anuncian con alta frecuencia conferencias y mesas redondas sobre los más variados temas –música, artes plásticas, historia, literatura, folklore–, en las que participan prestigiosos intelectuales del mundo hispanohablante, muchos de los cuales intervienen también en peñas literarias y en tertulias. Este tipo de actividades culturales, que suele anunciarse puntualmente en la prensa diaria, se lleva a cabo en locales muy conocidos: el Teatro Tower, que se utiliza para teatro, cine, galería de arte y sitio de conferencias, el Salón Batten, el Chapman Center, el Centro Cultural Español, el Salón Breezeway, el Centro de Estudios Cubanos 'Félix Varela' de la Universidad Católica de Saint Thomas, el Koubek Memorial Center de la Universidad de Miami, la Biblioteca Pública de Coral Gables, la sala Herencia Cultural Cubana, el Latin American Art Museum, el Meza Fine Art, el Miami Beach Convention Center, la International Florida University y el Miami–Dade Community College, entre otros. También son numerosas las exposiciones de todo tipo: libros, carteles, programas, fotografías y un largo etcétera, además, por supuesto, de las de arte. Más allá de estos centros oficiales y privados, pero siempre 'académicos', están los lugares, un tanto bohemios (cafés, restaurantes, galerías), en los que se reúnen escritores, gentes de la farándula y artistas varios.

1.6.4 *La industria editorial*

La otrora incipiente industria editorial, por su parte, va en aumento y el consumo de libros en español supera fácilmente las cotas del año anterior. Existen o han existido en el Gran Miami, además de las empresas multinacionales (Santillana y Planeta Publishing), casi una docena de editoriales dedicadas a la publicación de libros en español: Ediciones Universal, la decana de estas empresas, Editorial Cubana, Editorial Nosotros, Editorial Sibi, Editorial Caribe, Minerva Publishing Co., Senda Nueva de Ediciones, Cultural Editora y la más joven de todas, La Torre de Papel, fundada en 1993.

Todas estas actividades se han revitalizado notablemente con la creación en 1984 de la Feria Internacional del Libro de Miami, auspiciada por los gobiernos estatal y local y numerosas fundaciones financieras, en la que colaboran más de mil voluntarios, y en la que centenares de miles de amantes de la lectura, editores, autores y medios de difusión y promoción invaden las instalaciones del Wolfson Campus del Miami–Dade Community College y las calles circundantes. La Feria, uno de los acontecimientos culturales y literarios más importantes del país, cuenta con un programa completo de actividades exclusivamente en español, y con otro en inglés. A ella asisten más de 250 escritores y cerca de 300 casas editoras, librerías y distribuidoras nacionales e internacionales.

Además de los kioscos de libros, la Feria cuenta con otros atractivos. 'El rincón de los libros viejos', zona de exhibición y venta de libros antiguos, 'Cosas de casa', dedicada a quienes están interesados en el hogar, 'SaludableMente', para enriquecer los conocimientos sobre la conexión 'mente sana en cuerpo sano', 'La callejuela de los niños', sección dedicada a literatura infantil, 'La Bibliotheque', donde se llevan a cabo jornadas con escritores en un marco musical y de entretenimiento, y 'A leer en familia', programa para crear el hábito de lectura entre los niños. A estos incentivos hay que añadir las series de lecturas de autores, las presentaciones de libros, los encuentros literarios de estudiantes, y el Programa de autores iberoamericanos, al que acuden año tras año unos 50 escritores, entre noveles y muy reconocidos; en cada Feria se rinde homenaje a uno de nuestros más famosos escritores: la del año 2000 seleccionó al narrador chileno Jorge Edwards, reciente ganador entonces del Premio Cervantes, pero en otros años han desfilado por este foro Octavio Paz, Camilo José Cela, Mario Vargas Llosa, Fernando Arrabal, Antonio Gala, Rosa Montero, y los cubanos Heberto Padilla y Zoé Valdés.

La comunidad cubana del Gran Miami, que desde muy pronto se unió a la producción creativa y crítica del resto del exilio (Lindstron, 1982; Fernández y Fernández, 1983; Hospital, 1988; Kanellos, 1989, García, 1996:171–207, ha empezado a aportar nombres a las nóminas de importantes premios internacionales: Matías Montes Huidobro, Premio Café Gijón de novela 1997 y Daína Chaviano, Premio Azorín 1998 y Goliardos de 2003.

1.6.5 *La discografía hispánica*

Con anterioridad a la década de los 70, cuando aún las grandes empresas discográficas de los Estados Unidos no se interesaban demasiado por la música latina con letra en español, había en Miami pequeños sellos que durante años dieron a conocer en esas tierras a no pocos artistas internacionales, en su mayoría españoles y mexicanos, aunque no faltaron los discos de cantantes locales. El éxito que lograron aquellas grabaciones –algunas vendieron 300 000 ejemplares– llamó la atención de las grandes multinacionales, que hoy, salvo excepciones, tienen este negocio en sus manos (MacSwan, 1996). El llamado 'producto latino' es cada día más apetecible y más reclamado, y no solo en los lugares de gran concentración de hispanos. El Gran Miami es una estupenda plataforma de lanzamiento de jóvenes –y no tan jóvenes– estrellas de la canción; la espléndida vida nocturna de la ciudad la ha convertido en una plaza soñada por los grandes artistas internacionales en español.

1.6.6 *Las actividades populares*

El muy denso calendario de las actividades populares, medio formidable de fomentar la cohesión sociocultural, entusiasma y hermana a una notable cantidad de asistentes y participantes. Hay conmemoraciones religioso–festivas (Cabalgata de los Reyes Magos, televisada a todo el país), festivas (la Gran Romería Hispano–Americana, y sobre todo, el gran Carnaval de Miami, que con sus famosas carrozas y comparsas atrae a miles de visitantes y que también se televisa de costa a costa), y culturales (el Festival de la Herencia Hispana). Los cubanos participan también muy activamente en el Hispanic Festival of the Americas, en el Inter-American Festival y en el Miami Film Festival (Cuban Heritage Trail, 1994).

1.7 *Una sociedad bilingüe y bicultural: la guerra del 'English only'*

En 1973 el Condado de Dade aprobó una importante ordenanza en la que declaraba su carácter bilingüe y bicultural y daba al español el rango de segunda lengua oficial. El texto partía de una consideración básica: 'un largo y creciente porcentaje del Condado de Dade es de origen hispano (...) muchos de los cuales han mantenido la cultura y la lengua de sus tierras nativas [y por lo tanto] se enfrentan a dificultades especiales al comunicarse con departamentos gubernamentales y oficiales'; y resolvía que: 'nuestra población hispanohablante se había ganado, a través de su siempre creciente participación en el pago de impuestos y de su participación activa en los asuntos comunitarios, el derecho a ser servida y oída en todos los niveles del gobierno'.

1.7.1 *Los orígenes del conflicto*

Durante siete años, hasta finales de 1980, la ordenanza estuvo en vigor, si bien ciertos rasgos de la comunidad no dejaban de producir algún malestar entre los anglo blancos, la mayoría dominante. Cuando se llevó a cabo el referéndum que impuso la política del *English only*, era ya evidente que se estaba incumpliendo la expectativa, muy asentada tradicionalmente, de la subordinación sociocultural de la inmigración; muchos anglos veían peligrar su identidad y, sobre todo, su poder en el sur de la Florida, y muy en particular, en el Gran Miami. La reacción que esto produjo desembocó en una contienda que pronto alcanzó tintes etnocéntricos y hasta xenófobos. La lengua española fue la protagonista indiscutible.

Según Castro (1992a, 1992b), que ha estudiado este asunto con mucho detenimiento, fueron varios los factores que terminaron por crear un ambiente favorable al triunfo del *English only* en el Condado de Dade, el primero de una serie de episodios similares producidos en otros lugares del país.[34]

Entre 1960 y 1980 el crecimiento de la población hispana, cubana esencialmente, fue excepcional: del 5.3 al 35.7%. En

---

[34] Sobre el tema, *Vid.* las colaboraciones reunidas por Crawford, ed. (1992) en la segunda parte, 'The devate over Official English', de su volumen colectivo; en esas 25 colaboraciones, el lector interesado encontrará un panorama muy completo de esta cuestión y de otra muy relacionada con ella y completamente opuesta, la del 'English plus'.

1970 las cubanos se habían convertido en la primera minoría de Miami al superar a los anglos negros, que solo constituían el 15%. La tendencia de este perfil demográfico parecía hacer evidente que en la década de los noventa llegarían a ser un elemento muy importante en la zona metropolitana.[35] Se trataba de una población que aumentaba continuamente, aunque a diferentes tempos, gracias a sucesivas inmigraciones, circunstancia esta que ayudaba a mantener las costumbres, las lealtades y los rasgos culturales del lugar de origen, entre ellos, y de los más importantes, la lengua.

Una situación tan particular ofrecía un formidable reto al principio de *americanización* que ese país había visto cumplirse una y otra vez. Desde los primeros momentos en Miami se hablaba más español que en otras ciudades norteamericanas en las que también existía una gran cantidad de inmigrantes hispanos. Lo común era que la lengua materna se hablara en casa, y así ocurría también con los cubanos –el 91% hablaba solo español y un 4% lo usaba mayoritariamente (Cuban American Policy Center, 1977)–; lo extraordinario era que allí el español se oía también en el mundo de los negocios y en todo tipo de actividades sociales (Strategy Research Corporation, 1984). El español era, por lo tanto, una lengua pública; al margen de la citada ordenanza de 1973, la ciudad se había convertido *de facto* en una comunidad bilingüe.

Lo chocante no era ese continuo oír hablar español –también se oía en Los Ángeles, en Houston y en otras ciudades de la Unión– sino las características de quieres lo hablaban. Didion (1987:63) resume la cuestión en unas pocas palabras: 'En Los Ángeles el español era una lengua apenas sentida por los anglos, solo formaba parte del ruido ambiental: la lengua hablada por la gente que trabajaba limpiando automóviles, podando árboles o recogiendo mesas en restaurantes: En Miami, el español era hablado por los clientes de los restaurantes y por los dueños de

---

[35] Se estaba ante una situación del todo novedosa. En 1950 los hispanos constituían apenas el 4% de la población del Gran Miami (unos 20 000). El sector anglo era absolutamente dominante. Mientras que el número de hispanos crecía de 30 000 a 50 000 entre 1950 y 1960, la población blanca nativa, un 80% de todo el censo, aumentaba de 337 548 a 747 748.

los automóviles y de los árboles'. 'En la escala socioauditiva, concluye, el contraste ofrecía una diferencia muy considerable'.

El poder económico de la comunidad, además de ser fuerte y diverso, estaba completamente integrado. Las empresas cubanas eran una fuente de trabajo y de consumo para los negocios anglos, trataban comercialmente con ellos y, en ocasiones, mantenían con estos una fuerte competencia, en la que a menudo ganaban (Wilson y Martin, 1982). El reflejo de todo esto en las esferas política y cultural era palpable.

Los triunfos obtenidos en 1963, con el establecimiento del ejemplar Programa de Educación Bilingüe, en 1973, con la ordenanza que proclamaba oficialmente el carácter bilingüe y bicultural del Condado, y en 1976, con la aparición de la primera edición española del influyente y poderoso rotativo *The Miami Herald*, fueron para algunos pruebas innegables de la *invasión hispana* de la comunidad. Si ya los ánimos estaban algo exacerbados, estos acontecimientos provocaron mayor malestar aún.

Por otra parte, los cubanos, a diferencia de otros grupos de inmigrantes hispanos, eran mayormente blancos, de procedencia urbana, relativamente educados, que en la década de los 60 habían sabido incorporarse a los mecanismos económicos del poder. Castro (1992a:117–118) subraya que, además, no causaban conflicto de clase ni mostraban diferencias relevantes de cosmovisión con las elites norteamericanas. Con mucha frecuencia estos recién llegados eran de la misma clase social y de las mismas profesiones que ellas y manejaban, por lo tanto, el mismo lenguaje social y profesional.

La creciente presencia de los cubanos se hizo cada vez más influyente, convirtiéndose en excelentes interlocutores de los poderosos anglos, con los que mejor que nadie *negociaban* la conservación de su herencia lingüística y cultural. Los éxitos se iban consiguiendo paso a paso. En definitiva, estos recién llegados con los que se podía convivir socialmente, eran una buena clientela política y consumidora: se habían ganado el *derecho* a ser servidos y escuchados en su propia lengua.

Si no la elite, una buena parte de la población aumentó su resentimiento ante la nueva situación: en lugar de asimilarse con rapidez a la cultura dominante, o al menos, mostrar su subordinación a ella, estos cubanos recién llegados parecían adueñarse de todo. Algunos anglos decidieron abandonar el campo de batalla[36]; otros, por el contrario, iniciaron la lucha: dio entonces comienzo el movimiento antibilingüismo.

1.7.2 *El triunfo provisional del 'English only'*

En noviembre de 1980 se sometió a referéndum la medida que revocaba la política oficial de bilingüismo y biculturalismo aprobada en 1973 por el Condado Metropolitano de Dade: 251 259 votos fueron a favor; 173 168, en contra.[37]

La medida prohibía (Sección 1) 'la asignación de fondos del Condado para el propósito de utilizar alguna otra lengua que no fuera el inglés o alguna otra cultura que no fuera la de los Estados Unidos', y ordenaba (Sección 2) que 'todas las reuniones gubernamentales del Condado, audiencias y publicaciones deberían ser únicamente en la lengua inglesa'.[38]

---

[36] De hecho, la población anglo blanca de Miami se ha ido reduciendo considerablemente desde 1970. En 1990 este sector había decrecido en un 21% (161 748). Sin embargo, el total de la población de la zona se duplicó: los negros triplicaron su número en esos 20 años, y los hispanos lo multiplicaron 19 veces (Wallace, 1991). En torno a 1980 era frecuente ver pegatinas en los automóviles (de anglos blancos) que decían: "Will the last American out of south Florida please bring the flag?".

[37] La campaña a favor del *English only* coincidió con la llegada de los *marielitos* a Miami, que trajo consigo una gran publicidad negativa. A pesar de lo injusto de las generalizaciones que entonces se hicieron, la consideración de los cubanos como 'minoría modélica' se debilitó, con lo que se desatendió a la realidad, que contaba otra historia: la mayoría de los cubanos eran individuos de medianos ingresos, conservadores y blancos, con muy bajos índices de criminalidad y de dependencia de la asistencia pública, y un alto porcentaje de participación en la fuerza laboral y en la política (Castro, 1992a:122).

[38] ORDINANCE NO. 80-128. ORDINANCE PROHIBITING THE EXPENDITURE OF COUNTY FUNDS FOR THE PURPUSE OF UTILIZING ANY LANGUAGE OTHER THAN ENGLISH, OR PROMOTING ANY CULTURE OTHER THAN THAT OF THE UNITED STATES, PROVIDING FOR GOVERNMENTAL MEETINGS AND PUBLICATIONS TO BE IN THE ENGLISH LANGUAGE, PROVIDING EXCEPTION, PROVIDING SEVERABILITY, INCLUSION IN THE CODE, AND AN EFFECTIVE DATE.

El triunfo del English only en el Condado hacía imposible la traducción al español de documentos públicos y la continuación de una amplia gama de servicios bilingües. Los que se veían más afectados por estas consecuencias, sobre todo por la última, era la parte más débil de la inmigración hispana: los viejos, los pobres, los recién llegados y los individuos sin educación. Se perjudicaban también, pero en menor grado, algunas actividades culturales que no podían conseguir financiamiento oficial.

El 71% de los anglos blancos que dio su aprobación a la nueva ordenanza, lo hizo siguiendo las pautas del 'Citizens of Dade United', nombre del grupo de acción política, inscrito ofi-

---

Be it ordained by the people of Dade County, Florida:

Section 1. The expenditure of county funds for the purpose of utilizing any language other than English, or promoting other culture other than that of the United States, is prohibited,

Section 2. All county governmental meetings, hearings, and publications shall be in the English language only.

Section 3. The provisions of this ordinance shall not apply where a translation is mandated by state or federal law.

Section 4. If any section, subsection, sentence, clause, phrase, words or provision of this ordinance is held invalid or unconstitutional, the reminder of this ordinance shall not be affected by said holding.

Section 5. It is the intention of the people of Dade County, Florida, that the provisions of this ordinance shall become and be made a part of the code of Metropolitan Dade County, Florida.

Section 6. This ordinance shall take effect on the day after the election approving this ordinance, November 5, 1980.

PASSED AND ADOPTED. NOVEMBER 4, 1980.

Crawford, ed. (1992: 131)

[39.] Castro (1992a:121) indica que el voto negro no se movió solo por razones económicas. Si así hubiese sido, una cantidad superior de votantes habría apoyado la medida, siendo como son los mayores candidatos a los trabajos de más bajo nivel. Pero a los negros no les había ido mal: entre 1977 y 1985 su índice de empleo creció en un 25%, mientras que el de los anglos blancos se redujo en un 36%. En ese mismo período, el número de empleados negros clasificados como 'oficiales', 'administradores' y 'profesionales' se triplicó. Hay que añadir que muchos en esta colectividad debieron de haber entendido el *English only* como una campaña racista, prejuiciada y discriminadora. Una pesquisa llevada a cabo por el *Miami Herald* puso de manifiesto que casi la mitad de los negros que votaron en contra de la medida pensaba que su aprobación 'sería un insulto para los hispanos' y que dañaría las relaciones entre 'latinos' y 'no latinos'. En contraste, solo el uno por ciento de los anglos blancos pensó que el voto positivo podría ser entendido como un insulto.

cialmente para ese propósito. En contra, el 56% de los negros[39] y el 85% de los hispanos. La elite anglo, que no se sentía amenazada por el avance de los inmigrantes, también se opuso.

No cabe duda de que detrás de estos votos positivos había también razones económicas: la terrible competencia que ofrecían los negocios hispanos, sobre todo los pequeños y medianos, por una parte, y por otra, las dificultades que entrañaba para muchos tener que manejar una lengua extranjera, el español, para poder conseguir un trabajo, por modesto que fuera. Esta especie de inversión de papeles (¡eran los extranjeros los que tenían que aprender inglés!), resultó ser, además, particularmente irritante para muchos, como también lo eran los carteles de 'English spoken here' que mostraban a su clientela algunos establecimientos hispanos.

La verdad es que la lucha contra el bilingüismo en los Estados Unidos nació precisamente en Miami porque la ciudad había sido pionera en su reconocimiento y porque los hispanos constituían allí un grupo numeroso y de gran éxito. La lengua resultó ser el caballo de batalla, pero la guerra era por el dominio étnico y la supremacía cultural. La lengua era, desde luego, el constituyente axial de la cultura, la identidad y la nacionalidad.[40]

En 1984, George Valdés, entonces el único Comisionado hispano del Consejo del Condado, consiguió que la medida excluyera los servicios hospitalarios y otras prestaciones médicas, servicios especiales para envejecientes y minusválidos, la promoción turística, la policía de emergencia, bomberos y ambulancias, rescates y servicios preparatorios antihuracanes, todo a cambio de aceptar que el inglés fuera la única lengua oficial del

---

[40.] Varias encuestas de opinión habían dejado saber que, mayoritariamente, los estadounidenses creían que para ser un *verdadero americano* había que saber inglés. Pero en Miami ya pocos se oponían a la necesidad de aprender inglés; rechazaban, eso sí, el monolingüismo inglés, que es como el asunto es interpretado con frecuencia, al punto de que se pensaba que el hecho de que el Gobierno aceptara el bilingüismo era una claudicación ante influencias extranjeras. Los cubanos nunca pudieron entender que los *americanos* pensaran que era posible que ellos abandonaran su lengua. No es algo del pasado: Lynch y Klee (2003) vuelven a encontrar entre los jóvenes universitarios anglos de Miami –hombres, fundamentalmente– exactamente esa misma postura.

Condado. A partir de aquí, sin embargo, el English only perdió considerable poder e importancia. Pero los hispanos, con los cubanos al frente, no estaban decididos a quedar como perdedores. Todo era cuestión de esperar la ocasión propicia. Entre tanto, el avance económico continuaba y los hispanos seguían alcanzando puestos administrativos de relieve.

1.7.3 *La situación actual*

La ordenanza del *English only*, impuesta en el Condado de Dade en 1980, y que tanto malestar había producido entre los cubanos y los hispanos en general, empezó a vivir sus últimos momentos. La situación había cambiado drásticamente desde aquel año; ahora, el poder económico y político adquirido hacían posible su derogación.

La suerte estaba echada. En 1993 se revoca la medida de 1980 del *English only* –situación única hasta ahora en todos los Estados Unidos–, y se vuelve a la situación de 1973: un Condado oficialmente bilingüe y bicultural.

2. EL PERFIL LINGÜÍSTICO DE LA COMUNIDAD

2.1 *Metodología de la insvestigación*

2.1.1 *La muestra*

Para captar la complejidad demosocial del Gran Miami se procedió a diseñar una muestra empírica basada en cuotas por afijación proporcional, que tomara en consideración los factores estratificatorios presentes en el diseño del presente trabajo: lugar de nacimiento, Cuba o los estados Unidos, generación y sexo/género; en el caso de los nacidos en Cuba, la edad de llegada a suelo norteamericano: A. sujetos con 18 años o más, B. entre 17 y 7 años, y C. 6 años o menos. La muestra quedó integrada por un total de 80 sujetos.[1]

2.1.2 *Los instrumentos de la investigación*

Para recoger los datos que sirven de base a este estudio se han manejado tres instrumentos de investigación: cuestionarios, una escala tipo Lickert y entrevistas. Los cuestionarios fueron tres: A. Información personal socioeconómica y cultural

---

[1] Del total de cubanos que habitan en el Gran Miami, 574 168 (descontando los que tienen menos de 15 años), una muestra de 80 sujetos representa el 0.032% del universo relativo, proporción más alta que la establecida por Labov (1966: 170–174) como óptima para los estudios sociolingüísticos (0.025%). Labov se refería específicamente al análisis de la variación lingüística; es posible que para el establecimiento de actitudes, por ejemplo, hubiese sido recomendable manejar una muestra mayor, pero a las incuestionables ventajas que eso hubiese producido se habría añadido un notable desequilibrio entre muestras de la misma investigación. Este tipo de muestra empírica, si se cumplen con puntualidad unos requisitos fundamentales, se acercan mucho al ideal que significan las muestras aleatorias (Noelle, 1970: 167–168).

[2] El diseño original de la muestra contemplaba la variable 'nivel sociocultural', por eso se incluyeron en este cuestionario preguntas relativas a los tres

(lugar de nacimiento, edad en el momento de la encuesta, años de escolarización, ingresos anuales y profesión u oficio)[2]; B. Dominio del español y del inglés en las cuatro macrodestrezas comunicativas: hablar/entender y escribir/leer, y C. Ámbitos de uso y elección idiomática.

Las respuestas al Cuestionario B fueron todas de carácter subjetivo (no había corroboración empírica a lo dicho por el sujeto). Tanto para el español como para el inglés, cada macrodestreza ofrecía cinco posibilidades: 'Muy bien', 'Bien', 'Regular', 'Mal' y 'Muy mal'. Las respuestas 'Muy bien' obtenían calificación de 5, y las 'Muy mal', de 1; las intermedias, entre 4 y 2 (López Morales, 1992a: 107–110).

El Cuestionario C estuvo integrado por 14 puntos, que medían la elección idiomática en siete ámbitos de uso:

1. la familia: personas mayores, de la misma edad, menores,
2. los estudios,
3. el círculo laboral: en el trabajo, en las reuniones de trabajo,
4. las actividades sociales,
5. las actividades religiosas,
6. el ocio cultural: libros que leo y canciones que escucho,
7. los medios de comunicación pública: prensa, radio y televisión.

---

sub–parámetros básicos para su obtención y estudio: escolarización, profesión e ingresos. Se llevaron a cabo todas las operaciones matemáticas necesarias –sumatorias no ponderadas de valores sub–paramétricos– (López Morales, 1992a: 56–59) y se consiguieron los debidos resultados:

Gráfica 2.5
Estratificación sociocultural

Sin embargo, la covariación de los datos lingüísticos con esta variable fue escasamente rentable, pues nunca alcanzó significación estadística. No ha sido tenida en cuenta, por lo tanto, en este trabajo.

Cada uno de los puntos del cuestionario estaba constituido por una aseveración que debía ser completada por el sujeto; eran de estructura cerrada pero ofrecían diversas posibilidades (López Morales, 1992a: 112–114).

Cuando hablo con *personas mayores* de mi familia (abuelos, padres, tíos, etc.) lo hago

_____ solo en español.
_____ mayormente en español.
_____ solo en inglés.
_____ mayormente en inglés.
_____ en ambas lenguas indistintamente.

El estudio de las actitudes lingüísticas de la comunidad hacia el español, el inglés, el bilingüismo y la alternancia de lenguas se llevó a cabo a través de una escala tipo Lickert. Se trata de instrumentos constituidos por una serie de aseveraciones, positivas o negativas, ante las cuales el sujeto debe manifestar su aceptación o su rechazo. Estas aseveraciones son manifiestas y latentes; se construyen a partir de juicios que expresan alguna relación postulada a nivel de la teoría sustantiva y de observaciones empíricas de afirmaciones de grupos o de sujetos, pertenecientes estos a asociaciones que manifiestan la propiedad que se quiere medir (Shaw y Wright, 1967). No piden respuestas dicotómicas, sino que trabajan con escalas de intensidad, que ofrecen múltiples posibilidades, 3, 5, 7, entre otras. Nuestro instrumento trabajó con 5: 1. 'Totalmente de acuerdo', 2. 'De acuerdo con reparos', 3. 'Me da lo mismo', 4. 'En desacuerdo con reparos', y 5. 'En total desacuerdo'.

Las actitudes, sean positivas o de rechazo, se miden de manera oblicua, a través de creencias manifestadas en las aseveraciones, que deben ser redactadas atendiendo a varias consideraciones específicas (Edwards, 1967): 'Es bueno saber español para ganar más dinero', por ejemplo. Tras ellas subyace una –a veces muy compleja– estructura de dimensiones. En nuestro caso, la estructura subyacente de la escala manejada fue la siguiente:

ACTITUDES HACIA EL ESPAÑOL

1. Dimensión: *Identidad cultural:*
   1. *El español, vehículo lingüístico de una gran cultura internacional.*
   2. *El español, rasgo de identidad cultural de los cubanos.*
   3. *Hay que conservar el español, pues es la lengua de nuestros antepasados.*
2. Dimensión: Orgullo étnico–lingüístico:
   1. *No se siente incomodidad social ni vergüenza al hablar español en Miami.*

3. Dimensión: Utilidad práctica:
   1. *Hablar español produce ventajas salariales en esta comunidad.*
   2. *El español es lengua pública (no solo familiar) en la comunidad Miami.*
   3. *Hablando solo español se puede recorrer una buena parte del mundo.*

ACTITUDES HACIA EL INGLÉS

1. *Dimensión: Utilidad práctica:*
2. *El inglés es una lengua extremadamente útil.*
3. *El inglés es la lengua exclusiva de los grandes negocios internacionales.*

2. Dimensión: Prestigio:
   1. *La comunidad cubana miamense siente que los que hablan inglés son personas más importantes.*

3. Dimensión: Modernidad y atractivo:
   1. *El inglés es una lengua muy atractiva.*
   2. *La música popular con letra en inglés es más moderna.*

ACTITUDES HACIA EL BILINGÜISMO

1. Dimensión: Utilidad:
   1. *El bilingüismo es la situación ideal para los que vivimos en este país.*

ACTITUDES HACIA LA ALTERNANCIA DE CÓDIGOS
1. Usos permitidos de la alternancia.
   *1. No deben mezclarse ambas lenguas en discursos
   o intervenciones públicas.*
   *2. La mezcla de lenguas debe ser evitada en todos
   los casos.*
   *3. La mezcla de español e inglés en solo aceptable
   en situaciones comunicativas informales.*

2. Razones que impulsan la alternancia
   *1. La mezcla indiscriminada de lenguas es prueba de que
   el hablante no conoce bien ninguna de ellas.*
   *2. El hibridismo lingüístico está relacionado con el bajo
   nivel educativo de los hablantes.*
   3. La mezcla de ambas lenguas es índice de distinción social.

Una vez construida la escala, se sometió a una primera prueba de carácter interno para descubrir y eliminar los puntos dudosos. Antes de la aplicación de la escala a toda la muestra, se efectuó una pre–prueba, gracias a la cual fue posible modificar ciertas redacciones y sustituir algunos términos, con el fin de hacer las 22 aseveraciones más diáfanas a la comprensión de todos los individuos de la muestra. Tras la administración de la escala reformada se pasó a validar estadísticamente todos los puntos: dos de ellos no pasaron la prueba, por lo que la versión final contó solo con 20 puntos.

Las entrevistas perseguían obtener muestras de actuación lingüística en estilo espontáneo; de ahí que los encuestadores[3] fueran cubanos de la comunidad miamense unidos por cierto grado de conocimiento, e incluso de amistad, a los sujetos, siste-

---

[3.] Los encuestadores fueron cuatro, de manera que cada uno de ellos se encargó de 20 entrevistas, cumpliendo así lo indicado por Shuy, Wolfram y Riley (1968), de que lo óptimo es que varios investigadores hagan pocas encuentras y no que uno solo haga muchas. El hecho de que entre encuestadores y sujetos haya relaciones previas de amistad es una alternativa muy exitosa a la metodología de las redes lingüísticas, introducidas en la investigación lingüística por L. Milroy (1980, 1987). *Vid.* a este respecto, López Morales (2003b: 72–74). Pensar, como hace Milroy (1987:39) que tras una hora de conversación, se consiguen sistemáticamente muestras de actuación lingüística espontánea, parece ser afirmación peregrina. *Vid.* Moreno Fernández (1990:96).

ma probadamente satisfactorio (López Morales, 1990, Ortiz, 1991): los integrantes de la muestra que habían nacido en Cuba procedían de todas las provincias de la Isla, y todos desempeñaban profesiones muy diversas o estudiaban cosas disímiles Los entrevistadores intervenían vivamente en la conversación, aunque con ciertas regulaciones (López Morales, 1992a: 84–85). El tema era libre, en la mayoría de las ocasiones, seleccionados por los sujetos, lo que produce mayor comodidad en el entrevistado (Selltriz *et alii*, 1980:400). Cada entrevista tenía una duración de entre 35 y 45 minutos, aunque el análisis se hizo sobre 30 minutos. Fueron íntegramente grabadas en cinta magnetofónica.

2.1.3 *Los datos*

La aplicación de los cuestionarios consiguió tres conjuntos de datos: al margen de los personales, los relativos al grado de competencia de los sujetos en español y en inglés y los de selección idiomática por ámbitos lingüísticos. En el competencia lingüística, los datos ascendieron a 640, y en el de selección idiomática, a 1 083, clasificados en ambos casos según las variables de la investigación. La diferencia entre esta última cifra y la esperada en teoría (1 120) se debió a que algunas de las preguntas –las relativas a los estudios y al círculo laboral– no eran pertinentes para todos los sujetos.

La escala, por su parte, produjo un caudal de 1 760 respuestas, igualmente asociadas a las variables del estudio, si bien es verdad que algunas de ellas eran de categoría 0, debido a las abstenciones.

2.1.4 *El corpus*

El conjunto de entrevistas alcanzó una cantidad muy estimable de horas de grabación, pero solo 40 (2 400 minutos) se tomaron en consideración para el análisis. Por fortuna, tras el seminario informativo que se realizó con los encuestadores, se obtuvieron materiales producidos por informantes muy idóneos, que manejaban un estilo lingüístico adecuado, y sin defectos técnicos relacionados con la acústica de la grabación. Los poquísimos casos en que se percibían algunos fragmentos con ruidos superfluos (llamadas de teléfono, frenazos de automóviles, ladridos de perro) pudieron ser desestimados, debido a que siempre sobró material en las grabaciones.

El código de cada entrevista, con los datos de las variables independientes de la investigación, aparecían 1) en la caja del disquete, 2) grabados al principio de la cinta, y en listas aparte, con el correspondiente número de identificación.

2.1.5 Los análisis

Los materiales procedentes de los cuestionarios y de la escala tipo Likert, una vez codificados, recibieron tratamiento estadístico: se manejó el Statistical Program for Social Sciences (SPSS) para Windows, y la prueba de c^2 para la determinación del significado de los números. La presentación de las cifras se hace siempre en porcentajes, salvo en ocasiones, en que se hace necesario ofrecer medias aritméticas; elimino la información de significación estadística para no agobiar al lector, pero esta ha sido tenida en cuenta siempre en la explicación e interpretación de los datos.

Para el cálculo de los índices de uso de los anglicismos léxicos se aplicó la fórmula de dispersión utilizada por Morales (1986a, 2001b):

$$D = 1 - \frac{n\,x2 - T2}{2T}$$

que evalúa los datos de frecuencia en los distintos conjuntos establecidos (en nuestro caso, cuatro: los tres grupos llegados Cuba –A, B y C– y el de los nacidos en los Estados Unidos) y ofrece un índice para cada entrada; este índice de dispersión se multiplica después por la frecuencia total alcanzada por el término en cuestión:

$$F \times D = U$$

En este trabajo, la fórmula produjo siempre resultados positivos, pues ya de antemano se habían seleccionado vocablos que tenían alguna frecuencia en todos los grupos de la muestra.

El análisis sintáctico fue hecho por este investigador sobre las cintas de las encuestas, aunque una vez terminada esta labor, las tabulaciones también fueron hechas por medios informáticos.

2.2 *La base demográfica*

El resultado de la selección de los 80 sujetos fue el siguiente: 87.5% de individuos nacidos en Cuba y 12.5%, en los Estados Unidos (12.5%); dentro de los primeros, 64.3% de llegados con 18 años o más, 25.7% de los que tenían entre 17 y 7 años, y 10% de los que habían cumplido un máximo de seis años, cumpliendo así rigurosamente la proporcionalidad de las cuotas.

GRÁFICA 2.1
Proporción de sujetos nacidos en
Cuba y en los Estados Unidos

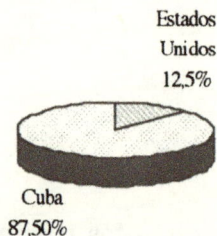

GRÁFICA 2.2
Proporción de sujetos nacidos en Cuba
según edad de llegada a
los Estados Unidos

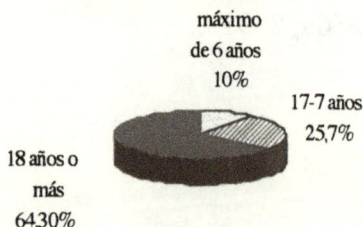

Estados
Unidos
12,5%

Cuba
87,50%

máximo
de 6 años
10%

17-7 años
25,7%

18 años o
más
64,30%

En el primer caso, se trataría, cuando menos, de jóvenes con su lengua materna suficientemente adquirida y, en caso de contar con estudios, finalizadas, por lo menos, las escuelas primaria y secundaria. El segundo grupo, situado a lo largo de un período de unos diez años, es más heterogéneo; constituye realmente un grupo bisagra, que puede ser de gran utilidad para el estudio de fenómenos en marcha. El tercero y último ha tenido un proceso *in situ* de adquisición de su lengua materna relativamente corto, pues a lo sumo ha durado seis años; apenas ha habido tiempo de que su escolarización reglada hubiese podido comenzar.[4]

Junto a estos, los sujetos nacidos en los Estados Unidos, de padre y madre cubanos, tienen también su representación.[5] Las razones que llevan a la inclusión de estos hablantes son muy claras. Si queremos analizar la influencia de la lengua dominante en el español hablado por los cubanos del Gran Miami, no es posible desconocer esta importante parcela demográfica, precisamente la que ha podido estar expuesta desde más temprano a este tipo de influjo.

Como el estudio que se presenta en estas páginas es de naturaleza sincrónica, no longitudinal, la muestra comprende individuos que en la actualidad –2001– tienen desde 15 años hasta más de 80. Es nuestro segundo parámetro de clasificación. Se trata de un *continuum* que debe ser convertido en unidades discretas.

GRÁFICA 2.3
Estratificación generacional

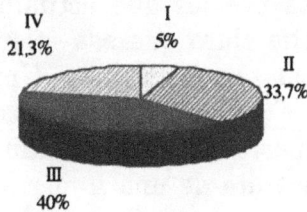

IV
21,3%

I
5%

II
33,7%

III
40%

---

[4] Se trata, no cabe duda, de una delimitación objetiva que descansa en presupuestos razonables; sin embargo, no se ha controlado en ningún caso los empeños familiares por conseguir que niños y adolescentes mantengan el español, ni el tipo y grado de exposición a esta lengua, a pesar de lo importante que resulta en el caso de los llegados a los Estados Unidos con 6 años o menos y más aún, en de los nacidos en ese país, pero no solo en ellos. En este sentido, son varios los testimonios que hemos obtenido del *corpus* de análisis: 'Mis padres siempre me recordaron que yo era cubano, por eso en mi casa siempre se habló español', decía un hombre que llegó de Cuba con siete años; y ahora, al hablar de sus hijos, continuaba: 'Su madre y yo estamos asegurándonos de que hablen español, de que no lo pierdan', y una mujer, llegada con un año recién cumplido, informaba a su entrevistador: 'Siempre hablé español en casa; el inglés lo aprendí en el colegio'. Ejemplos como estos podrían multiplicarse con facilidad. No son testimonios aislados: Castellanos (1990) informa que el 99.4% de su muestra quería que sus hijos fueran bilingües, y el 90.6% de ellos lo había conseguido.

[5] Según Boswell (1994), los cubanos nacidos en los Estados Unidos son un 28% del total, pero sobre esta cifra se imponen ciertas limitaciones: se trata

Salvo la generación joven –I. de los 15 a los 20 años (5%)– que ha sido introducida aquí por su posible valor de precursora de fenómenos lingüísticos, por servir de índice para poder apreciar los fenómenos en auge, estacionarios o en decadencia, y por permitirnos establecer comparaciones con estudios anteriores, los otros tres niveles generacionales con los que trabajamos –II. 21-35 años (33.7%), III. 36-55 años (40%), y IV. más de 55 años de edad (24.3%)– se han establecido siguiendo de cerca las pautas de una gran investigación sociolingüística de alcance continental sobre el español de España y de Hispanoamérica –PRESEEA– (Moreno Fernández, 1997), lo que sin duda permitirá efectuar las comparaciones que se deseen.

Esto explica que entre los llegados con 18 años o más, e incluso entre 17 y 7, no haya sujetos de nuestra primera generación y que, por el contrario, entre los que fueron trasladados a Norteamérica entre los 17 y los 7 años y, por supuesto, con seis años o menos, no encontremos individuos de nuestra cuarta generación, compuesta por los que actualmente cuentan con más de 55 años. Queda claro que esa misma situación se da también entre los nacidos en los Estados Unidos, pues teniendo como punto inicial 1959, son muy pocos los que están entre los 36 y los 55 años, e imposible los que puedan formar parte de la cuarta generación. Se trata de una inmigración joven aún. La primera generación, la nacida en Cuba, aunque heterogénea en cuanto al tiempo de residencia en el país anfitrión es, con mucho, la más numerosa. De momento no existen muchos sujetos de segunda generación de inmigrantes, los nacidos ya en suelo de la Unión, al menos con más de 15 años, y poquísimos de tercera generación, ninguno que cumpla con nuestros límites de edad.

---

solo de los del Gran Miami y, sobre todo, que tengan un mínimo de 15 años cumplidos; de aquí que en nuestra muestra, este grupo constituya el 12.5%.

GRÁFICA 2.4

Estratificación por sexo/género

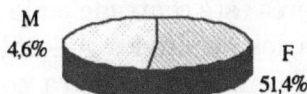

M
4,6%

F
51,4%

Otra variable tomada también en consideración fue la de sexo/género; se utilizó para post-estratificar la muestra. El sexo/género es una variable muy compleja cuyo manejo no presenta dificultad alguna, si la tratamos, como en este caso, de manera dicotómica[6], y que suele ser muy productiva en cualquier estudio de naturaleza sociolingüística como el presente. En nuestra muestra, hombres y mujeres se reparten en porcentajes de 48.6 y de 51.4, respectivamente, situación que ofrece un paralelo muy estrecho con la realidad (49% frente a 51%).

2.3 Soporte lingüístico del proceso de instrucción

Un factor de extrema importancia para nuestro cometido es el educativo, y dentro de este, lo relativo al instrumento lingüístico en que se llevó a cabo la escolarización. Todos los sujetos de nuestra muestra han terminado su instrucción primaria y han cursado algún o algunos años de estudios secundarios, que junto a otros que han obtenido su diploma en esta última etapa de la educación preuniversitaria, constituyen el 17.5% de la muestra. Los que se han graduado de algún centro de educación superior– *colleges*, universidades o establecimientos educativos paralelos– constituyen el 82.5%.

No hubo ningún sujeto que solo tuviera estudios primarios. Este 17.5% hace referencia a los individuos que han cursado

---

[6] La bibliografía con respecto a este punto es muy abundante, tanto que Labov (1991) ha elaborado un principio sociolingüístico que dice: 'In stable sociolinguistic stratification, men use a higher frequency of nonstandard forms than women' (pág. 205). Entre las muchas investigaciones que cita en este artículo, las que corresponden al mundo hispánico son las de Fontanella de Weinberg (1974), Lavandera (1975), Silva Corvalán (1982, 1986), López Morales (1982), López (1983) y Alba (1986). López Morales (1992b) retoma este axioma laboviano y hace puntualizaciones de importancia.

entre 7 y 12 años (más los anteriores, naturalmente) de escolaridad, pero no nos es posible hacer mayores especificaciones. Aunque nuestro interés esté centrado en la lengua que sirvió de base a la instrucción, los resultados generales con respecto a los niveles educativos de nuestra muestra coinciden plenamente con los últimos datos censales sobre los cubanos en los Estados Unidos. Los porcentajes más altos de escolarización de todos los hispanos radicados en el país lo tienen los cubanos: un 70.3% ha terminado la escuela secundaria, y un 27.8% posee un título universitario de primer ciclo. Es verdad que estas cifras están por debajo de los de la población no hispana –el 87.7% y el 27.7%–, pero no mucho, sobre todo en cuanto a estudios universitarios. Estos datos pueden verse con una mejor perspectiva tan pronto como los comparamos con otros grupos hispánicos: lo más cercano a los números cubanos lo encontramos en el grupo constituido por centro y suramericanos conjuntamente, que son de un 64% para graduados de escuela secundaria, y de un 18% para los universitarios (Morales, 2001a:248).

Ya desde antes de conocer los datos censales del 2000, la prensa se había hecho eco de esta situación en 1999, resaltando el hecho de que la proporción de jóvenes con al menos un diploma de *Bachelor* (primer ciclo universitario) era de un 25% entre los cubanos, que se acercan al 28% de los blancos no hispanos. Mayor relieve cobran estos datos cuando se descubre que para el total de hispanos, este porcentaje solo llega al 11.

Con respecto a la lengua manejada en el proceso de escolarización, la muestra presenta las siguientes categorías:

1. Toda en español:

1.1 entre 7 y 12 años
1.2 entre 13 y 16 años

2. Toda bilingüe:

2.1 entre 7 y 12 años
2.2 entre 13 y 16 años

3. En español y en inglés:

3.1 0–6 en español, 7–12 en inglés
3.2 0–6 en español, 7–16 en inglés
3.3 0–12 en español, 13–16 en inglés

4. Toda en inglés:

4.1 0–16 años

Los datos generales de estas categorías los recoge el Cuadro 2.1.

CUADRO 2.1

Lengua del proceso educativo según lugar de nacimiento

	Cuba	EE.UU.
Toda en español	47/67.1	1/10
Toda bilingüe	16/22.8	3/30
Español en inglés	5/7.1	5/50
Toda en inglés	2/2.8	1/10

Los datos son muy evidentes. Los nacidos en Cuba, aun teniendo en cuenta los llegados de muy niños o de adolescentes presentan, como era de esperar, las cifras más altas de escolarización completamente en español, aunque no deja de ser significativo que cerca de la cuarta parte haya disfrutado de una educación bilingüe, salvo unas pocas excepciones, en español y en inglés.

Lo que sí sorprende es que solo el 10% de los nacidos en territorio norteamericano hayan sido –o estén siendo– educados únicamente en inglés, igual proporción de los que han cursado sus estudios en español. Es un dato que recordaremos más adelante porque resulta sumamente elocuente con respecto al grado de autoestima cultural de estos refugiados. Menos llamativas son las cifras de los que han sido escolarizados en ambas lenguas, aunque no de forma simultánea: constituyen un alto

50% entre los nacidos ya en la Unión. Los que se ha beneficia-
do íntegramente de programas bilingües son mayoría entre los
de este grupo, aunque aquí las cifras no ofrecen contrastes acu-
sados con las que muestran los nacidos en la isla (22.8% y 30%,
respectivamente).

El grupo A, los llegados con 18 años o más, es el que muestra los índices más altos de los que han recibido toda la educación en español; las cifras van descendiendo, y muy drásticamente, a medida que se pasa al grupo B, y sobre todo, al C:
89.4% > 8.2% > 2.1%. Los que han recibido su enseñanza según
sistemas bilingües presentan un patrón que, en cierto sentido,
invierte el anterior: hay pocos sujetos del grupo A (20%) que han
recibido este tipo de educación; en cambio, los grupos restantes
acaparan el otro 80%. Bien es cierto que mientras B posee el
60% de este total, C solo exhibe un modesto 20%, pero en este
caso la modestia de la cifra queda compensada por la enseñanza en español y en inglés y por la que se ha realizado solo en
esta última lengua. No deja de ser significativo que estos dos
últimos sistemas no hagan su aparición, aunque nunca con
números importantes, hasta los llegados entre los 7 y los 17
años, y sobre todo, con seis años o menos.

Únicamente el grupo C, como vimos, cuenta con sujetos de la
generación joven (15–20 años), y estos han recibido –o están reci-
biendo– su educación parte en español, parte en inglés. El
siguiente nivel generacional presenta unos datos muy variados
en el que no aflora patrón definido alguno. Cuando se examina lo
que resulta del análisis de los otros grupos generacionales, ocurre
otro tanto. En este caso la variable generacional está totalmente
subordinada a la de lugar de nacimiento y a la edad de llegada.[7]

[7.] Es importante subrayar que en el caso de la escolarización, la variable
nivel sociocultural es tan importante que neutraliza, no solo el factor generacional sino también el nivel sociocultural. Es verdad que, en cuanto a enseñanza bilingüe, los sujetos del estrato medio–alto y medio aportan cifras algo
superiores a las del medio–bajo, pero esas diferencias no son significativas.
Los niveles socioculturales dejan sentir también su presencia en un hecho
curioso: los únicos sujetos que han recibido su educación exclusivamente en
inglés pertenecen al nivel medio–bajo, y siempre se trata de mujeres, si bien
de generaciones distintas (las dos primeras).

En cambio, el examen de la variable sexo/género nos dice con claridad que son las mujeres las que llevan la delantera en uno de los casos: la enseñanza alterna en español y en inglés (80%). En el resto de las ocasiones, las cifras entre hombres y mujeres marchan en un estrecho paralelo.

Entre los nacidos en los Estados Unidos tampoco se observan grandes diferencias generacionales, si exceptuamos la existencia de un ligero ascenso en la curva de la opción 'toda en español' (7-12 años) en la segunda generación, en medio del patrón más general de enseñanza alterna entre ambos idiomas.

2.4 Índices de competencia idiomática

La instrucción reglada que hemos analizado arriba, los múltiples cursos ofrecidos por todas partes para el aprendizaje del inglés, los cursillos y seminarios de capacitación profesional, de actualización, de especialización, y de un variado número de propósitos, el contacto con los medios de comunicación pública, más lo aprendido en la universidad 'de la calle', han llegado a producir en el Gran Miami una situación de bilingüismo casi generalizada, aunque –como era de esperar– con muy variados grados de competencia. De este panorama que ofrece hoy la comunidad estudiada hay que excluir a los recién llegados de la Isla y a un grupo reducidísimo de personas de edad avanzada.

CUADRO 2.2
Grado de competencia en español e inglés según lugar de nacimiento y edad de llegada a los Estados Unidos.

	Cuba		EE.UU.	
	español	inglés	español	inglés
A	99.5	70		
B	96	95		
C	90.5	97		
			74	100

A (18 años o más), B (entre 17 y 7 años), C (6 años o menos)

El patrón que presenta este cuadro está claramente estratificado: entre los nacidos en Cuba se observa que cuando se va desde el grupo de los llegados con más años a los más pequeños, hay un ligero descenso de la competencia en español (99.5% < 96% < 90.5%) y, por el contrario, un importante incremento en el dominio del inglés (70% > 95% > 97%), a tal grado, que ya en el grupo C, llegados con seis años o menos, la competencia en inglés es superior a la de español.

Con todo, se observará que aun en este grupo el índice de dominio declarado de la lengua materna es sumamente alto, dato de muchísima significación para abordar más adelante el estudio de la mortandad lingüística.

Sin embargo, entre los nacidos en los Estados Unidos el dominio del inglés es absoluto (100%), mientras que el del español es relativamente bajo (74%). También este último dato será traído a colación más adelante.

Una mirada atenta a la variable generacional repite en cierto sentido lo subrayado arriba, sobre todo con relación al inglés. El grupo IV, que actualmente cuenta con más de 55 años, ofrece un índice de 55.5%; a partir de aquí este índice va recuperándose paulatinamente: III, 85.5%, II, 86.5%, y I, 100%. Los índices para el español, sin embargo, se mantienen relativamente estables: I. 95%, II. 95.5%, III. 97%, IV. 99%%. Queda claro que asistimos a la repetición del perfil ofrecido por nuestra variable primordial: un aumento paulatino de la competencia en inglés relacionado con la edad temprana del contacto lingüístico y con una apreciable lealtad idiomática a la lengua materna.[8]

[8.] Según datos de finales de la década de los 70 (Solé, 1979), a pesar de que para un 75% de los adolescentes que integraban la muestra de este estudio el español era lengua aprendida desde la infancia, solo el 26% de ellos afirmaba que tenía un mayor dominio del español que del inglés, mientras que un 39% confesaba lo contrario; solo un 35% indicaba que poseía igual competencia en una lengua que en la otra. El 25% restante aprendió español conjuntamente con el inglés. Esto, explicaba el autor, se debía a que el 12% de los entrevistados había nacido en los Estados Unidos, y porque del 88% de los nacidos en Cuba, un 48% había salido de la Isla con edades comprendidas entre 1 y 3 años. En cuanto a la competencia lingüística en español, un 90% de estos jóvenes confesaba que entendía español perfectamente, y el 10% restante aseguraba que lo entendía 'bastante bien'; un 68% lo hablaba con completa fluidez

Entre el grupo de los nacidos en Norteamérica, los índices de dominio del inglés son siempre los máximos (100%); pero lo que en realidad vale la pena subrayar es el hecho de que la generación más joven (15-20 años) posee una competencia en español ligeramente superior a la de la generación siguiente (31–35 años). Estos datos parecerían indicar el comienzo de una involución con respecto al dominio del español entre este grupo de cubanos. Es asunto sobre el que volveremos con detalle.[9]

---

y un 30%, con 'bastante fluidez. Un 56% lo escribía con facilidad, mientras que para un 32%, en cambio, la escritura le ofrecía dificultades.

[9]. De un interés menor son los datos arrojados por el análisis del espectro sociocultural.

Índices de competencia en español y en inglés por lugar
de nacimiento y nivel sociocultural

NSC	Cuba		EE.UU.	
	español	inglés	español	inglés
1	96.5	88.5	75	
2	94.5	86	73	
3	100	63.5	77.5	

1 (medio–alto), 2 (medio), 3 (medio–bajo)

Mientras que la estratificación sociocultural de los nacidos en territorio de la Unión no muestra diferencias significativas en el dominio de ambos idiomas, entre los nacidos en Cuba, por el contrario, se ve el descenso de la competencia en inglés a medida que se baja en el espectro. Las pequeñas fluctuaciones apreciadas con respecto al español indican que aumenta hasta el máximo la seguridad lingüística de los hablantes del nivel medio–bajo, en contraste con los márgenes de 3.5% y 5.5% de los niveles superiores y medio. Aunque las diferencias son tan pequeñas que apenas merecen comentario, no está de más señalar que los estudios sobre grado de conciencia lingüística señalan que existe una fuerte relación asociativa entre ella y el nivel sociocultural de los hablantes: los índices más bajos de conciencia lingüística se dan en el nivel más modesto del espectro (López Morales, 1979). Las dudas respecto al correcto contenido semántico de las palabras españolas o en cuestiones tan superficiales como la ortografía, más el temor a la contaminación inadvertida del inglés, entre otras razones, son las causantes de la inseguridad lingüística que, con índices muy bajos, muestran los niveles alto y medio del espectro miamense.

El factor sexo/género ofrece un perfil especial, pues los grados de competencia en español y en inglés aparecen totalmente invertidos entre hombres y mujeres nacidos en Cuba.[10]

CUADRO 2.3
Índices de competencia lingüística en español y en inglés
por lugar de nacimiento y sexo/género

	Cuba		EE.UU	
	español	inglés	español	inglés
M	96.5	79		100
F	96	85		100

Aunque estas cifras, en el caso de los cubanos de nacimiento, no presentan diferencias muy señaladas, sí son estadísticamente significativas. Una posible explicación –solo posible– de estos resultados pudiera apuntar a que las mujeres, con índices de escolarización paralelos a los hombres, sientan que en su comunidad, el inglés es una lengua algo más prestigiosa que su

---

[10] Los estudios sobre la variable sexo/género en los estudios sociolingüísticos han experimentado una auténtica revolución teórica en los últimos años. Hoy ha quedado muy asentada la idea de que las diferencias anatómicas y biológicas entre hombres y mujeres carecen de interés para la sociolingüística que, en cambio, sí presta atención a las diferencias sociales y culturales que existen entre hombres y mujeres (Nichols, 1983; Eckert, 1989; Coates, 1990). Hay un acuerdo extendido entre los investigadores en cuanto a que el sexo es un factor fundamental en el desarrollo del género, pero es afirmación que necesita de múltiples matizaciones. Tradicionalmente esta variable se ha manejado de manera dicotómica, tanto en lo que al sexo se refiere, como al género. Eso significa que no se ha tomado en cuenta ninguno de los síndromes clásicos, ni el de feminización testicular ni el androgenital. Sin embargo, estas exclusiones no producen desfiguraciones importantes en los datos de covariación, puesto que aquellas niñas que al nacer son clasificadas anatómicamente como de sexo femenino, aunque desde el punto de vista cromosomático no lo sean, suelen desarrollar un género femenino, y viceversa. Siempre hay excepciones naturalmente, pero la estadística termina por aminorarlas o borrarlas. Con todo, no han faltado estudios recientes que, rompiendo con la dicotomía tradicional, no parten de oposiciones polares sino de un *continuum* –como postula Connell (1993), que segmentan hasta en cinco categorías.

español materno. Existe ya una rica bibliografía sociolingüística que demuestra que las mujeres son más sensibles hacia aquellos fenómenos de habla que su comunidad considera más prestigiosos.[11]

[11.] Compárense estos datos con los arrojados por la investigación de Castellanos (1990: 53), hecha sobre una muestra de 241 sujetos de entre 13 y 67 años de edad, nacidos en Cuba y en los Estados Unidos: el 93.9% tenía el español como lengua adquirida en la infancia, un 4.4% había aprendido español e inglés simultáneamente, y un 1.7% dijo haber adquirido primero el inglés.

3. ACTITUDES HACIA EL ESPAÑOL, EL INGLÉS Y EL BILINGÜISMO

3.1 *Actitudes y creencias*

El estudio de las actitudes lingüísticas es ya un capítulo de importancia en la investigación sociolingüística en general, pero que cobra mucho mayor relieve al acercarnos a situaciones de lenguas en contacto.[1] Si una determinada lengua produce una actitud abiertamente positiva entre los individuos que integran una comunidad bilingüe (o multilingüe), su pervivencia, en primer lugar, está asegurada, pero también su cuidado (cumpliendo con criterios de corrección idiomática), su acceso a estilos de habla elegantes, e incluso, su cultivo literario.

La situación contraria, es decir, la actitud negativa, produce un resultado muy diferente; falta de aprecio por la lengua, uso relegado a ambientes exclusivamente familiares y, en último extremo, inicio de un proceso gradual de mortandad.

Tras cada uno de estos tipos de actitudes vive una serie de creencias que las motivan. El *creer* que una lengua es importante, por las razones que sean (cantidad de hablantes y dispersión geográfica, logros sociales y económicos, creaciones culturales, símbolo de identidad, y un largo etcétera), o se cree útil para desenvolverse y avanzar socioeconómicamente, o se piensa que es reconocida, respetada y admirada por la comunidad internacional, por ejemplo, conduce al nacimiento de una actitud favorable, aunque esta pueda desarrollarse en grados muy diversos. Cuando nada de esto se da, sino todo lo contrario, las actitudes que terminan por establecerse entre los individuos son negativas, de rechazo.

---

[1] La bibliografía sobre actitudes desarrolladas hacia lengua extranjeras–convivan o no en el mismo territorio, como es el caso de lenguas en contacto–ha crecido considerablemente en los últimos años. Desde el trabajo pionero de Lambert, Anisfeld y Yeni–Komshian (1965), que abrió las puertas a estos estudios, los títulos recientes de que hoy disponemos son abundantes y sobresalientes. *Vid.*, a manera de ejemplo: Alvar, 1981, 1982; de Granda, 1981; Attinasi, 1983; Quilis, 1983, López Morales (1988) y Lynch y Klee (2003).

En muchas ocasiones las creencias, como su nombre indica, no se corresponden con la realidad objetiva, pero intentar establecer esas diferencias sería un ejercicio banal, pues para el sujeto que las mantiene sus creencias son *hechos* sólidos e incuestionables. Las actitudes, por lo tanto, son motores sobresalientes del cambio lingüístico, enriquecen las lenguas o las degradan, procesos ambos que pueden llevarlas a estadios diferentes, desde pequeños cambios solo perceptibles para el investigador, hasta momentos culminantes de éxito (declaraciones de lengua *oficial*, lengua *nacional*, y en los casos de comunidades bilingües, de *co–oficialidad*), o de fracaso (el debilitamiento progresivo, y quizás la muerte, la desaparición total).

A pesar de que el concepto mismo de *actitud* es visto hoy de manera muy diferente por los estudiosos[2], existen varios denominadores comunes: las actitudes son adquiridas, permanecen implícitas, son relativamente estables, tienen un referente específico, varían en dirección y grado, y proporcionan una base para la obtención de índices cuantitativos (Shaw y Wright, eds. 1967).

Otro aspecto que ha sido –y sigue siendo– muy discutido es lo relativo a las relaciones entre actitud y creencia, y sus caracterizaciones respectivas[3]. El esquema que aquí manejamos, a

---

[2] Hay dos grupos de definiciones de actitud, las mentalistas y las conductistas (Fasold, 1985). El concepto, emanado de la psicología y muy trabajado hoy también por los psicólogos sociales, se ha ido desarrollando en estas dos direcciones. Las caracterizaciones mentalistas lo definen como 'un estado de disposición', 'una variable que interviene entre un estímulo que afecta a la persona y su respuesta a él' (Agheyisi y Fishman, 1970: 138; Cooper y Fishman, 1974: 7). Desde este punto de vista, la actitud de una persona (y, en general, de un grupo determinado) lo prepara para reaccionar de manera específica ante un estímulo dado. El problema metodológico que esta concepción conlleva es que, definida así, la actitud no es observable ni analizable directamente, lo que a su vez, acarrea dos graves dificultades: determinar el tipo adecuado de datos a partir de los cuales pueden inferirse actitudes, y la elaboración del mecanismo que permita medir algo que carece de forma manifiesta. Las definiciones conductistas, en cambio, basadas en las respuestas que los hablantes dan a ciertas situaciones sociales, puede estudiarse directamente, sin necesidad de acudir a informes introspectivos individuales, no siempre aprovechables para la investigación. Estas últimas, sin embargo, no predicen la conducta verbal y, por lo tanto, no puede constituirse en patrones sistemáticos y coherentes.

[3] Los mentalistas visualizan la estructura componencial de la actitud como una estructura múltiple –Lambert (1964), Fishbein, ed. (1967), Rokeach

diferencia de otros modelos teóricos, separa cuidadosamente el concepto de actitud del de creencia: la actitud, resultado de una o varias creencias (en ocasiones también la produce la conciencia sociolingüística de los miembros de un grupo) está dominada por un solo rasgo, el conativo. Las creencias son saberes reales o supuestos, y están integradas, bien por un componente cognoscitivo, bien por uno afectivo, o por ambos simultáneamente.

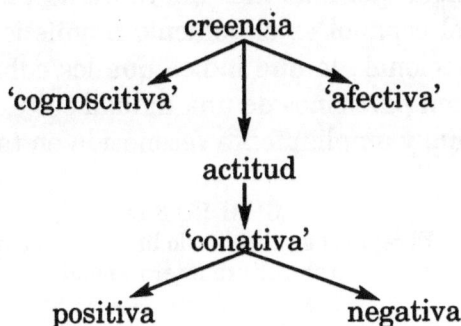

creencia

'cognoscitiva'   'afectiva'

actitud

'conativa'

positiva   negativa

Este capítulo presentará el complejo entramado de actitudes que subyace a la actuación lingüística de la comunidad: el tipo de actitudes –positivas o negativas–, que existen en ella, y en qué grado, con respecto al español, la lengua materna de la mayoría, incluso de los nacidos en los Estados Unidos, al inglés, la lengua dominante en el país anfitrión, y hacia el bilingüismo.[4]

3.2   Actitudes y creencias hacia el español

Los índices de actitud lingüística hacia el español se obtuvieron a partir del análisis de varias creencias motivadoras: 1. 'Es importante como rasgo de identidad cultural', 2.'Es lengua

---

(1968)–, aunque con discrepancias con respecto al número y a la naturaleza de los subcompnentes; los conductistas, por otra, la conciben como una unidad indivisible. *Vid.* López Morales (2003).

[4] Esta investigación también trabajó, como se vio en el capítulo 2, las actitudes de la comunidad hacia la alternancia de códigos, en este caso, español e inglés, pero los resultados de esta parcela no se verán en aquí, sino más adelante.

de uso público, no solo familiar', 3.'No se cree que llegue a desaparecer de la comunidad cubana'[5], 4. 'Es una lengua provechosa porque con ella se pueden conseguir mejores remuneraciones', 5. 'Debe ser conservada por ser lengua de los antepasados', 6. 'Es el vehículo lingüístico de una gran cultura internacional', 7. 'No existe ningún malestar por hablarlo en público' y 8. 'Es útil porque con ella se puede recorrer una buena parte del mundo'.

1. La creencia que más alto índice de aceptabilidad consiguió fue que 'el español es el vehículo lingüístico de una gran cultura internacional', lo que indica que los cubanos del Gran Miami se sienten partícipes de una unidad cultural muy sólida, rica, prestigiada, y ampliamente reconocida en todo el mundo.

CUADRO 3.1a
'El español es el vehículo lingüístico de una
gran cultura internacional'

	Cuba				EEUU
	A	B	C	X	
1	95.5	94.1	100	96.5	100
2	2.2	0	0	0.7	0
3	2.2	0	0	0.7	0
4	0	0	0	0	0
5	0	5.8	0	1.9	0

Entre los nacidos en Cuba, el índice alcanzado por esta creencia fue de 96.5, con ligeras variaciones entre los tres grupos que los clasifican (A. 95.5%, B. 94.1%, C. 100%). Entre los nacidos en los Estados Unidos, los resultados fueron siempre los máximos (100%). Obsérvese que la influencia de la cultura del país anfitrión, que es también muy importante, no ha hecho la menor mella en esta creencia, pues los más expuestos a ella, como son los llegados con un máximo de seis años y, sobre todo, los norteamericanos de nacimiento, son precisamente los que exhiben las cifras más altas de acuerdo absoluto.

---

[5]. Lo relativo a esta creencia será analizado *infra* en el capítulo de Conclusiones.

Cuando los datos de esta actitud se examinan atendiendo al parámetro generacional (Cuadro 3.1b)[6], el panorama que se dibuja es el siguiente: la generación IV (+ de 55 años) la mantiene sin fisuras en un 100%, la III (36–55), en un 93.3, la II, en un 95, y la I (15–20), en otro 100%. En la II hubo un 5% que, aunque apoyaba la creencia, mostraba algunos reparos. Entre los nacidos en Norteamérica la creencia de que el español fuese el vehículo lingüístico de una gran cultura, recibió unánimemente porcentajes de 100 en sus tres generaciones.

Por último, el factor género (Cuadro 3.1c) puso de manifiesto que mientras las mujeres llegadas de Cuba, al igual que las nacidas en los Estados Unidos, apoyan absolutamente esta creencia, los hombres presentan varias diferencias: los norteamericanos de origen, un 100%; los cubanos de nacimiento, un 94.1%. Es verdad que en este último caso, un 2.9% mantiene también esta creencia, pero con algún reparo, pero otro 2.9% muestra una total oposición, aunque estos números carecen de significado estadístico.

2. Lo relativo a que la lengua española 'es importante por ser rasgo de la identidad cultural de los cubanos de Miami', alcanzó un porcentaje total de 95.1.

CUADRO 3.2a
'El español es importante porque es un
rasgo de nuestra identidad cultural'

	Cuba				EEUU
	A	B	C	X	
1	91.1	94.4	100	95.2	90
2	6.6	5.5	0	4	0
3	2.2	0	0	0.7	0
4	0	0	0	0	10
5	0	0	0	0	0

La cifra más baja lograda por esta creencia fue de 90%, y la arrojó el grupo de los nacidos en suelo norteamericano. A pesar de ello, el porcentaje es realmente importante, tratándose como

---

[6]. Los cuadros b y c pueden consultarse en el Apéndice A, al final de este capítulo.

se trata del grupo más expuesto a los valores nacionales de ese país. La cifra de los nacidos en Cuba sube a 92.8%; la diferencia, como se ve, es mínima (2.8%). Lo más notable es que según se pasa de los llegados con más de 18 años cumplidos a los que han pisado las costas de la Unión con un máximo de seis años, las cifras muestran un constante aumento: 91.1 > 94.4 > 100.

Queda muy claro que la relación 'español–identidad cultural' está muy firmemente asentada entre la población cubana miamense, porque en aquellos grupos (A y B) en los que no se llegó al total, estuvieron compartidos con los apoyos condicionados (A. 6.6%, B. 5.5%).

Tras el análisis de las generaciones (Cuadro 3.2b), el patrón actitudinal no se presenta con la misma claridad. La creencia alcanzó también en las cuatro generaciones de cubanos números superiores al 90% (I. 100, II. 90.5, III. 92.6, IV. 94.1). Los porcentajes restantes pertenecen en su gran mayoría a sujetos que también mantienen esta relación, aunque con reservas (II. 4.7, III. 7.4, IV. 5.8).

Muestran unidad de criterios los nacidos en los Estados Unidos en sus dos generaciones extremas, la I y la III, ambas con reafirmaciones totales. En cambio, esta creencia de que el español es un signo importante de la identidad cultural no subió más de un 71.4% entre los sujetos de la segunda generación norteamericana; el restante 28.6% de este grupo fue hacia el rechazo de esta creencia, bien es verdad que con reparos.

Sin embargo, los hombres nacidos en los Estados Unidos mantiene esta creencia en exclusiva (Cuadro 3.2c); los cubanos de nacimiento lo hacen en un 85.3%. Es este último caso, hay un 11.7% de apoyo, aunque con reservas. Las mujeres nacidas en Cuba también la apoyan absolutamente, mientras que las norteamericanas de nacimiento lo hacen en un 85.7%. La posición de estas últimas no es drástica porque, aunque el restante 14.2% vaya en apoyo del rechazo de la creencia, se trata de un rechazo atenuado. En este punto, la dicotomía entre ambos lugares de nacimiento marca diferencias de importancia.

3. La creencia de que 'hay que conservar el español porque es la lengua de nuestros antepasados' alcanza un índice positivo general de 84.2%.

CUADRO 3.3a
'Hay que conservar el español porque es la
lengua de nuestros antepasados'

	Cuba				EEUU
	A	B	C	X	
1	88.8	72.2	85.7	82.2	90
2	4.4	27.7	14.2	15.4	0
3	0	0	0	0	0
4	0	0	0	0	0
5	6.6	0	0	2.2	10

El grupo de los nacidos en la isla ofrece siempre márgenes de aceptación: A. 88.8%, B. 72.2%, C. 85.7%, cifras estas que podrían incrementarse a 93.2%, 100% y 100%, respectivamente, si se sumaran las aceptaciones atenuadas. Solo en el grupo A, los llegados con un mínimo de 18 años cumplidos, existe la postura contraria, pero solo alcanza un 6.6%. Entre los nacidos en el exilio, es el 90% los que responden en la afirmativa.

No presenta mucha diferencia el examen del patrón generacional (Cuadro 3.3b): todas las generaciones sitúan sus cifras más altas en las respuestas afirmativas plenas: I. 100%, II. 92.6%, III. 83.3% y IV. 82.3%, aunque puede percibirse un descenso gradual al acercarnos a los grupos de mayor edad. Hay también un apoyo a esta postura respetuosa de la tradición, aunque con reparos: II. 3.7%, III. 16.6%, IV. 5.8%. Se comprenderá que quede poco margen para los rechazos: apenas un 3.7% en la segunda generación y un 11.7% en la mayor.

Parecido perfil aflora entre los grupos generacionales de los nacidos en el exilio; las puntuaciones mayores van a la posición positiva absoluta: I. 100%, II. 83.3%, III. 100%. El resto de los renglones queda en blanco, con excepción del 16.6% de rechazos totales que surge de la generación intermedia.[7]

---

[7] Los índices altísimos de la primera generación (entre 15 y 20 años) con respecto a esta creencia no se corresponden bien con la idea de que para los jóvenes cubanos del Gran Miami 'el español es realmente la lengua del pasado, de la Cuba de ayer' (Otheguy, García y Roca, 2000: 177); más bien todo lo

Las mujeres nacidas en Cuba se muestran más favorables que los hombres (94.4% frente al 81.2%) en sus índices de aceptación (Cuadro 3.3c); en cambio, entre los nacidos en el exilio, son los hombres (100%) los que llevan la delantera a las mujeres (85.7). Estos mismos casos coinciden en no aportar números para los rechazos, ni absolutos ni condicionados. En efecto, los hombres nacidos en la isla rechazan el respeto a la tradición de sus mayores solo en un 3.2%, mientras que las mujeres nacidas en territorio de la Unión, lo hacen en un 14.2%. No sobra señalar que solo entre el grupo de cubanos de nacimiento se dan también afirmaciones atenuadas (M. 15.6%, F. 5.5%).

4. La creencia de que 'el español solo sirve para hablar en la casa con la familia', fue en general muy poco suscrita, lo que se traduce en una actitud positiva hacia el español (83.9%).

CUADRO 3.4a
'El español solo sirve para hablar en la casa con la familia'

	Cuba				EEUU
	A	B	C	X	
1	2.2	0	28.6	10.3	0
2	6.6	0	14.3	6.9	0
3	0	0	0	0	0
4	2.2	0	0	0.7	10
5	88.8	100	57.1	81.9	90

La rechazó un 88.8% del grupo A, los llegados con un mínimo de 18 años, el 100% del grupo B (17–7 años), pero únicamente un 57.1 del grupo C. La rechaza también, aunque con reparos, un 2,2% del grupo A. El resto de las cifras se inclinan hacia el apoyo de la creencia, si bien con números siempre inferiores al rechazo. Sumados los porcentajes de aceptación total y condicionada, los sujetos de A creen que el español solo sirve para ser manejado en ámbitos privados en un 8.8% (aceptación

___

contrario es lo que parece desprenderse de los resultados generaciones de esta y de otras creencias examinadas aquí.

absoluta, 2.2%, condicionada, 6.6%), y los del grupo C, con cifras mucho más importantes (42.9%: un 14.3 de aceptación con reparos y un 28.6 de aceptación incondicionada).

Los datos son menos drásticos entre los nacidos en los Estados Unidos. Rechazan totalmente esta creencia un 88.7% (una décimas más que los nacidos en Cuba), cantidad a la que podría añadirse el 2.5% de oposición condicionada. En abierto contraste con los nacidos en la Isla, la aceptación neta es del 3.7% y la condicionada, del 5%. El contraste no puede ser más interesante: mientras que hay grupos de los nacidos en Cuba que aceptan la creencia, con reparos o sin ellos, de que el español es en Miami una lengua familiar y nada más (8.8% y 42.9%, respectivamente), los nacidos en la Unión solo aceptan esta creencia en porcentajes mucho más modestos: 8.7%.

Con respecto a las generaciones la situación es la siguiente (Cuadro 3.4b): la creencia es rechazada por el 33.3% de los más jóvenes, por un 90.4% de la segunda, por un 96.5% de la tercera, y un 82.4% de la cuarta. Salvo esta última, que muestra, además, un 5.8% de rechazo atenuado, el resto de las cifras pertenece a los que aceptan de alguna manera el papel familiar del español en la comunidad. No obstante, hay que señalar que, con excepción de un 5.8% de la cuarta generación, ninguna otra ofrece cifras de rechazo total; sí para el condicionado, y aquí, aunque los números no son significativos (II. 9.5% y III. 3.4%), ofrecen un fuerte contraste con el 66.6% de lo sujetos de la primera generación.

El rechazo de esta creencia, entre los nacidos en los Estados Unidos —otra vez los contrastes— es total en la primera y tercera generaciones. En la intermedia, en cambio, la oposición alcanza un 71.4%, aunque podría sumársele el 14.3% de la negación condicionada. Otro 14.3% acepta la creencia totalmente. La comparación entre los índices de ambos grupos son mucho más positivos entre los nacidos en la Unión.

Las mujeres de ambos lugares de nacimiento la rechazan con más firmeza (91.6% las cubanas de origen, 100% las nacidas en los Estados Unidos) (Cuadro 3.4c) que los hombres (83.3 y 66.6, respectivamente). Es cierto que este 83.3% que muestran los hombres llegados de la Isla cuenta también con un 3.3% de rechazos atenuados, pero estos, al igual que los otros grupos –menos las mujeres nacidas en la Unión, como se ha visto– ofrecen su apoyo a la creencia reductora: tanto hombres como mujeres nacidos en Cuba aceptan la creencia de manera condicionada: 6.6% y 5.5%, y estos, más los hombres norteamericanos de nacimiento ofrecen un 6.6% y un 2.7% de aceptación en el caso de los primeros, y de un 33.3% en el caso de los nacidos en Norteamérica.

5. Otra de las creencias analizadas tiene que ver con la sensación que produce en los hablantes el uso del español en público. Se estudian las diversas posibilidades que van desde sufrir incomodidad social e incluso una cierta vergüenza hasta su uso con total normalidad. La actitud positiva hacia el español que muestra el análisis de esta creencia es de un 79.1%.

CUADRO 3.5a
'No siento ningún malestar social
hablando español en público'

	Cuba				EEUU
	A	B	C	X	
1	88.8	94.4	83.3	88.8	50
2	0	0	16.6	5.5	106
3	0	0	0	0	107
4	2.2	0	0	0.7	109
5	8.8	5.5	0	4.8	114

Entre los nacidos en la isla un 88.8% maneja el español en público sin sentir el menor asomo de malestar social. Entre ellos, las cifras particulares para los tres grupos son: A. 88.8%, B. 94.4%, C. 83.3%. Solo en C, el de los llegados con un máximo de seis años, cuenta con apoyo condicionado (16.6%), pero sin testigos en contra: estos sujetos manejan siempre el español en público con total normalidad. No así los que se sienten incómodos al hablarlo: 8.8% para el grupo A y un 5.5% para el B. No se trata en realidad de cifras muy altas (ni estadísticamente significativas), pero al 8.8% de los sujetos de A hay que añadir un 2.2% que está de acuerdo con ellos, aunque no de manera tajante.

En este punto, el grupo nacido en los Estados Unidos presenta un amplio abanico de posibilidades. Descontando el 10% que no muestra postura alguna, los resultados son de un 60% de actitud positiva frente a un 30% de negativa. Un 50% asegura no sentir ningún malestar social, y un 10% también lo afirma, pero no incondicionalmente. Los que confiesan sentir incomodidad constituyen el 10%, porcentaje al que habría que sumar otro 10% que también lo reconoce, aunque con reservas.

El patrón que surge del análisis de la variable generacional es una fuerte relación asociativa entre la ausencia de malestar social al hablar español y las generaciones (Cuadro 3.5b): las mayores afirman no sentirlo en un 77.7%, la tercera generación sube al 93.3, la segunda, al 95, y entre los jóvenes, son el 100% los que confiesan que emplean esta lengua con total normalidad. La postura contraria, salvo entre los mayores (16.6%), produce cifras muy bajas (II. 1.5%, III. 3.3%), si bien la tercera y la cuarta pudieran aumentar esos últimos índices añadiendo los correspondientes 3.3% y 5.5% de rechazos condicionados.

Los jóvenes nacidos en suelo norteamericano aceptan la creencia en un 50% (el otro 50% permanece neutral). La tercera generación, en cambio, indica de manera tajante que maneja el español en público con total tranquilidad. El grupo intermedio tiene sus cifras más divididas, pero con todo, la mitad de ellos se une a la posición anterior, y un 16.6%, aunque con reparos, también. Los que en este grupo son partidarios del sí suman 16.6% en sus declaraciones absolutas, y otro 16.6% cuando lo hacen condicionadamente.

Por otra parte, las mujeres nacidas en Cuba mantienen un porcentaje superior al de los hombres (94.3% frente al 82.8%) en la oposición a esta creencia (Cuadro 3.5c). Consecuentemente son estos últimos los que ofrecen cifras ligeramente mayores de respuestas positivas: 8.6% frente a 5.7%, aunque al primer número se podría añadir un 6.7% de síes con reservas. En cambio, entre los nacidos en los Estados Unidos son los hombres, con un 66.6%, los que llevan la delantera con respecto al no (F.

42.8%). De los hombres de este grupo, el restante 33.3% también se inclina por el no condicionado. La situación se invierte en el caso de las mujeres: un 28.6% de síes absolutos, acompañado de un 14.3% de respuestas relativas.

6. La creencia de que el hablar español puede producir ventajas económicas en la comunidad del Gran Miami alcanzó un 71.1%.

CUADRO 3.6a
'Es bueno saber español (además del inglés)
para ganar más dinero'

	Cuba				EEUU
	A	B	C	X	
1	75.5	55.5	85.7	72.2	70
2	17.7	22.2	14.2	18	10
3	4.4	0	0	1.5	0
4	0	16.6	0	5.5	10
5	2.2	5.5	0	2.7	10

El grupo A confirma esta creencia en un 75.5%, el B se queda en un 55.5% y el C, sube hasta un 85.7%. Es verdad que si se suman a estos los porcentajes de aceptación condicionada, las cifras serían: A. 93.2%, B. 77.7% y C. 100%. A pesar de que la aceptación es claramente mayoritaria, entre los llegados a los Estados Unidos con edades comprendidas entre los 7 y los 17 años, el rechazo total es de un 5.5%, y el condicionado, de un 16.6%. El rechazo del grupo A es de tan solo un 2.2%.

Entre los nacidos en el exilio, el 70% cree que hablando español (además de inglés) se pueden recibir mejores sueldos. En el otro extremo del parámetro aparece un modesto 10%. Los totales, si sumamos las respuestas condicionadas, son de un 80% a favor y de un 20% en contra.

La generación más joven, la de entre 15 y 20 años, exhibe una contundente respuesta positiva (Cuadro 3.6b). Los otros tres niveles generacionales presentan números más modestos: II. 71.4%, III. 73.3% y IV. 64.7%, en un perfil claramente descendente. Entre este grupo de los nacidos en Cuba, las cifras de aceptación de esta creencia son siempre mucho mayores que las de rechazo, porque sumados estos datos absolutos a los condicionados, los números suben a II. 80.9%, III. 96.6% y IV. 88.2%, respectivamente. Los que no comparten esta creencia lo hacen en porcentajes muy bajos y solo en las generaciones II (4.7%) y IV (5.8%); la diferencia está en que mientras los sujetos de la generación mayor no ofrece rechazos condicionados, la II lo hace en un 9.5%. La tercera no presenta rechazos absolutos; los relativos constituyen el 3.3%.

Entre los nacidos en suelo norteamericano, los más jóvenes muestran su apoyo total a esta creencia; los de las otras generaciones, en porcentajes de 66.6% y 50%. Es importante subrayar aquí que siempre la generación más joven, no importa cual sea su lugar de nacimiento, exhibe cifras contundentes: 100%. A partir de aquí las cosas empiezan a cambiar, aunque en la segunda generación la creencia subiría al 83.2% si contáramos también los síes atenuados. Lo más sorprendente de este conjunto de datos es que los mayores de este grupo rechazan la creencia en un 50%.

Las mujeres de ambos grupos de sujetos apoyan con más firmeza que los hombres la creencia de que con el español (además del inglés) se pueden recibir mejores retribuciones salariales: 81.8% entre las cubanas de nacimiento, y 86.7% entre las nacidas en el exilio (Cuadro 3.6c). En el caso de los hombres, contrasta mucho el 69.6% de los cubanos frente al 33.3% de los nacidos en los Estados Unidos. La cifra de aceptación de esta creencia entre los hombres del primer grupo se recupera si añadimos el 24.2% de la aceptación con reparos (93.8%) hasta sobrepasar los números arrojados por las mujeres del mismo grupo (87.8%). En consonancia con estas cifras, los hombres la rechazan condicionadamente en un 3% y las mujeres en un 9%, contando ambos tipos de negaciones. En cambio, los hombres nacidos en el exilio rechazan esta creencia en un 66.6% –dos de cada tres– siempre que se sumen ambas clases de rechazo. Las diferencias de género entre los sujetos de este último grupo son muy drásticas: las mujeres solo apoyan la creencia, mientras que los del sexo masculino la rechazan mayoritariamente.

7. La última de las creencias estudiadas aquí, la de que 'se puede recorrer una buena parte del mundo hablando solo español', obtuvo la puntuación general de 61.3%.

CUADRO 3.7a
'Uno puede recorrer una buena parte del
mundo hablando solo español'

	Cuba				EEUU
	A	B	C	X	
1	68.8%	66.6%	50	61.8	60
2	6.6	16.6	33.3	18.8	10
3	11.1	5.5	0	5.5	0
4	0	0	0	0	10
5	13.3	11.1	16.6	13.6	20

En los tres grupos de los nacidos en Cuba: 68%>66.6% >50%. Es verdad que estas cifras, ya de por sí mayoritarias, aumentan considerablemente –75.4%, 83.2% y 83.3%– al sumar las aceptaciones condicionadas. A la luz de estos números, se comprenderá que el rechazo a esta creencia sea menor: 13.3% entre los llegados con 18 años o más, 11.1% entre los del segundo grupo (7–17 años) y 16.6% entre los llegados de niños. En el grupo integrado por los nacidos en los Estados Unidos, la aceptación también ofrece cifras superiores (65.8% más el 11.4% de respuestas condicionadas: 77.2%); los rechazos suben en conjunto al 15.1%, mientras el 7.5% carece de opinión al respecto.

Al clasificar estos datos por niveles generacionales (Cuadro 3.7b) las cifras son muy positivas: entre los 15 y los 55 años, las tres primeras generaciones, las aceptaciones son muy fuertes: 100%, 95%, 93.3%, pero en los sujetos de más de 55 años estos porcentajes se quedan en el 77.7%. Las cifras de rechazo son poco importantes en las generaciones intermedias (II. 5%, III. 6.6%); no así en la IV, que arroja un

22.1%. Entre los nacidos en el exilio, las dos generaciones extremas se dan la mano: bien en respuestas absolutas, bien sumando ambas, llegan al 100%. La generación intermedia, por el contrario, divide sus respuestas por igual entre aceptación (50%) y rechazo (50%).

Los hombres de ambos grupos, los nacidos tanto en Cuba como en los Estados Unidos, muestran índices más altos de respuestas positivas: 80% frente al 65.7% de las mujeres del primer grupo, y 66.6% frente al 57.1% de las del segundo (Cuadro 3.7c). Las diferencias comienzan a aparecer cuando añadimos a estos porcentajes las aceptaciones atenuadas. Los hombres de origen cubano suben al 96.6%, mientras que los del otro grupo no modifican su puntuación. Las mujeres, en cambio, llegan a 71.4% entre las primeras, y a un 71.3% entre las otras, con lo que esta variable cada neutralizada. Los rechazos mayores se dan entre los norteamericanos de nacimiento, tanto hombres (33.3%) como mujeres (28.4%), pues ofrecen contrastes significativos con el grupo de los nacidos en la isla (M. 3.3%, F. 11.4%).

Las creencias que sustentan la actitud e los hablantes de esta comunidad de habla hacia el español quedan reflejadas en la siguiente gráfica[8]:

[8.] Las barras grises que se alzan sobre el eje de abscisas representan la actitud positiva plena y las negras, las positivas con reservas; las que aparecen debajo de este eje son las actitudes negativas, absolutas las grises, relativas las negras.

GRÁFICA 3.1
Creencias y actitudes hacia el español

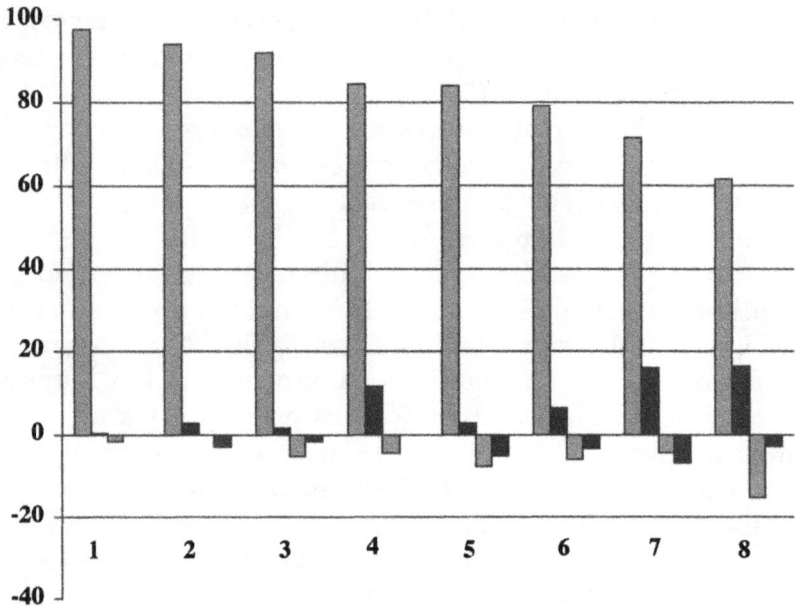

1. [97.4] El español, vehículo lingüístico de una gran cultura internacional.
2. [93.8] El español, rasgo de identidad cultural de los cubanos.
3. [91.9] El español no desaparecerá de la comunidad cubana de Miami.
4. [84.2] Hay que conservar el español pues es la lengua de nuestros antepasados.
5. [83.9] El español, lengua pública (no solo familiar) en la comunidad cubana de Miami.
6. [79.1] No se siente incomodidad social ni vergüenza al hablar español en Miami.
7. [77.1] Hablar español (además del inglés) produce ventajas salariales en esta comunidad.
8. [61.3] Hablando solo español se puede recorrer una buena parte del mundo.

Como puede observarse, las ocho creencias analizadas, (incluyendo la tercera en este recuento) aunque siempre con valores positivos, presentan diferente peso en la comunidad cubana del Gran Miami: 1) vehículo de una gran cultura internacional, 97.4%, 2) rasgo de identidad cultural, 93.8%, 3) no desaparecerá del Gran Miami, 91.9%, 4) lengua de los antepasados, 84.2%, 5) uso público, no solo privado, 83.9%, 6) no se siente malestar social al hablarlo, 79.1%, 7) mayor remuneración económica, 71.1%, y 8) hablándolo, se puede recorrer una buena parte del mundo, 61.3%. La media aritmética general de estas cifras es de 82.4, lo que indica que la actitud de todos estos hablantes hacia el español, no importa donde hayan nacido ni a qué edad llegaran a los Estados Unidos, es altamente positiva.[9]

3.3 *Actitudes y creencias hacia el inglés*

Para medir las actitudes lingüísticas hacia el inglés se tomaron como base cinco importantes creencias: su utilidad, su atractivo, su importancia en los negocios internacionales, un mayor relieve social de las personas que lo hablan, y el grado de modernidad de la música popular cuya letra está en ese idioma.

1. La actitud positiva que los sujetos de la muestra tienen hacia el inglés queda demostrada en un 89.1% de los que comparten sin reservas la creencia de que se trata de una lengua muy útil. Cuando avanzamos al proceso de matización de datos por variables, encontramos lo siguiente.

[9.] Una de las investigaciones de Solé (1979: 8) dejó ver en su momento que la actitud hacia el español entre jóvenes de 15 a 20 años, estudiantes de escuela secundaria, primera generación entonces de cubanos criados y educados en los Estados Unidos, era muy positiva, al extremo de confesar que su desplazamiento progresivo por el inglés 'representaría una pérdida lamentable'. Su muestra no es comparable con la de este estudio, pero con todo, de este trabajo pueden sacarse lecciones de importancia. El autor, tras subrayar que el español constituía para sus sujetos un referente positivo, sustentado este en motivos afectivos y pragmáticos, explica que 'conscientes de las circunstancias que los llevaron al exilio y conscientes también del fuerte sentimiento de lealtad a las tradiciones e instituciones de sus antecesores, no es de extrañar, entonces, que para ellos el español sea símbolo y vehículo integral de su herencia hispánica'. En un trabajo posterior, el mismo Solé (1082), trabajando con adolescentes y jóvenes, indicaba que un 96% pensaba que el mantenimiento del español era necesario, puesto que se trataba de un componente importante de su herencia cultural; un 75% creía que el español debería ser fortalecido en la comunidad, y un 72 no veía ninguna desventaja en usarlo. Un 55% de esa misma muestra señalaba que los más jóvenes estaban olvidando su lengua materna y usando demasiado el inglés, y que eso les preocupaba. Insistían, además, en que el español había que conservarlo, porque si no se perdería una señal sobresaliente de identidad y de orgullo étnico.

CUADRO 3.8a
'El inglés es una lengua extremadamente útil'

	Cuba				EEUU
	A	B	C	X	
1	86.6	100	100	95.5	70
2	2.2	0	0	0.7	20
3	8.8	0	0	2.9	0
4	0	0	0	0	0
5	2.2	0	0	0.7	10

De los nacidos en la isla, el grupo A hace suya esta creencia en un 86.6%, mientras que los otros dos hacen llegar sus números hasta el máximo. El más variado en cuanto a la aceptación o rechazo de esta creencia, el A, presenta un 8.8% de neutralidad, un 2.2% se muestra partidario de aceptar la utilidad del inglés, pero con reservas, y otro 2.2% la rechaza de plano. Salvo esta última cifra, de muy poco relieve estadístico, el resto de los números resultan ampliamente positivos.

Entre los nacidos en los Estados Unidos se observa que un 70% mantiene con firmeza esta creencia, mientras que un 20% lo hace de manera condicionada. El 10% restante la rechaza, lo que indica que entre los sujetos de este grupo –situación que no deja de ser curiosa– hay menor apoyo a esta creencia que entre los nacidos en Cuba: 10% frente a 2.2%.

Al examinar las estadísticas producidas por la variable generacional (Cuadro 3.8b) surge un esquema perfectamente estratificatorio: el apoyo a esta creencia disminuye, aunque poco, a medida que se pasa de la generación más joven a la mayor: I. 100%, II. 100%, III. 90%, IV. 88.2%. Lo que indican estas cifras es que las primeras generaciones tienen una confianza ilimitada en el inglés como lengua útil, pero que las mayores, sin embargo, tienen sus dudas al respecto.

Más errático es el patrón que emerge entre los nacidos en la Unión: las dos generaciones extremas, la I (15–20 años) y la III (36–55 años) abrazan esta creencia de manera absoluta. La que rompe esta línea es el grupo intermedio (entre 21 y 35 años) que solo la apoya incondicionalmente en un 50%. Si a esta cifra sumáramos el 33.3% que lo hace con reparos, subiríamos al 83.3%, cantidad menos contrastiva. Con todo, hay un 16.6% que no apoya esta creencia en absoluto.

El análisis del sexo/género no aporta datos especialmente significativos (Cuadro 3.8c): tanto hombres como mujeres del grupo de los nacidos en Cuba ofrecen cifras estimables a favor de esta creencia: 93.9% y 91.6%. Ninguno del resto de los números se inscribe en la categoría de rechazo. Entre los nacidos en Norteamérica, los hombres muestran su preferencia absoluta, pero las mujeres cuestionan la utilidad de la lengua inglesa, pues solo el 57.1% le ofrece su apoyo, si bien otro 28.6% lo hace también, aunque con reservas. Un 14.2% la rechaza.

2. La creencia de que el inglés es una lengua atractiva alcanzó el 77.1%.

CUADRO 3.9a
'El inglés es una lengua muy poco atractiva'

	Cuba				EEUU
	A	B	C	X	
1	16.3	5.5	0	7.2	0
2	2.3	5.5	0	2.6	10
3	2.3	0	0	0.8	10
4	13.9	11.1	14.2	13.1	0
5	65.1	77.7	85.7	76.2	80

La considera atractiva el 65.1% del grupo A de los nacidos en la Isla, el 77.7% del B, y el 85.7% del C. Es verdad que los índices de aceptación condicionada son lo suficientemente altos como para superar las opiniones en contra (A. 13.9%, B. 11.1%, C. 14.2%), pues sumados a las cifras ánteriores son los más altos (y a veces los únicos, como en el grupo C). No obstante, hay un 16.3% del grupo A y un 5.5% del B que no creen que esa lengua sea atractiva; también en ambos colectivos aparecen cifras de rechazo atenuado (2.3% y 5.5%), aunque menores. En general, puede decirse que, si bien no con el grado de éxito que alcanzaron los que creen en la utilidad del inglés, los que apoyan lo relativo a su atractivo, son mayoría incuestionada. Entre los nacidos en los Estados Unidos el apoyo es de 80%; no hay cifras de rechazos totales, pero sí condicionados (10%). Otro 10% se mantiene neutral.

Las generaciones establecen una clara dicotomía entre la primera, que apoya al máximo esta creencia (Cuadro 3.9b), y las otras tres, que se mueven entre el 80.9% de la segunda y el 58.6% de la tercera (la IV está entre ambas, con un 75%). Son precisamente estas las únicas que ofrecen cifras de rechazo total, según un orden ascendente: II. 4.7% > III. 13.8% > IV. 18.7%. Si a la tercera generación (entre 36 y 55 años) se le sumara el 6.8% de desestimación condicionada, obtendríamos un 20%, es decir, la quinta parte de este nivel generacional. A pesar de ello, el patrón observado en las dos variables anteriores se mantiene, sobre todo, si contamos con los números de la aceptación con reparos.

En el grupo norteamericano de nacimiento –salvo la tercera generación, cuyo apoyo es absoluto– las dos anteriores presentan comportamientos discrepantes. La generación I limita su apoyo total y único al 50%, y la II, al 83.3%. En esta segunda no hay cifras negativas, sino de neutralidad (16.6%), pero en la generación joven el rechazo atenuado sube hasta el 50%, justamente la misma cifra que la del apoyo total.

Analizada la variable sexo/género encontramos que entre los nacidos en Cuba, las mujeres se inclinan más que los hombres hacia la creencia de que el inglés es una lengua atractiva: 78.3% frente al 64.7% (Cuadro 3.9c). Si a estas cifras se sumaran las de apoyo con reservas (13.5% en las mujeres y 11.6% en los hombres) casi en nada variarían las proporciones señaladas arriba. En concordancia con ellas, es esperable que los índices de rechazo sean superiores en los hombres: 17.6% frente a 5.4%. En este caso, tampoco el añadir los números de desestimación condicionada lograría alterar los resultados.

Los hombres nacidos en los Estados Unidos, por el contrario, abrazan esta creencia en un 100%; las mujeres de este grupo lo hacen en el 71.4%. No hay, sin embargo, rechazos absolutos, sino solo relativos (14.3%); el resto de los porcentajes corresponde a la postura neutral.

A partir de aquí, las otras tres creencias estudiadas bajan drásticamente sus cifras positivas, datos estos que obligan a matizar con fineza su interpretación, tanto particular en cuanto a la creencia en cuestión, como general, en cuanto al papel que desempeña en el estudio de la actitud hacia esta lengua.

3. La creencia de que la música popular que lleva letra en inglés es más moderna, por su parte, logró una aceptabilidad del 16.6%.

CUADRO 3.10a
'Las canciones en inglés son más modernas'

	Cuba			EEUU	
	A	B	C	X	
1	13.3	0	33.3	15.5	20
2	13.3	0	0	4.4	0
3	6.6	11.1	16.6	11.4	20
4	11.1	22.2	0	11.1	20
5	55.5	66.6	50	57.4	40

La situación se dibuja de la siguiente manera entre los nacidos en Cuba: el grupo A presenta un 13.3% a su favor; el B puntúa con cero ambas aceptaciones, la absoluta y la relativa, y el C, que solo ofrece aceptación incondicionada, con un 33.3%, es decir, uno de cada tres de sus sujetos. Dejando de lado la banda de las posiciones neutrales (A. 6.6%, B. 11.1%, C. 16.6%), el resto de las puntuaciones indican el rechazo mayoritario que esta creencia tiene en la comunidad, siempre con porcentajes de 50% o superiores a él (A. 55.5%. B. 66.6%, C. 50%). En los primeros grupos se dan aceptaciones atenuadas que harían subir estos índices, en caso de realizar la sumatoria, a 66.6% en el grupo A y a 88.8% en el B. A pesar de que en todos los grupos triunfa la oposición a esta creencia, los llegados a suelo norteamericano con un máximo de seis años son, de todos, los que menos la rechazan.

Los nacidos en los Estados Unidos se acercan bastante a los resultados anteriores, pues la aceptación absoluta está en el 20%, y la oposición, en el 40%. No hay refuerzo alguno con respecto a la postura positiva hacia la creencia, pero sí un 20% más de rechazo condicionado, lo que elevaría esta preferencia al 60%.

No caben grandes dudas de que con respecto a esta particular creencia, el factor generacional reviste una importancia de excepción (Cuadro 3.10b). Los datos ponen en una casilla aparte a los sujetos más jóvenes, que muestran un sólido apoyo a la creencia de que la música en inglés es más moderna. El resto de las generaciones la apoya también, pero con mucho desgano: II. 5%, III. 9.4%, IV, 11.7%. Se observa que las cifras van subiendo algo al dirigirnos hacia la generación mayor; sin embargo, ni aun sumando a estos números las aceptaciones condicionadas los números logran remontar de manera relevante (II. 15%, III. 15.6%, IV. 23.4%), a pesar del relativo entusiasmo mostrado por los mayores hacia este tipo de música.

No obstante, las oposiciones a esta creencia son mayoritarias en las tres últimas generaciones: 60%, 56.2 y 58.8, respectivamente, que se convertirían en 75%, 65.6% y 76.6% si tomásemos en consideración las respuestas de rechazos con reparos.

Entre los norteamericanos de nacimiento también la primera generación apoya la creencia, pero solo en un 50% (el otro 50% permanece neutral). Al otro extremo se coloca la tercera generación, y última para este grupo, con un rechazo total. Sumamente matizadas se muestran las posturas del segundo colectivo generacional: la aprobación absoluta consigue un 16.6%, el rechazo, algo menos del doble (33.3%), aunque otro tanto de oposiciones matizadas refuerza esta posición (que iría al 66.6%). Un porcentaje igual al positivo absoluto –no hay casos que muestren reparos– se sitúa en la neutralidad.

Comparten esta creencia en un 57.1% los hombres nacidos en la Isla, y las mujeres, en un 56.2%, con lo que el paralelismo es casi perfecto. También se establece un acercamiento de posturas en las condenas con reparos (14.3% frente al 12.5%); pero esta posición se separa al examinar las posturas positivas: aquí los hombres triplican holgadamente la puntuación de las mujeres (20% frente al 6.2%), aunque por compensación, las respuestas de apoyo atenuado son mayores en número en las mujeres (12.5% frente al 5.7%).

Los hombres del grupo norteamericano de nacimiento apoyan la creencia con más del doble de puntuación que las mujeres (33.3% frente al 14.3%), sin que haya posibilidades de incrementar estas cifras porque no contamos con otro tipo de aceptaciones (Cuadro 3.10c). Entre los hombres el rechazo absoluto es del 33.3%, es decir, que en principio, uno de cada tres sujetos de este grupo apoya la creencia, mientras que otro de esos mismos tres la rechaza. Cierto que el rechazo con reparos suma otro 33.3%, lo que podría hacer subir este renglón al 66.6%. Las mujeres son más contundentes en la oposición incondicional (42.2%), aunque menos en la inconformidad con reparos (14.2%). Las posiciones entre hombres y mujeres están encontradas en ambos grupos: los hombres apoyan más y rechazan menos en el grupo de los cubanos de nacimiento, siempre, claro está, con el rechazo por delante; en cambio, en el grupo nacido en el exilio son las mujeres las que se oponen más y apoyan menos la creencia de que la modernidad de la música en inglés sea superior.

4. A que el inglés sea la lengua exclusiva de los grandes negocios internacionales, la muestra respondió de manera interesante.

CUADRO 3.11a
'El inglés es la lengua exclusiva de los
grandes negocios internacionales'

	Cuba				EEUU
	A	B	C	X	
1	21.7	11.1	0	10.9	30
2	15.2	11.1	0	8.8	30
3	2.1	5.5	20	2.5	0
4	23.9	22.2	40	15.4	24.3
5	36.9	50	40	42.3	40

El 21.7% de los llegados a las costas norteamericanas con 18 años o más respondió estar enteramente de acuerdo, pero los llegados entre 17 y 7 años asintieron solo en el 11.1%, y ninguno de los llegados con un máximo de seis años se mostró partidario de ella. Con excepción de los dos primeros grupos, el A y el B, los asentimientos condicionados, que son los únicos, el 15.2% y el 11.1% lograrían modificar el hecho de ser una creencia

minoritaria en la población. Aquí las cifras mayores van hacia el rechazo: A. 36.9%, B. 50%, C. 40%, y esto si no se consideran los rechazos con alguna reserva; si se incluyeran esas cifras, entonces los números negativos serían 60.8%, 72.2% y 80%, respectivamente. La elocuencia de estos porcentajes es muy evidente: la mayoría del grupo de los nacidos en Cuba no cree que el inglés cumple la función que se le adjudica en el enunciado de esta creencia.

Los nacidos en la Unión, sin embargo, presentan una mayoría de puntos a favor, pero para llegar a este 60%, es necesario sumar todo tipo de aceptaciones, porque las absolutas solo llegan al 30%. El 40%, en cambio –dos de cada cinco sujetos de este grupo– también rechazan drásticamente esta creencia.

Las cosas no cambian cuando se contempla la situación desde la óptica de las generaciones (Cuadro 3.11b). Entre los más jóvenes el resultado fue nulo y en las otras tres las respuestas positivas fueron de 13% > 16.6% > 22.2%, cifras a todas luces escasas. Bien es verdad que al menos en los grupos III y IV las afirmaciones con reparos llegaron al 16.6% y al 22.2%, pero este refuerzo no redundaría en un cambio considerable de situación.

La generación joven, algo más escéptica al parecer, coloca el total de sus cifras en la franja neutral de la creencia; no es el único grupo que actúa de esta forma, pero el III, que es el otro, lo hace en un modesto 6.6%. Aquí, como en la variable anterior, los porcentajes más altos van hacia el rechazo absoluto: II. 34.8%. III. 36.6% y IV. 50%. Debe señalarse, sin embargo, que con el refuerzo añadido de las desautorizaciones condicionadas, las cifras subirían al 87%, 59.9% y 55.5%, lo que hace más evidente aún la opinión negativa de la mayoría de los sujetos.

Por su parte, entre los nacidos en Norteamérica las opiniones están más matizadas: los individuos de la segunda y tercera generación mantiene la aceptación de la creencia en cuotas de un 33.3% y un 50%. Los jóvenes, como en el caso de los llegados desde la Isla, también muestran su escepticismo adjudicando puntuación cero a este renglón. Sin embargo, es muy fuerte el apoyo atenuado en los dos primeros casos (50% y 33.3%). El resto de los números va a la descalificación total: I. 50%, II. 33.3%, III. 50%.

Al acercarnos al grupo de origen norteamericano sorprende que la generación joven rechace *in solidum* la creencia, mientras que la tercera abrace la aceptación en su totalidad. Curiosamente el nivel medio otorga la misma puntuación a la aceptación plena (42.8%) que al rechazo (42.8%). Sin embargo, en este grupo existe un 14.3% de apoyo condicionado, lo que terminaría por inclinar la balanza hacia el polo positivo.

Por último, entre los hombres nacidos en la Isla, la postura favorable duplica las cifras arrojadas por las mujeres (22.8% frente al 11.7%), pero, en cambio, se mantienen paralelas en el rechazo total (40% frente al 41.2%) (Cuadro 3.11c). Son muy bajas las cifras de neutralidad, pero elocuentes las de quienes actúan con un margen condicional. A pesar de ello, aunque sumemos los números respectivos, el balance final sería el siguiente: 34.2% los hombres y 26.5 las mujeres, a favor; 60% los primeros y 70.6% las segundas, en contra.

Entre los nacidos en suelo de la Unión, las posturas positivas, si bien sumándolas todas, absolutas y condicionadas, son mayoría: 66.6% de los hombres y 57.8% de las mujeres. Los rechazos, en cambio, –solo hay cifras para la postura tajante– son del 33.3% y del 42.8%. Obsérvese que a pesar de las diferencias numéricas, las más escépticas son siempre las mujeres.

5. La creencia que considera que el hecho de que una persona hable inglés la convierte ante los ojos de la sociedad hispana miamense en un individuo más importante ofrece datos de gran interés. Es evidente que de obtener aquí números muy altos la actitud hacia la lengua anfitriona sería sumamente favorable. Pero los datos positivos obtenidos no parecen confirmar este supuesto: 11.6%.

CUADRO 3.12a
'Cuando uno habla inglés parece que es una
persona más importante'

	Cuba				EEUU
	A	B	C	X	
1	26.8	5.5	14.3	15.5	0
2	14.6	0	0	4.9	0
3	7.3	0	0	2.4	11.1
4	14.6	16.6	28.6	19.9	22.2
5	51.3	77.7	57.1	62	66.6

Entre los llegados de la isla, la aceptación de esta creencia solo consigue el 26.8% en el grupo A, el 5.5% en el B, y el 14.3% en el C, números muy bajos, como se ve. Las cifras son invariables, con excepción del grupo A, porque solo aquí hay números (14.6%) para los apoyos matizados. El rechazo total a esta creencia va desde el 51.3% en el grupo A, pasando por el 57.1% en el C, y llegando al 77.7% en el B. Los resultados, ya de por sí resultan contundentes. Si, además, añadiésemos los rechazos atenuados, las cifras negativas se dispararían aún más: A. 65.9%, B. 94.3% y C. 85.7%.

Pero lo más curioso de todo es que la situación que se da entre los norteamericanos de nacimiento es muy similar: nadie apoya esta creencia, ni de manera absoluta ni con reparos. También el grueso de las cifras, descontando un pequeño margen de neutralidad, va hacia el rechazo, que en la postura sin paliativos sube al 66.6%, es decir, que la mantienen dos de cada tres individuos de este grupo. Si, además, se añadiera el 22.2% de los que la rechazan condicionadamente, las cifras serían aplastantes (88.8%).

El perfil que ofrecen las generaciones, por otra parte, coloca sus números más altos en las respuestas que indican inconformidad con la creencia (Cuadro 3.12b). Sin llegar al caso extremo de la generación joven, cuyo oposición es total, también las otras muestran porcentajes de importancia: II. 68.4%, III. 51.7%, IV. 40.9%, cifras que engordarían llamativamente si les fueran añadidas las de rechazo con reparos (II. 79.3%, III. 68.9%, IV. 59.8). Frente a estas cantidades las posturas positivas se ven muy superadas, pues las cifras que muestran no logran superar el 20%, el equivalente a uno de cada cinco sujetos de estos grupos: II. 10.5%, III. 17.2% y IV. 18.2%. Aunque, como en el caso de los rechazos, uniésemos los números procedentes de las respuestas condicionadas, estos son tan bajos (II. 5.3%, III. 10.3%, IV. 9%) que en poco o nada cambiaría el patrón anterior.

En el grupo de los nacidos en los Estados Unidos el panorama es más severo aún, pues ninguna de las tres generaciones que se estudian en este colectivo consigue puntuación alguna para las dos posibilidades de aceptación que se ofrecen, la absoluta y la condicionada. En cambio, en la categoría de descalificación absoluta, las cifras son del 50% para la generación joven, del 66.6% para la intermedia, y del 50% para la mayor. Si se suman los datos procedentes del rechazo con reparos, se alcanzaría el 100% en las generaciones extremas y el 83.2% para la intermedia, que completaría su total con un 16.6% de neutrales.

Es evidente que para este grupo de cubanos nacidos en la Isla, los más jóvenes son los más tajantes en el rechazo de esta creencia, es decir, que no creen que la sociedad (y ellos mismos, naturalmente) considere a una persona más importante que otra por el hecho de hablar inglés. Es curioso que a partir de aquí el rechazo se va atenuando a medida que nos dirigimos a la generación mayor. El grupo norteamericano es más tajante, pues su única posición aunque con matices, es el rechazo.

Un cierto margen de aceptación, aunque escaso, aparece entre los hombres del grupo cubano de nacimiento (17.6%), pero no entre las mujeres quienes, en concordancia, son las más firmes en su postura de rechazo (Cuadro 3.12c): 61.3% sin añadir las respuestas condicionadas (83.9%, sumándolas), frente al 58.8% de los hombres, que se convierte en un 70.5% si le añadimos las respuestas negativas, aunque con reparos. El grupo de los nacidos en los Estados Unidos solo muestra rechazo, como se ha visto; aquí las mujeres vuelven a ser algo más enérgicas (71.4%) sin contar con las respuestas atenuadas, mientras que los hombres exhiben un 66.6%. Si se efectuara la operación de suma que permitiera unir todas las voces discrepantes, entonces la realidad sería el 100% para los hombres frente al 85.7% para las mujeres. Este último porcentaje de diferencia lo llenan las neutrales.

Revisado en su conjunto las cinco creencias que subyacen a las actitudes hacia el inglés, tenemos lo siguiente:

GRÁFICA 3.2
Creencias y actitudes hacia el inglés

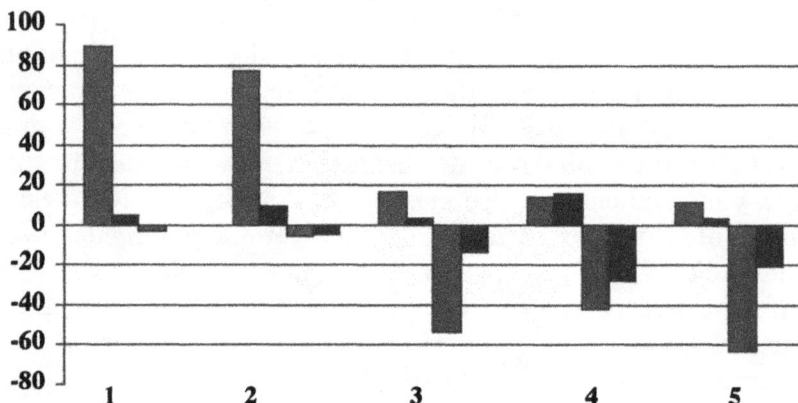

1. [89.1] El inglés es una lengua sumamente útil.
2. [77.1] El inglés es una lengua muy atractiva.
3. [16.6] La música popular con letra en inglés es más moderna.
4. [14.1] El inglés es la lengua exclusiva de los grandes negocios internacionales.
5. [11.6] La comunidad cubana miamense siente que los que hablan inglés son personas más importantes.

Aunque de las creencias estudiadas aquí, dos obtienen puntuaciones positivas –la utilidad de esta lengua, 89.1%; y el inglés, lengua atractiva, 77.1%– las otras tres, en cambio, se quedan con cifras muy bajas: las canciones con letra en inglés son más modernas, 16.6%; es la lengua exclusiva de los grandes negocios internacionales, 14.1%, y la persona que la hable parece más importante en la comunidad, 11.6%. La media de todo esto es de 41.7. La actitud, por lo tanto, de los cubanos del Gran Miami hacia el inglés no es, en general, demasiado positiva. [10]

---

[10] Sin embargo, en el trabajo de Castellanos (1990: 53), el 80% de sus sujetos (entre 13 y 67 años, nacidos en Cuba y en los Estados Unidos) consideraba que el inglés era 'esencial', y el 17.3% lo tenía como 'muy importante'; con respecto al español, en cambio, solo el 50% lo creía 'esencial' y el 36.5%, 'muy importante'.

No obstante, revísese a continuación el éxito extraordinario que alcanza la actitud hacia el bilingüismo, lo que nos llevará a matizar –mucho– los datos presentados arriba sobre el inglés. Es innegable que no se quiere al inglés solo, sino siempre en convivencia con el español.

3.4 *Actitudes y creencias hacia el bilingüismo*

Las actitudes hacia el bilingüismo son muy contundentes en la mayoría de los casos. Entre los nacidos en territorio de la Unión hablamos siempre, no importa cual sea la variable analizada, de un 100% de actitudes positivas entre las absolutas y las relativas.

CUADRO 3.13a
'La situación ideal para quienes vivimos en
este país es el bilingüismo'

	Cuba			EEUU	
	A	B	C	X	
1	95.5	100	85.7	93.7	100
2	2.2	0	14.3	5.5	0
3	2.2	0	0	0	0
4	0	0	0	0	0
5	0	0	0	0	0

Entre los nacidos en la Isla, aun tratándose de actitudes muy favorables hacia el bilingüismo, existen pequeñísimas matizaciones. Los del grupo A, llegados con un mínimo de 18 años, mantienen un 95.5% a favor, más un 2.2% que se inserta en la misma preferencia, aunque lo hace con reparos. Los sujetos del grupo B actúan aquí como los nacidos en los Estados Unidos: un 100% de respuestas favorables. Los llegados con un máximo de seis años muestran un 85.7% de actitud positiva hacia el bilingüismo –'la situación ideal para quienes vivimos en este país'–, pero debe señalarse que el otro 14.3% que falta lo tienen quie-

117

nes, aunque no de manera incondicional, también siguen esta tendencia.

El patrón actitudinal que marcan las cuatro generaciones del estudio es el que sigue: I (15-20 años), un 100%, II (21-35), un 95.2%, III. (36–55), un 100%, y IV (+ 55), un 88.2% (Cuadro 3.13b). En la segunda generación, si se añade el 4.7% de los sujetos que mantienen actitud favorable pero condicionada, se llegaría también a la cifra máxima. La cuarta generación mantiene la puntuación más baja de todas debido a que un 5.8% no ha desarrollado ninguna actitud a este respecto. El otro 5.8% restante corresponde a una postura favorable, aunque atenuada.

Por último, son los hombres los que presentan índices sumamente positivos, en contraste con las mujeres, que ofrecen una cifra algo menor (91.8%) (Cuadro 3.13c). A pesar de que se trata de cifras muy altas, deja de contar con un 8.1%, que se reparte entre los que condicionan su actitud (5.4%) y aquellos que carecen de ella (2.7%).

A las claras queda –y el hecho más evidente es que no hay muestras de actitud negativa, ni absoluta ni condicionada– que los cubanos de Miami mantienen una actitud muy positiva hacia el bilingüismo.[11]

[11.] Tal parece que las actitudes positivas hacia el bilingüismo que Solé (1982) encontró hace ahora 20 años se han ido acentuando. Aquellos que en su momento eran jóvenes de entre 15 y 18 años de edad, estudiantes de escuela secundaria, primera generación de cubanos criados y educados en los Estados Unidos (con independencia de su lugar de nacimiento) formarían hoy parte de la segunda generación (21-35 años) o incluso de la tercera (35-55 años) de nuestro estudio que, como se ha visto, mantienen actitudes positivas hacia el bilingüismo con índices muy altos. La generación que actualmente ofrecería un paralelo más estrecho con la estudiada por él en 1982, es nuestra primera (entre 15 y 20 años), precisamente una de las que ofrece la puntuación máxima, en contraste con el 91% que entonces confesaba que el bilingüismo era una situación ideal para ellos. Como se ve, un importante número de esos jóvenes veía el bilingüismo como una situación ideal. El bilingüismo es, sin duda, enriquecedor (25%); el inglés debe manejarse porque es la lengua oficial [sic]; el español también.

3.5 *Consideraciones finales*

Las actitudes más favorables entre los cubanos del Gran Miami van hacia el bilingüismo, situación que consideran muy conveniente y útil, viviendo –como están– en una cultura ajena. Inmediatamente después, las más positivas las recibe la lengua materna: esa comunidad se siente muy orgullosa de poseer una lengua de relieve internacional, que identifica a sus miembros con una gran tradición cultural, y que, además, es de suma utilidad, puesto que incluso proporciona –en los mismos Estados Unidos– ventajas salariales de importancia. Muy potenciadas se encuentran las tres dimensiones que subyacen a las aseveraciones que sirvieron de material a la escala: identidad cultural, orgullo étnico–lingüístico y utilidad práctica. Se trata, por lo tanto, de un caso sobresaliente de lealtad lingüística.

GRÁFICA 3.3
Índices generales de las actitudes positivas

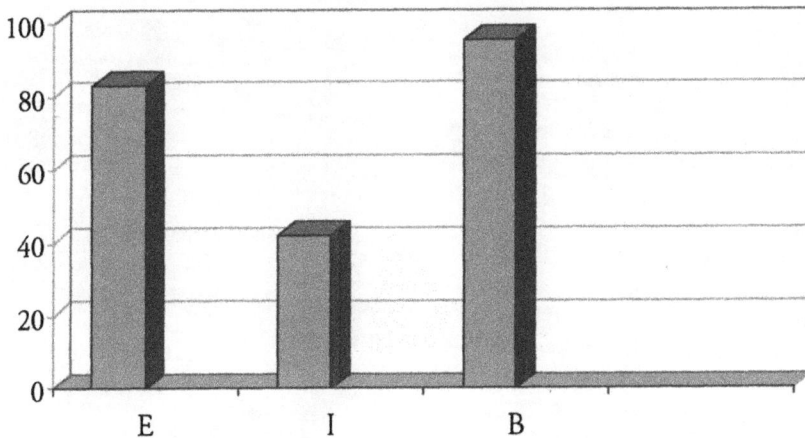

E. Español; I. Inglés; .B. Bilingüismo

Con respecto al inglés, no como parte de contextos bilingües, sino de manera individualizada, las actitudes positivas alcanzaron una puntuación poco mayor de 40, porque si bien es verdad que la consideran una lengua útil y atractiva, aunque esto último en menor medida, no la ven, por ejemplo, como vehículo exclusivo de transacciones económicas internacionales, como quizás hubiese sido esperable. La situación con respecto a las dimensiones subyacentes no es diáfana: la comunidad apoya la utilidad práctica a medias, pues acepta una de sus aseveraciones ('El inglés es una lengua sumamente útil') y rechazan otra ('El inglés es la lengua exclusiva de los grandes negocios internacionales'); la dimensión prestigio no fue suscrita y, por último, en la de modernidad y atractivo, solo corroboró una de las dos ('El inglés es una lengua muy atractiva').

APÉNDICE A

CUADRO 3.1b
'El español es el vehículo lingüístico de una gran cultura internacional'

	Cuba				EEUU		
	I	II	III	IV	I	II	III
1	100	95	93.3	100	100	100	100
2	0	5	0	0	0	0	0
3	0	0	3.3	0	0	0	0
4	0	0	0	0	0	0	0
5	0	0	3.3	0	0	0	0

Lugar de nacimiento y generación

CUADRO 3.1c

	Cuba		EEUU	
	M	F	M	F
1	94.1	100	100	100
2	2.9	0	0	0
3	0	0	0	0
4	0	0	0	0
5	2.9	0	0	0

Lugar de nacimiento y sexo/género

CUADRO 3.2b
'El español es importante porque es un rasgo de nuestra identidad cultural'

	Cuba				EEUU		
	I	II	III	IV	I	II	III
1	100	90.5	92.6	94.1	100	71.4	100
2	0	4.7	7.4	5.8	0	0	0
3	0	4.7	0	0	0	0	0
4	0	0	0	0	0	28.6	0
5	0	0	0	0	0	0	0

Lugar de nacimento y generación

CUADRO 3.2c

	Cuba		EEUU	
	M	F	M	F
1	85.3	100	100	85.7
2	11.7	0	0	0
3	2.9	0	0	0
4	0	0	0	14.2
5	0	0	0	0

Lugar de nacimiento y sexo/género

CUADRO 3.3b
'Hay que conservar el español porque es la lengua de nuestros antepasados'

	Cuba				EEUU		
	I	II	III	IV	I	II	III
1	100	92.6	83.3	82.3	100	83.3	100
2	0	3.7	16.6	5.8	0	0	0
3	0	0	0	0	0	0	0
4	0	0	0	0	0	0	0
5	0	3.7	0	11.7	0	16.6	0

Lugar de nacimiento y generación

CUADRO 3.3.c

	Cuba		EEUU	
	M	F	M	F
1	81.2	94.4	100	85.7
2	15.6	5.5	0	0
3	0	0	0	0
4	0	0	0	0
5	3.1	0	0	14.2

Lugar de nacimiento y sexo/género

CUADRO 3.4b
'El español solo sirve para hablar en la casa con la familia'

	Cuba				EEUU		
	I	II	III	IV	I	II	II
1	0	0	0	5.8	0	14.3	0
2	66.6	9.5	3.4	5.8	0	14.3	0
3	0	0	0	0	0	0	0
4	0	0	0	5.8	0	14.3	0
5	33.3	90.4	96.5	82.4	100	71.4	100

Lugar de nacimiento y generación

CUADRO 3.4c

	Cuba		EEUU	
	M	F	M	F
1	6.6	2.7	33.3	0
2	6.6	5.5	0	0
3	0	0	0	0
4	3.3	0	0	0
5	83.3	91.6	66.6	100

Lugar de nacimiento y sexo/género

CUADRO 3.5b
'No siento ningún malestar social hablando español en público'

	Cuba				EEUU		
	I	II	III	IV	I	II	III
1	100	95	93.3	77.7	0	50	100
2	0	0	0	0	0	16.6	0
3	0	0	0	0	50	0	0
4	0	0	3.3	5.5	0	16.6	0
5	0	1.5	3.3	16.6	50	16.6	0

Lugar de nacimiento y generación

CUADRO 3.5c

	Cuba		EEUU	
	M	F	M	F
1	82.8	94.3	66.6	42.8
2	2.8	0	33.3	0
3	0	0	0	14.3
4	5.7	0	0	14.3
5	8.6	5.7	0	28.6

Lugar de nacimiento y sexo/género

CUADRO 3.6b
'Es bueno saber español (además del inglés) para ganar más dinero'

	Cuba				EEUU		
	I	II	III	IV	I	II	III
1	100	71.4	73.3	64.7	100	66.6	50
2	0	9.5	23.3	23.5	0	16.6	0
3	0	4.7	0	5.8	0	0	0
4	0	9.5	3.3	0	0	16.6	0
5	0	4.7	0	5.8	0	0	50

Lugar de nacimiento y generación

CUADRO 3.6c

	Cuba		EEUU	
	M	F	M	F
1	69.6	81.8	33.3	85.7
2	24.2	6	0	14.3
3	3	3	0	0
4	3	3	33.3	0
5	0	6	33.3	0

Lugar de nacimiento y sexo/género

CUADRO 3.7b
'Uno puede recorrer una buena parte del mundo hablando solo español'

	Cuba				EEUU		
	I	II	III	IV	I	II	III
1	100	95	93.3	77.7	50	50	100
2	0	0	0	0	50	0	0
3	0	0	0	0	0	0	0
4	0	0	3.3	5.5	0	16.6	0
5	0	5	3.3	16.6	0	33.3	0

Lugar de nacimiento y generación

CUADRO 3.7c

	Cuba		EEUU	
	M	F	M	F
1	80	65.7	66.6	57.1
2	16.6	5.7	0	14.2
3	0	17.1	0	0
4	0	0	0	14.2
5	3.3	11.4	33.3	14.2

Lugar de nacimiento y sexo/género

CUADRO 3.8b
'El inglés es una lengua extremadamente útil'

	Cuba				EEUU		
	I	II	III	IV	I	II	IV
1	100	100	90	88.2	100	50	100
2	0	0	0	5.81	0	33.3	0
3	0	0	10	5.8	0	0	0
4	0	0	0	0	0	0	0
5	0	0	0	0	0	16,6	0

Lugar de nacimiento y generación

CUADRO 3.8c

	Cuba		EEUU	
	M	F	M	F
1	93.9	91.6	100	57.1
2	0	2.7	0	28.6
3	6	5.5	0	0
4	0	0	0	0
5	0	0	0	14.2

Lugar de nacimiento y sexo/género

CUADRO 3.9b
'El inglés es una lengua muy poco atractiva'

	Cuba				EEUU		
	I	II	III	IV	I	II	III
1	0	4.7	13.8	18.7	0	0	0
2	0	0	6.8	0	50	0	0
3	0	0	3.4	0	0	16.6	0
4	0	14.3	17.2	6.2	0	0	0
5	100	80.9	58.6	75	50	83.3	100

Lugar de nacimiento y generación

CUADRO 3.9c

	Cuba		EEUU	
	M	F	M	F
1	17.6	5.4	0	0
2	2.9	2.7	0	14.3
3	2.9	0	0	14.3
4	11.8	13.5	0	0
5	64.7	78.3	100	71.4

Lugar de nacimiento y sexo/género

CUADRO 3.10b
'Las canciones en inglés son más modernas'

	Cuba				EEUU		
	I	II	III	IV	I	II	III
1	100	5	9.4	11.7	50	16.6	0
2	0	10	6.2	11.7	0	0	0
3	0	10	18.7	0	50	16.6	0
4	0	15	9.4	17.6	0	33.3	0
5	0	60	56.2	58.7	0	33.3	100

Lugar de nacimiento y generación

CUADRO 3.10c

	Cuba		EEUU	
	M	F	M	F
1	20	6.2	33.3	14.3
2	5.7	12.5	0	0
3	2.8	12.5	0	28.6
4	14.3	12.5	33.3	14.3
5	57.1	56.2	33.3	42.8

Lugar de nacimiento y sexo/género

CUADRO 3.11b
'El inglés es la lengua exclusiva de los grandes
negocios internacionales'

	Cuba				EEUU		
	I	II	III	IV	I	II	III
1	0	13	16.6	22.2	0	33.3	50
2	0	0	16.6	22.2	50	33.3	0
3	100	0	6.6	0	0	0	0
4	0	52.2	23.3	5.5	0	0	0
5	0	34.8	36.6	50	50	33.3	50

Lugar de nacimiento y generación

CUADRO 3.11c

	Cuba		EEUU	
	M	F	M	F
1	22.8	11.8	33.3	28.6
2	11.4	14.7	33.3	28.6
3	5.7	2.9	0	0
4	20	29.4	0	0
5	40	41.2	33.3	42.8

Lugar de nacimiento y sexo/género

CUADRO 3.12b
'Cuando uno habla inglés parece que es una persona
más importante'

	Cuba				EEUU		
	I	II	III	IV	I	II	III
1	0	10.5	17.2	18.2	0	0	0
2	0	5.3	10.3	9	0	0	0
3	0	5.3	3.4	13.6	0	16.6	0
4	0	10.5	17.2	18.2	50	16.6	50
5	100	68.4	51.7	40.9	50	66.6	50

Lugar de nacimiento y generación

CUADRO 3.12c

	Cuba		EEUU	
	M	F	M	F
1	17.6	0	0	0
2	2.9	16.1	0	0
3	8.8	0	0	14.2
4	11.7	22.6	33.3	14.2
5	58.8	61.3	66.6	71.4

Lugar de nacimiento y sexo/género

CUADRO 3.13b
'La situación ideal para quienes vivimos en este país es el bilingüismo'

	Cuba				EEUU		
	I	II	III	IV	I	II	III
1	100	95.2	100	88.2	100	100	100
2	0	4.7	0	5.8	0	0	0
3	0	0	0	5.8	0	0	0
4	0	0	0	0	0	0	0
5	0	0	0	0	0	0	0

Lugar de nacimiento y generación

CUADRO 3.13c

	Cuba		EEUU	
	M	F	M	F
1	100	91.8	100	100
2	0	5.4	0	0
3	0	2.7	0	0
4	0	0	0	0
5	0	0	0	0

Lugar de nacimiento y sexo/género

4. ÁMBITOS DE USO Y ELECCIÓN IDIOMÁTICA

4.1. *Ámbitos de uso y elección idiomática.*

Desde 1979, en que el sociólogo del lenguaje Joshua Fishman dedicó importantes observaciones a este tema, los conceptos de *ámbitos de uso* y *elección idiomática* son moneda frecuente en los estudios de lenguas en contacto (1964, 1965). En el primer caso, el hablante bilingüe (o multilingüe) escoge una determinada lengua para una situación comunicativa dada; todas estas situaciones implican un contexto situacional específico, integrado por las características de los participantes, el escenario en el que interactúan y el propósito de la comunicación.

En el caso de los protagonistas de la comunicación sobresalen varias circunstancias. El emisor, el tipo de receptor y, si procede, la clase de relación personal que exista entre los interlocutores. Del emisor entran en juego muchas cosas (cultura, inteligencia, dominio de los idiomas que maneje, etc.). El receptor, dependiendo del tipo de comunicación, puede ser un individuo, varios, todo un público, e incluso una grabadora (o algunos de estos simultáneamente); si la comunicación se lleva a cabo con un público, habrá diferencias si este está compuesto por colegas, por estudiantes, por correligionarios, etc. También altamente variado es el propósito que subyace a cada acto comunicativo, informar, divertir, convencer, ofender, rechazar, etc. El propósito suele estar en relación asociativa con el tema, y también con la modalidad del discurso: argumentativo, narrativo, etc., pero fundamentalmente con la orientación que quiera darle el emisor a la comunicación: convergente, si se acomoda a su interlocutor (para acercarse a él y granjearse su adhesión), divergente, si decide mantenerse distante. Ambos casos han sido muy estudiados por la 'Teoría de la acomodación' (Bell, 1984).

Los estudiosos mantienen posiciones encontradas en cuanto al papel de estos factores en la elección idiomática, y seguirán enfrentados hasta que no reconozcan que en cada acto comunicativo varía su importancia; la generalización aquí es altamente peligrosa. El problema es que estas circunstancias varían (tanto ellas mismas como su peso específico), incluso dentro del mismo ámbito idiomático, entre hablantes monolingües de la misma lengua.

Cuando este esquema se centra en el receptor, como sucede principalmente en la comunicación mediática, es necesario realizar ciertas matizaciones, pero nada que cambie lo esencial: se lee, se escucha y se escucha y se ve con más agrado aquello que resulta más atractivo para el lector, el radioescucha o el telespectador; es decir, ciertas características del emisor, preferencia por determinados temas, orientación convergente (sobre todo en cuanto a ideología se refiere). En situaciones de lenguas en contacto todos estos factores se acentúan: los bilingües equilibrados prefieren una lengua a otra porque en ella se accede a emisores con mayor capacidad analítica o a información más rigurosa, o estos son más apuestos y elegantes, o poseen mejor voz y modales; también por la frecuencia con que aparecen ciertos temas que interesan, y la simpatía que genera la forma de tratarlos, o porque nos introduce en un ámbito cultural afín, e incluso familiar, etc. Es evidente que, en los casos de bilingües no equilibrados y, por supuesto, de monolingües, el peso mayor –o único– recae sobre la lengua materna: aquí las opciones de escoger de entre dos o más lenguas son pocas, o no las hay en absoluto.

4.1 Ámbitos de uso: los interactivos

Los diversos ámbitos de uso pueden dividirse en dos grandes grupos, según la comunicación que se establezca sea de carácter interactivo, o solo receptivo. Entre los primeros, destacaremos el ámbito familiar, sin duda alguna el bastión donde se refugia la lengua minoritaria en los procesos de debilitamiento y mortandad (Dorian, 1981; Fasold, 1985), el vecinal, el social, el laboral, el estudiantil y el religioso; en el segundo: los medios de comunicación pública. Sin embargo, hay un ámbito transicional entre ambos que, al menos parcialmente, disfruta de ambas características: el ocio cultural.

4.2.1 *La familia*

Cuando dentro del ámbito familiar los sujetos hablan con personas mayores a él, la comunidad cubana de Miami usa decididamente el español.

CUADRO 4.1a

	A	B	C	X	EE.UU.
SE	97.7	88.8	71.4	85.9	100
ME	2.3	5.5	28.6	12.1	0
SI	0	0	0	0	0
MI	0	0	0	0	0
AL	0	5.5	0	1.8	0

Así lo demuestran los altísimos porcentajes, de los tres grupos de nacidos en Cuba (A. 97.7%, B. 88.8% y C.71.4%) como de los que vieron la luz en los Estados Unidos, que lo hacen siempre (100%). Con una sola excepción –la del grupo B– las cifras a favor del uso del español con estos interlocutores se completan con los números de la casilla 'Mayormente en español' (A. 2.3; C. 28.6). Los hablantes llegados de la Isla con entre 7 y 17 años de edad hablan con sus mayores mayormente en esta lengua en un 5.5, y tanto en español como en inglés, en esta misma proporción. Las cifras a favor de la comunicación en español son aplastantes.

Cuando se comparan los datos de uno y otro grupo los contrastes son muy diáfanos; los que nacieron en los Estados Unidos utilizan siempre el español para comunicarse con las personas mayores de su familia, aunque los llegados de la Isla lo hacen de manera mayoritaria..

Las tres generaciones de los nacidos en territorio de la Unión (Cuadro 4.1b) indican que solo y únicamente manejan el español en sus conversaciones con familiares mayores. Entre las generaciones de cubanos hay pequeños matices. La comunicación en español es, con mucho, la preponderante (I. 100%; II, 90.5%; III, 95% y IV. 94.4%). El resto de los porcentajes para completar el total pertenecen todos a la categoría 'mayormente en español'.

Con respecto al sexo/género (Cuadro 4.1c), las diferencias son insignificantes: todos los porcentajes favorecen el uso del español, sin ninguna otra opción posible. Solo que las cifras más importantes indican que esta lengua se maneja en exclusiva. Los hombres y las mujeres llegados de Cuba ofrecen un 91.2% y un 94.3%, respectivamente, y los nacidos en el continente, tanto unos como otras, el 100%. Las diferencias que se observan para llegar al total pertenecen a la categoría 'mayormente en español'.

Si la comunicación familiar es con personas de la misma edad, la cifras empiezan a perder su contundencia.

CUADRO 4.2a

	A	B	C	X	EE.UU.
SE	77	33.3	16.6	42.3	0
ME	19.1	16.6	0	11.9	9
SI	0	0	50	16.6	37.5
MI	0	11.1	16.6	9.2	12.5
AL	11.1	38.8	16.6	22.1	50

Los sujetos llegados de la Isla usan el español con muy diferente intensidad: los del primer grupo lo hacen en un 77%, los del segundo, en un 33.3, y los llegados con 6 años o menos, solamente en un 16.6%. Las diferencias con respecto a la comunicación con personas mayores son aquí muy notables. En el caso de A y B hay algunos porcentajes en las celdas de 'mayormente en español' (A. 19.1%, B, 16.6%), que unidos a los anteriores ('solo en español'), harían subir algo las cifras anteriores.

En los dos primeros grupos de inmigrantes, nadie habla inglés a los familiares de su edad, pero ya entre los llegados con 6 años o menos y entre los nacidos en los Estados Unidos, hay números positivos: el tercer grupo cubano usa el inglés en un 50%, es decir, la mitad de las veces, y los norteamericanos de nacimiento, el 37.5, algo más de una de cada tres ocasiones. Aunque ningún sujeto de los llegados con más de 18 años acude al inglés para estas conversaciones, ni siquiera en algunas ocasiones, los demás grupos sí: B. 11.1%, C. 16.6% (el mismo porcentaje de los que lo hacen en español), y un 12.5% los nacidos en la Unión.

Con excepción de los sujetos de los grupos A (11.1%) y C (16.6%), los demás ofrecen cifras altas para la comunicación en ambas lenguas: B. 38.8%, porcentaje ligeramente superior al del uso del español, y sorprendentemente, los que nacieron en tierra del continente, lo hacen en un 50%, más que ningunos otros.

El perfil ofrecido por el análisis generacional (Cuadro 4.2b) es de una claridad meridiana: hay una dicotomía diáfana entre los nacidos en uno u otro lugar. En el caso de los Estados Unidos, las casillas no empiezan a ofrecer cifras hasta que toca el turno a la comunicación en inglés únicamente, y lo hace la generación II con la mitad de los totales. Esta misma generación ofrece un 16.6% de uso mayormente en esa lengua, pero los números más contundentes van hacia el manejo de ambas. Entre las generaciones cubanas, se distingue la de más edad, la IV, porque solo maneja el español en su comunicación con familiares menores que ellos. En el resto de los datos, aunque las cifras están muy repartidas, queda claro que en la segunda y la tercera generación, los porcentajes más altos van a los extremos del parámetro: 'solo en español' y 'en ambas lenguas'. No sorprende el 42.8% de la primera generación para la comunicación en inglés exclusivamente.

Los hombres y las mujeres llegados de Cuba presentan una distribución complementaria con respecto a los nacidos en tierras de la Unión (Cuadro 4.2c): los primeros favorecen la comunicación en español y los segundos en inglés. Las diferencias de género/sexo entre el primer grupo no son estadísticamente significativas; en el segundo, aunque las puntuaciones están muy parejas en las primeras tres casillas ('solo en español', 'mayormente en español', y 'solo en inglés), no ocurre lo mismo en las dos últimas: los hombres nacidos en el exilio usan mayormente el inglés en un 33.3%, en contrate con las mujeres que ofrecen puntuación 0 para esta categoría. El mayor contrate, sin embargo, se establece entre las mujeres, que se comunican en ambas lenguas en un alto 71.4%, mientras que los hombres lo hacen en un tercio de las ocasiones (33.3.%).

Si la comunicación es con familiares menores, los datos del Cuadro 4.3a nos ofrecen un panorama interesante.

CUADRO 4.3a

	A	B	C	X	EE.UU.
SE	53.3	11.1	14.3	26.2	10
ME	15.5	5.5	0	7	10
SI	6.6	11.1	14.3	10.6	30
MI	6.6	38.8	28.6	24.6	20
AL	17.7	33.3	42.8	31.3	30

Es lógico que sean los llegados de Cuba con más de 18 años los que se comuniquen más asiduamente en español, aún con los miembros menores de la familia (53.3%). Esta puntuación, la mayor de todo el cuadro, va seguida por los llegados con 6 años o menos que hablan entre sí en ambas lenguas (42.8%).

Del resto de los datos, lo que sigue en significación es la estratificación que presentan los nacidos en los Estados Unidos; aunque los porcentajes más altos van hacia la comunicación en inglés o en ambas lenguas, no se aprecia un contraste importante con las otras opciones.

El análisis del perfil generacional (Cuadro 4.3b), de tanta importancia para vislumbrar el futuro, ofrece sorpresas de sumo interés: todas las generaciones de cubanos, excepción hecha de la primera (entre 15 y 20 años) se comunican en español o mayormente en español con los menores (II. 44.4%, III. 53.3% y IV.33.3%); pero las cifras correspondientes al inglés (y 'mayormente en inglés'), de nuevo con la excepción de los más jóvenes (50%), no las sobrepasan nunca. Las generaciones de los norteamericanos de nacimiento, por el contrario prefieren el inglés, siempre (II. 33.3%, III. 50%), o en la mayoría de las ocasiones (I. 50%, II. 16.6%), aunque los datos correspondientes al manejo de ambas lenguas no son nada desdeñables (I. 59%, II. 33.3).

La variable sexo/género (Cuadro 4.3c), salvo en ocasiones muy contadas, queda neutralizada; las mayores diferencias no se dan entre hombres y mujeres, sino entre los lugares de naci-miento. Sin duda las excepciones a este patrón se dan en el grupo de los nacidos en la Unión: los hombres no usan español en exclusiva (0), mientras que las mujeres, aunque en un peque-ño porcentaje (14.2%) solo lo usan el en la mayoría de las oca-siones; en el uso mayoritario de esta lengua, el esquema se invierte y son los hombres los que presentan los mayores por-centajes: 33.3. Los sujetos del sexo/género masculino no se diri-gen nunca en ambas lenguas a los miembros de menor edad que ellos de su familia, pero las mujeres lo hacen en un 42.8%.

Las conclusiones generales a las que puede llegarse con res-pecto al ámbito familiar pueden apreciarse en la Gráfica 4.1.

GRÁFICA 4.1
Dominios de uso en el ámbito familiar

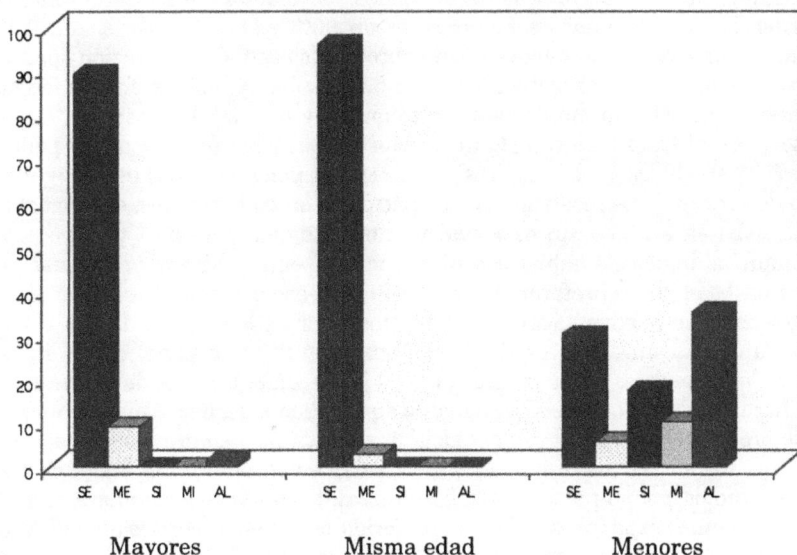

| Mayores | Misma edad | Menores |

En efecto, en los dos primeros casos, cuando se habla a ma-yores o a miembros de la familia de la misma edad, el uso del español es completamente mayoritario en la comunidad cubana del Gran Miami; en cambio, esas cifras bajan abruptamente cuando la comunicación es con menores. La tendencia más des-tacada aquí es a establecer comunicaciones en ambas lenguas indistintamente, como corresponde a una comunidad bilingüe, y en segundo lugar, a no demasiado distancia, solo español. El uso del inglés en exclusiva alcanza los índices más bajos, si exceptuamos las opciones de 'mayormente en español' y 'mayormente en inglés'. Aunque sumáramos estas posibilidades a las de 'solo en español' o 'solo en inglés', respectivamente, el perfil general del ámbito familiar no se alteraría.[1]

---

[1] Los estudios de Solé (1979, 1980, 1982), Fradd (1983) García y Otheguy (1988), Pearson y McGee (1988), Castellanos (1990) y Ramírez (1992) habían encontrado una declinación gradual del uso del español en este ámbito. En el primero de ellos, hecho con jóvenes de 15 a 18 años de la comunidad cubana del Gran Miami, Solé (1979) encontró que en los diálogos con sus abuelos estos usaban español en un 92% de las ocasiones; los abuelos por su parte también manejaban esa lengua: los hombres en un 90% y las mujeres, en un 98%. Cuando los jóvenes hablaban con miembros de la segunda generación —padres y tíos— el uso del español disminuía: un 62% usaba exclusivamente la lengua materna, un 21% la empleaba 'casi siempre', y un 12% la alternaba con el inglés. En el trato recíproco, lo utilizaban en exclusiva un 73% de los padres (un 74% en el caso de las madres) y un 21% 'casi siempre'. Los usos lingüísticos de estos sujetos mostraban otros patrones: entre hermanos, el español se manejaba en un 25%, un 41% usaba ambas lenguas y un 38% prefería 'casi siempre' el inglés. Al hablar con niños, un 43% empleaba ambas lenguas, un 30% usaba el inglés preferentemente, y un 62%, exclusivamente el español. De estos datos se pueden sacar varias conclusiones: no cabe duda de que entonces ya existía un cierto grado de desplazamiento del español por el inglés entre los miembros de la generación más joven, en el uso que de él hacen, no en la competencia que puedan tener de aquel idioma. El hecho que demuestra que preferencia de uso y competencia lingüística no siempre van de la mano se deja ver en las comunicaciones efectuadas en el ámbito familiar. Los últimos estudios, por su parte, matizaban estos datos iniciales. Castellanos (1990) informa que el español es la lengua preferida para hablar con los abuelos y los familiares de esa generación, mientras que el inglés es la lengua para la comunicación entre esposos de la segunda generación (llegados de Cuba con un máximo de 9 años o nacidos en el exilio); casi la mitad del primer grupo (los llegados con más de 17 años) emplean ambas lenguas al hablar con sus hijos, sin embargo, los del segundo grupo no usan solo inglés al hablar con ellos, sino que tres cuartas partes confiesa que lo hace en ambas lenguas. En el caso de la submuestra miamense de la investigación de Ramírez (1992), todos respondieron 'mayormente en español' cuando se trataba de hablar con sus abuelos y sus padres, incluso con sus hermanos, aunque los porcentajes aquí son algo menores. La conclusión general que saca Castellanos (1990) de todos

4.2.2 *El barrio, los vecinos*

La lengua usada más abundantemente con los vecinos es el español. Entre los nacidos

CUADRO 4.4a

	A	B	C	X	EE.UU.
SE	63.6	50	50	54.5	40
ME	13.6	11.1	0	8.2	10
SI	4.5	5.5	0	3.3	10
MI	2.3	0	0	6.3	10
AL	15.9	33.3	33.3	27.5	30

en Cuba, los que aportan las cifras mayores son los llegados con 18 años o más (63.3%); los otros dos grupos lo hacen en igual medida (59%). A partir de aquí, para A y B, hay cifras menores para la comunicación mayormente en español (A. 13.6%, B. 11.1%). El uso del inglés es casi anecdótico (A. 4.5%, B. 5.55), igual que la categoría 'mayormente en inglés. Las conversaciones en ambas lenguas son las más numerosas después de las de en español: A. 15.9, B. 33.3 y C. 33.3%. Obsérvese que en este último caso, las cifras aumentan al pasar del grupo de los llegados con 18 años o más a los demás, de llegada más temprana.

Entre los nacidos en los Estados Unidos también las preferencias van hacia el español (40%), y lo mismo que en el grupo de los cubanos de nacimiento, le sigue la comunicación en ambas lenguas. El resto de las posibilidades consigue en total un 30%, dividido entre ellas equitativamente (10%).

El análisis generacional no ofrece curvas estratificadas (Cuadro 4.4b). Los que usan más el español son los de la tercera generación de cubanos, seguida de la cuarta, es decir las mayores del espectro etario; aunque la primera y la segunda ofrecen cifras más bajas, obsérvese que la II, aunque por un

---

estos materiales es que el español tiene un estatus declinante como lengua dominante del ámbito familiar. La situación, a juzgar por datos más recientes, y los que aquí se exponen, no parecen corroborar en absoluto esta afirmación.

margen muy corto, prefiere este tipo de comunicación; aun la primera presenta números paralelos a la comunicación en ambas lenguas. El resto de los datos, con una excepción, son poco elocuentes. La excepción la constituyen las dos generaciones más jóvenes, que usan ambas lenguas indistintamente con porcentajes considerables.

Las diferencias de sexo/género son curiosas (Cuadro 4.4c). Entre los nacidos en Cuba, la mujeres usan más el español en su comunicación vecinal (63.8 frente a 53.1%); en cambio son los hombres nacidos en Norteamérica los que llevan aquí la primacía (66.6 frente a 28.6%). Cuando a estos números se suman a los producidos por el uso mayoritario del español, las cifras resultantes son las mayores de todo el cuadro. Siguiendo el patrón general ya visto, el manejo del inglés es francamente minoritario, aun entre los nacidos en suelo de la Unión. Las cifras se recuperan algo al llegar al uso de ambas lenguas, pero no entre los hombres del segundo grupo.

4.2.3 Las actividades sociales

Como era de esperar, los llegados a las costas estadounidenses con 18 años o más son los que usan el español más abundantemente (60.5%), en contraste con los llegados con menos edad (B. 16.6 y C. 14.3).

CUADRO 4.5a

	A	B	C	X	EE.UU.
SE	60.5	16.6	14.3	30.5	0
ME	25.6	0	14.3	13.3	0
SI	0	0	0	0	28.6
MI	0	11.1	14.3	8.5	0
AL	13.9	72.2	57.1	47.7	71.4

Ninguno de estos sujetos acude al inglés en sus actividades sociales, al menos de manera preferente. Esto indica que los hablantes de los grupos B y C compensan sus bajos números anteriores con el manejo de ambas lenguas (B. 72.2, C. 57.1).

Entre los nacidos en los Estados Unidos, la gran mayoría se comunica en ambas lenguas en sus actividades sociales (71.4%), si bien el resto lo hace exclusivamente en inglés (28.6%)

Es esperable que a medida que se avanza en el parámetro generacional de los nacidos en Cuba, aumente el uso del español en estos contextos comunicativos Cuadro 4.5b); también lo es que, por el contrario, suceda lo opuesto entre los norteamericanos de nacimiento, aunque aquí la situación no es tan diáfana. Puede notarse, que aunque no con los números más altos, salvo en el caso de la primera generación (no importa su lugar de nacimiento) la comunicación social en ambas lenguas es también frecuente.

Los hombres y las mujeres no se diferencian de manera notable (Cuadro 4.5c), en este caso es el lugar de nacimiento el que marca la pauta: los nacidos en Cuba prefieren decididamente el español en primer lugar (M. 38.7, F. 47.2%, más M. 19.3, F. 16.6% de uso mayoritario) y el manejo de ambas lenguas en segundo (M. 38.7, F. 30.5%), mientras que los que lo han hecho en territorio norteamericano, prefieren el inglés los hombres (66.6), pero las mujeres favorecen la comunicación en ambas lenguas (71.4%).

4.2.4 *El círculo laboral*

La selección idiomática en el ámbito laboral ha sido estudiada atendiendo a dos aspectos: la lengua, 1) manejada al hablar espontáneamente con los compañeros, y 2) en las reuniones de trabajo.

En el primer tipo de comunicación, las conversaciones espontáneas, con excepción del grupo A, que tiene sus mayores cifras en la comunicación en

CUADRO 4.6a

	A	B	C	X	EE.UU.
SE	35.9	5.5	0	13.8	11.1
ME	22.2	11.1	0	11.1	0
SI	5.1	16.6	0	7.2	11.1
MI	10.2	0	50	20.1	0
AL	28.2	66.6	50	48.3	77.7

español, el resto de los cubanos nacidos en la Isla lo hace preferentemente en ambas lenguas, dependiendo de la lengua que hable el interlocutor. El uso absoluto del inglés y el mayoritario son escasos en este tipo de conversaciones espontáneas, con la excepción de los llegados con 6 años de edad o menos, que hacen subir al 50% la opción 'mayoritariamente en inglés'.

Entre los nacidos en suelo norteamericano, las cifras más altas corresponden a la comunicación en ambas lenguas. Es verdad que usan algo menos el español y algo más el inglés, pero estas diferencias son prácticamente insignificantes.

Los integrantes de la primera generación de entre los nacidos en la Isla (Cuadro 4.5b) hablan con sus compañeros de trabajo mayormente en inglés o en ambas lenguas. Los de la segunda, utilizan tanto el español como el inglés (65%), según quien sea el sujeto con el que charlan; sus comunicaciones en español y 'mayormente en inglés' tienen el mismo peso estadístico (15%). A medida que examinamos la selección idiomática en las dos generaciones mayores, los números van favoreciendo al español (25%>41.6%), pero no en exclusiva, ni siquiera en mayoría, aunque ninguna otra casilla las supera. Ambas empatan en el uso mayoritario del español (25%), cantidades que si se suman a las de solo español, se alzan con las cifras más importantes.

Los que nacieron en territorio de la Unión presentan unas curvas generacionales discrepantes. Los jóvenes usan español o ambas lenguas en igual proporción (50%). Salvo la segunda generación, nadie usa el inglés en exclusiva, y solo la última maneja mayormente el inglés en estas conversaciones (50%). Los números más altos van hacia la comunicación en ambas lenguas.

La variante sexo/género (Cuadro 4.5c) no es demasiado productiva. De nuevo, las diferencias más significativas son productos del lugar de nacimiento, no entre hombres y mujeres. Entre los nacidos en Cuba tanto los unos como las otras se comunican en español, mayormente en español o en ambas lenguas, mientras que entre los norteamericanos de nacimiento, ellos y ellas, usan muy poco español en estas comunicaciones; los hombres comparten a partes iguales los usos del inglés y de ambas lenguas (50%). Las mujeres, mayoritariamente, ambas lenguas (71.4%).

El otro aspecto del estudio de la elección idiomática en el ámbito laboral se refiere a las reuniones de trabajo. Es un parámetro que ofrece algunas debilidades. Por una parte, cierto tipo de empresa, pequeñas o domésticas, no realizan reuniones formales de trabajo, y en otras, algunos empleados, de baja jerarquía, no tiene acceso a ellas. Por otra parte, quienes deciden la lengua, o las lenguas, manejadas en estas reuniones son los que las presiden. Con todo, es interesante saber si, a pesar de estos inconvenientes, la lengua minoritaria –el español– tiene algún espacio en este tipo de comunicación, sobre todo, teniendo en cuenta la importante cantidad de negocios hispanos existentes en la zona. Veamos.

Entre los cubanos llegados con 18 años o más, el uso del inglés es de un 25.6%,

CUADRO 4.7a

	A	B	C	X	EE.UU.
SE	38.5	5.5	0	14.6	0
ME	10.2	5.5	0	5.2	0
SI	25.6	44.4	60	43.3	52.2
MI	5.1	11.1	20	12	14.3
AL	20.5	33.3	20	24.6	33.5

cuarta parte de todas las ocasiones; en cambio la suma de las que se realizan solo en español o mayormente en esa lengua produce un 49.7%, casi la mitad de los casos. Pero la presencia del inglés va en constante aumento en los otros dos grupos, los llegados entre 17 y 7 (44.4%) y, sobre todo los que tenían 6 años o menos en el momento del arribo (60%), mientras que el español, por el contrario, va cediendo espacios hasta desaparecer del todo. A pesar de ello, las cifras que apuntan hacia el uso de ambas lenguas no son despreciables.

El contraste entre los individuos nacidos en uno u otro lado del estrecho de la Florida es elocuente. No hay reuniones de trabajo en español para los segundos, mientras que en 20% de ellas usan esta lengua entre los del primer grupo. A partir de aquí los perfiles son casi paralelos, aunque siempre con cifras más altas, incluyendo las que se realizan en ambas lenguas, para los norteamericanos de origen. [2]

4.2.5 *Los estudios*

En el caso del ámbito estudiantil, hemos atendido únicamente a los contextos comunicativos en el que el hablante tiene opciones en la selección idiomática, es decir, fuera de las clases mismas y de cualquier otra actividad reglada por la institución de que se trate. Nuestro interés va hacia las conversaciones tenidas con los compañeros de estudio en encuentros ajenos a las situaciones anteriores: en los pasillos, en la cafetería, etc. No puede perderse de vista que también en estos últimos casos, la elección lingüística puede estar condicionada por el tipo de receptor, pero a pesar

---

[2] Díaz (1980), en su estudio de selección idiomática en el ámbito laboral, realizado con una muestra de 494 individuos, encontró que el 17% hablaba solo o mayormente inglés, el 33.6%, solo español, el 22.9%, solo inglés, y el 26.5%, se comunicaba en ambas lenguas. García y Otheguy (1988), por su parte, señalan que la competencia en inglés no es un factor importante para el progreso económico en la comunidad cubana del Gran Miami, en las que existen negocios cuyos dueños o administradores carecen de ella, o la tienen solo en términos muy modestos: 'The widespread belief that level of English proficienty among members of United States ethnic minorities correlates with level of economic attainment turns out not to be true, at least for Hispanic Americans. Cuban Americans, who are clearly the least Anglophone of all Hispanic groups, are also clearly the least poor. The job–generation ethnic enclave makes it possible for them to be economically successful regardless of their level of knowledge of English (175) *Vid*. También García (1995)

de ello, se ha querido explorar este dominio, que ha llegado a convertirse en clásico en este tipo de pesquisa.

El grupo A de los llegados de Cuba maneja el español en exclusiva en un 38.7%, y preferentemente, en un 29%, es decir, casi en un 70%, si se sumaran ambos porcentajes. Pero al pasar a los dos grupos restantes, los términos se invierten (B. 6.2%, y cero en C); ni siquiera los usos preferentes de la lengua materna pudieron ayudar a aumentar estas cifras de manera significativa, pues sus valores son de 12.5% y 16.6%, respectivamente.

CUADRO 4.8a

	A	B	C	X	EE.UU.
SE	38.7	6.2	0	14.9	0
ME	29	12.5	16.6	19.4	0
SI	3.2	31.2	0	11.5	33
MI	3.2	6.2	33.3	14.2	22
AL	25.8	43.7	50	39.8	44.4

Tampoco las comunicaciones en inglés, con excepción del grupo B, son muy llamativas. Lo más notable de los datos que ofrece el Cuadro 4.8a es la fortaleza del uso de ambas lenguas, que curiosamente progresa estratificatoriamente: A. 25.8% > B. 43.7% > C. 50%.

Hay fuertes contrastes con el colectivo de los nacidos en la Unión, pues aquí la comunicación en español es inexistente; son fundamentalmente en inglés, pues sumadas las absolutas con las relativas, el porcentaje sube a algo más de la mitad, aunque las conversaciones que se realizan en ambas lenguas indistintamente ofrece aquí una competencia considerable (44.4%)

En cuanto a las generaciones (Cuadro 4.8b), los números no producen sorpresas: el español va ganado terreno (0 > 15.7 > 18.2 > 85.7) al pasar de las primeras generaciones a las últimas, entre los llegados de la Isla, aunque los números correspondientes a esta selección, aunque no siempre, no son despreciables, como que entre los llegados con 18 años o más, constituye el 100%. Los más débiles son los que corresponden al inglés en exclusiva; ya remontan algo en el grupo de entre 15 a 20 años de edad. Sin duda, salvo en la generación IV, que ya tiene lleno su cupo, las comunicaciones en ambas lenguas son las más importantes.

Entre los nacidos en el exilio, nada de español: solo inglés y mayormente inglés. La única excepción aquí es la tercera generación, que acude siempre a ambas lenguas.

El análisis del factor sexo/género (Cuadro 4.8c) indica que entre los cubanos de nacimiento, los hombres usan español el doble de veces (32.1%) que las mujeres (16%), aunque ofrecen cifras muy parejas para sus usos mayoritarios (M. 21.4%, F. 24). Los datos para las dos posibilidades del uso de la lengua mayoritaria no son elocuentes, pero sí los correspondientes al manejo de ambas lenguas, en el que las mujeres llevan la delantera (M. 28.6%, F. 40). Entre los norteamericanos, ni ellos ni ellas usan el español en ningún caso; los porcentajes más altos van hacia el inglés, en sus dos modalidades, y en cifras más modestas, hacia el manejo de ambas.[3]

4.2.6 Las actividades religiosas

Salvo razones de superficie –conveniencias horarias, fundamentalmente– la elección idiomática en el ámbito de las actividades religiosas, recae en la preferencia del individuo.

---

[3] Laosa (1975), en un trabajo ya antiguo, al examinar la elección idiomática en el ámbito de los estudios, encontró que entre los sujetos de la primera generación de cubanos, el manejo del español 'en la clase' era muy bajo, pero también que el inglés no era la única lengua utilizada en este ámbito, puesto que la frecuencia de uso de ambas lenguas era muy alta entre maestros y estudiantes y entre compañeros de estudio, incluso entre los sujetos de la segunda generación.

CUADRO 4.9a

	A	B	C	X	EE.UU.
SE	64.3	53.3	42.8	53.5	38.9
ME	16.6	0	0	5.5	0
SI	2.4	6.6	14.3	7.8	16.7
MI	2.4	13.3	14.3	10	16.7
AL	14.3	26.6	28.6	23.2	27.8

Aquí los tres grupos de cubanos se inclinan hacia el español, aunque los números decrecen desde el grupo A al C (64.3% > 53.3% > 42.8%); en los llegados con 18 años o más, la opción 'mayormente español' cuenta con un 16.6%, lo que no ocurre con los otros restantes. Las casillas que comprenden a la lengua mayoritaria no poseen cifras de importancia, pero sí el manejo de ambas lenguas, aunque a una distancia considerable de los obtenidos por la lengua materna.

Entre los nacidos en el exilio, las preferencias por el español o por el empleo de los dos lenguas indistintamente son las más altas, aunque con ventaja para el primero (38.9% y 27.8%). A pesar de su mayor exposición a la cultura y a la lengua del país receptor, las alternativas del inglés en exclusiva y de 'mayormente en inglés' son bajas (16.7% en ambos casos); sin embargo, sumadas las dos, el resultado es un considerable 33.4%, una tercera parte de las ocasiones.

Examinadas las generaciones (Cuadro 4.9b), el panorama que se vislumbra es el que sigue: las generaciones II, III y IV de los nacidos en Cuba seleccionan decididamente las actividades religiosas en español. La primera generación (15 a 20 años), en cambio, lo hace solo en inglés (50%) o 'mayormente en inglés' (50%). El resto de este cuadro ofrece cifras menores, incluyendo los que se decantan por el empleo tanto de español como de inglés. Entre los nacidos en el exilio no varían mucho las cosas: también, excepción hecha de los más jóvenes, se prefiere el español y, por contraste, esos —exactamente igual que los del grupo cubano de nacimiento— divide sus preferencias entre 'solo en inglés' y 'mayormente en inglés'. La tercera generación se inclina por ambas lenguas indistintamente, en un 33.3% de las ocasiones, una de cada tres.

El comportamiento de hombres y mujeres (Cuadro 4.9c) sigue unas pautas bien definidas: ellas prefieren el español más que ellos, independientemente del lugar de nacimiento: M. 48.3%, F. 68.6%; M. 33.3%, F. 50%). En el primer caso se dan cifras – la de los hombres, no tan menores (17.2%)– en la casilla de 'mayormente en español'. Este mismo grupo patrocina poco las actividades religiosas en inglés, no así los nacidos en la Unión, sobre todo los hombres, que se inclina más hacia el inglés.[4]

4.3 *Un ámbito transicional: el ocio cultural*

Las actividades culturales de placer y descanso han sido medidas con dos parámtros: los libros que se leen (no los de lectura obligatoria, sino los escogidos) y las canciones que 'se escuchan'. Este ámbito está a medio camino entre los que han sido examinados hasta aquí, de carácter plenamente interactivo, y los receptivos. Sobre todo en el caso de 'las canciones', la actividad receptora que pueden tener la lectura de libros no está presente plenamente aquí, pues sabido es que muchos hablantes memorizan e 'interpretan' sus canciones favoritas (incluidos algunos pequeños cambios en las letras) y no solo en solitario. Debido a esta característica transicional la estudiamos aparte.

4.3.1 *La lectura de libros*

Con respecto a la lectura de libros por placer, la muestra en general se inclina a favor del inglés. Entre los nacidos en la Isla esa preferencia va en aumento desde el grupo A al C (6.8% >

---

[4] En Ramírez (1992) –se trata de una muestra de adolescentes– se encontró que los datos referidos a otros ámbitos de uso ajenos a la familia (vecindad, escuela, iglesia, recreo), los datos eran más heterogéneos: mayormente en español en la iglesia, y en ambos idiomas al hablar con los vecinos; en la escuela y en el recreo, mayormente en inglés.

17.6% > 71.4%), y entre los nacidos en territorio de la Unión, al
38.9% que la apoya sin excepciones hay que sumar otro 38.9%
de los que leen estos libros 'mayormente en inglés'.

CUADRO 4.10a

	A	B	C	X	EE.UU.
SE	50	11.8	0	20.6	0
ME	13.6	17.6	0	10.4	0
SI	6.8	17.6	71.4	31.9	38.9
MI	4.5	5.8	14.3	8.2	38.9
AL	25	47	14.3	28.8	22.2

No es que las demás cifras carezcan de importancia: entre
los llegados de Cuba, sobre todo los que lo hicieron con 18 o más
años de edad, las preferencias van al español sin ningún género de duda (50%), pero no así en los dos grupos restantes.
También son de interés los datos que pertenecen a la casilla 'en
ambas lenguas', ya que entre los que han nacido en el exilio, los
porcentajes son tan importantes, como que los llegados con
entre 7 y 17 años lo favorecen notablemente (47%). En el caso
de los norteamericanos de origen, si bien es verdad que nunca
leen este tipo de libro solo en español, ofrecen un interesante
22.2% de lectura bilingüe.

El estudio generacional, es en parte reflejo de la situación
que acaba de verse: las preferencias hacia la lectura en español
en los cubanos de nacimiento y hacia el inglés entre los nacidos
en los Estados Unidos (Cuadro 4.10b). Hay, no obstante, algunas
matizaciones. El número de ocasiones en que se lee en español
crece considerablemente desde la segunda generación a la cuarta (II. 19% > III. 41.9% > IV. 60%); estos porcentajes, además,
están muy apoyados por los casos en se lee mayormente los
escritos en español. En este grupo, menos en la generación más
joven (100% en inglés), los libros escritos en la lengua mayoritaria no parecen provocar mucho entusiasmo, aunque la lectura
en ambas lenguas indistintamente consigue una media cercana
a la cuarta parte del total.

Por contraste, todas las generaciones de las nacida ya en tierras norteamericanas leen libros en inglés, únicamente o en la
mayoría de las ocasiones, aunque también lo hacen en cualquiera de las dos lenguas de la comunidad.

Los hombres del grupo A leen algo más en español que las
mujeres (M. 42.8%, F. 37.9%) (Cuadro 4.10c); también más en
inglés que ellas (M. 14.3%, F. 6.8%), pero menos que las mujeres
con respecto a los libros escritos en una u otra lengua (M. 22.8%,
F. 34.5%). Ni unos ni otras de los nacidos en el exilio leen libros
escritos en español; aquí las cifras favorecen la lectura en
inglés, y algo (28.6%, una cuarta parte), la bilingüe.

4.3.2 *Las canciones*

Con las canciones que se prefiere escuchar, en cambio, la situación es muy otra. Aquí las referencias van indistintamente hacia
una u otra lengua, sobre todo –en el caso de los que han nacido en
la Isla– en aquellos que llegaron con menos años (A. 25.5 > b.
62.5% > C. 85.7%). En los grupos A y B, sin embargo, se prefiere
también los que levan letra en la lengua materna, más que en
ambas lenguas en el caso de los llegados con 18 años o más.

CUADRO 4.11a

	A	B	C	X	EE.UU.
SE	38.3	25	0	21.1	16.6
ME	12.8	0	0	4.2	0
SI	4.2	0	0	1.4	0
MI	14.9	12.5	14.3	13.9	11.1
AL	25.5	62.5	85.7	57.9	72.2

Las sorpresas están en los nacidos en tierra norteamericanas, que se decantan, en una importante mayoría (72.2%), por
las canciones en cualquiera de las dos lenguas de la comunidad,
y con cifras bastante inferiores (16.6%) por las que llevan letra
en español. Sin embargo, ninguno de los integrantes de este
grupo escucha solo canciones en inglés.

El panorama generacional es también algo sorprendente, ya que los más jóvenes (15 a 20 años) de los nacidos en Cuba prefieren solo (100%) las canciones en ambas lenguas indistintamente (Cuadro 4.11b). En general, aunque con porcentajes más matizados, también las escritas en español gozan de simpatías, aunque el esquema que aparece no es estratificatorio (II. 26.1%, III. 39.1%, IV. 35%). Los números para la preferencia hacia el inglés carecen de importancia.

Entre los nacidos en los Estados Unidos, todas las generaciones se inclinan por oír canciones tanto en español como en inglés; nadie las prefiere solo en inglés, y solo en español, la tercera generación, lo hace en la mitad de las ocasiones (50%).

Entre hombres y mujeres de los llegados de la Isla las diferencias son de matices únicamente (Cuadro 4.11c): preferencia por ambas lenguas en primer lugar (M. 42.2%, F. 40%) y las canciones con letra en español, en segundo (M. 28.8%, F. 37.1%), con ventaja aquí para ellas. Entre los nacidos en la Unión, salvo las mujeres (14.2%), nadie escucha canciones solo en español; son también ellas las más asiduas en escuchar canciones con letra en una lengua o en la otra (M. 33.3%, F. 85.7%); en el caso de los hombres existe una ligera inclinación hacia las letras en inglés.

Antes de pasar a los medios de comunicación pública, recapitulemos lo visto hasta aquí, con la ayuda de la siguiente gráfica[5]:

GRÁFICA 4.2

Preferencias de uso del español, el inglés y ambas lenguas en todos los dominios (menos los medios de comunicación pública)

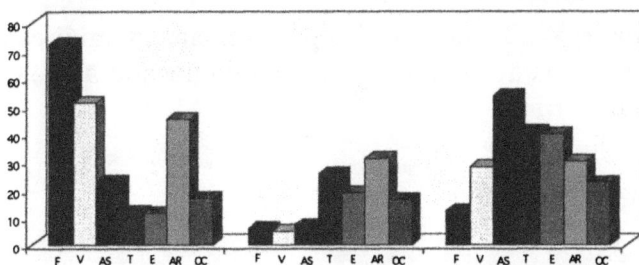

---

[5] Para efectos de esta gráfica se han unido los datos correspondientes a los tres contextos situacionales del ámbito familiar (al hablar con 1. personas mayores, 2. de la misma edad y 3. con menores), los dos del ámbito laboral (1.

En el primer grupo de barras se indica la preferencia por el español en los siete ámbitos estudiados hasta aquí (F, familia, V, vecinos, AS, actividades sociales, T, trabajo, ámbito laboral, E, estudios, AR, actividades religiosas, y OC, ocio cultural); en el segundo, la preferencia por el inglés, y en el tercero, por ambas lenguas indistintamente. Se observará con facilidad que en los ámbitos familia, vecinos y actividades religiosas las barras correspondientes al español son las más altas; en los demás casos, las que triunfan por sobre las otras corresponden al manejo de las dos lenguas, especialmente en las relaciones sociales, el círculo laboral y el de los estudios. En ningún caso, las barras correspondientes al inglés son superiores a las de la selección idiomática del español y a la de ambas lenguas.

4.4 *Ámbitos de uso: los receptivos. Los medios de comunicación.*

El consumo de medios de comunicación es una actividad fundamentalmente receptora; es el denominador común que los une a todos. Sin embargo, existen diferencias significativas entre ellos, en primerísimo lugar, al tipo de canal utilizado en la comunicación. De aquí que se organicen las consideraciones que siguen en torno a la prensa, la radio y la televisión.

4.4.1 *La prensa*

El Cuadro 4.12a muestra las preferencias idiomáticas de los nacidos en Cuba de acuerdo a su edad de llegada a suelo norteamericano.

---

con los compañeros, 2. en reuniones de trabajo) y los dos correspondientes al ocio cultural (1. libros, 2. canciones).

CUADRO 4.12a

	A	B	C	X	EE.UU.
SE	60	11.1	0	23.7	0
ME	11.1	0	0	3.7	7
SI	2.2	27.7	57.1	29	77.7
MI	2.2	22.2	28.6	17.6	0
AL	24.4	38.8	14.2	25.8	22.2

Los cubanos llegados con más de 18 años de edad prefieren claramente la lectura de periódicos en español y, consecuentemente, apenas muestran alguna inclinación por la prensa en inglés. No obstante, una cuarta parte de ellos, confiesa que la lee en ambos idiomas. La situación va cambiando a medida que nos acercamos a los llegados con menos años. En el caso del grupo B (entre 17 y 7 años), la preferencia por el español disminuye hasta el 11 %, situación que contrasta –y mucho– con el 60% de los del grupo A. Esta cifra tan modesta anticipa un importante cambio en la preferencia idiomática: lee la prensa solo en inglés algo más de la cuarta parte de los integrantes de este grupo (27.7), y con números muy cercanos los que lo hacen mayormente en inglés (22.2); también es superior el número de los que la leen en ambos idiomas (38.8). La situación de los llegados con 6 años o menos es abiertamente dicotómica: no eligen el español en ningún caso, más de la mitad de ellos lee exclusivamente en inglés (57.1), y más de la cuarta parte, mayormente en inglés (28.6). La preferencia por ambas lenguas es la más baja de los tres grupos, pues se detiene en un escaso 14%.

Al analizar los datos que ofrecen los hablantes nacidos en Cuba y en los Estados Unidos, se ve que los primeros prefieren solo el español un 23.7% y mayormente el español, un 3.7; se inclina hacia el inglés en exclusiva el 29% y lo prefiere mayoritariamente, otro 17.6. Una cuarta parte, el 25.8, lee la prensa en ambos idiomas. Entre los nacidos en tierras de la Unión, nadie selecciona el español como lengua de los periódicos, mientras que la gran mayoría (77.7) se decide por el inglés en exclusiva. No obstante, la cifra de los que aseguran que leen indistintamente en inglés y en español, es solo dos puntos inferior a la de los cubanos del grupo A (22.2).

Es evidente que la prensa en inglés crece, como era de esperar, por el peso de los nacidos en suelo norteamericano, y ello considerablemente, hasta el 53.3. Es cierto que en segundo lugar, pero en un puesto muy distante, se encuentra el grupo de los lectores bilingües (24). El resto de las cifras, en especial las relativas al español, son muy bajas. Una idea de conjunto más elocuente la obtenemos al sumar las cantidades correspondientes al uso exclusivo de una lengua con el uso mayoritario de la misma: el inglés alcanza el mayor índice de uso (62.1) y el español, el más bajo (13.6); en un nivel intermedio, la prensa escrita en cualquiera de estas lenguas (24).

Una mirada a la distribución generacional (Cuadro 4.12b) pone de manifiesto que las tres últimas generaciones de los llegados de Cuba prefieren la prensa en español, sobre todo, la III y la IV (II. 9.4% > III. 21.7% > IV. 32.4%). Estos porcentajes están muy apoyados en estos mismos grupos etarios por la lectura de la prensa 'mayormente en español' (II. 22.2, III. 10.9%, IV. 38.1%). Los números más importantes, sin embargo, los obtienen los periódicos en inglés, bien leídos en exclusiva o muy abundantemente, y también, los que se inclinan por la lectura de los escritos en cualquiera de las dos lenguas de la comunidad. Los números más modestos para la prensa en inglés los tiene los de la última generación (9.5%). En cuanto a la opción 'en ambas lenguas', el patrón es el siguiente: II. 20%, III. 22.7%, IV. 20%, aunque tampoco muy contrastivo.

Los lectores nacidos en los Estados Unidos concentran sus números en la prensa en inglés (I. 21.9%, II. 53.3%, III. 100%), y en segundo lugar, en ambas lenguas, sobre todo, las dos generaciones más jóvenes (I. 78.1%, II. 46.7%)

Entre hombres y mujeres de los llegados de la Isla no hay diferencias de relieve en ningún caso (Cuadro 2.12c); entre los nacidos en la Unión, los hombres leen más el periódico en inglés (100%) que las mujeres (66.6%). Frente a la postura exclusiva de ellos, ellas también acuden a la prensa en ambas lenguas (33.3%, una tercera parte).

4.4.2 *La radio*

La preferencia idiomática en la radio que muestran los sujetos de la encuesta es de gran interés, como señalan los datos del Cuadro 4 13a.

CUADRO 4.13a

	A	B	C	X	EE.UU.
SE	55.5	22.2	14.3	36.6	10
ME	8.5	5.5	0	4.7	0
SI	11.1	0	28.6	13.2	10
MI	4.4	11.1	42.8	19.2	0
AL	20	61.1	14.3	31.8	80

De nuevo son los llegados de Cuba con 18 años o más los que muestran una fuerte preferencia por la radio en español, con cifras cinco veces mayor que los que prefieren el inglés (55.5 frente a 11.1); no es desdeñable, sin embargo, el 20% que escucha la radio en ambas lenguas indistintamente. Entre los del grupo B (17–7 años), las preferencias van sin discusión a la audición en ambas lenguas (61.1). Los más llamativo es que ninguno de estos sujetos se incline hacia la radio en inglés. El perfil de los llegados de muy pequeños es más coherente: doble de preferencias por las transmisiones en inglés (28.6 frente al 14.3), un altísimo 42.8% que oye la radio mayormente en inglés también, lo que inclina notoriamente la balanza hacia esta lengua. Los que actúan en este caso de manera mixta (14.3) presentan las cifras más bajas de los tres grupos de los nacidos en Cuba.

Al examinar los datos procedentes de los nacidos en Cuba y en los Estados Unidos vemos que la selección del español en las transmisiones radiofónicas más que duplica las del inglés (30.7 contra 13.2), aunque el 19.4% que prefiere mayormente las inglesas reduce bastante estas diferencias. Aunque por un margen pequeñísimo, la cifra más importante es para la selección indiscriminada. Sumamente curioso es el patrón que arroja el conjunto de los nacidos en suelo norteamericano: equilibrio absoluto entre las preferencias por la radio en español y en inglés (10), mientras que una abrumadora mayoría (80%) prefiere hacerlo indistintamente en una u otra lengua. Es verdad que este grupo da los índices más bajos del conjunto a la radio en español (10), pero también lo es el que, con excepción del grupo B, muestre los índices más bajos hacia la radio exclusivamente en inglés (10), situación muy sorpresiva y al mismo tiempo elocuente.

El perfil más alto lo tiene aquí la preferencia por ambas lenguas, que apoyada por el peso que le confiere el grupo B de los nacidos en Cuba, casi triplica la más alta de las demás opciones, la de 'solo en español' (20.3). Las transmisiones en inglés alcanzan muy poco más de la mitad de esta última cifra, aunque el 9.7% de los que se inclinan por 'mayormente en inglés' cambian sustancialmente las cosas.

Todos los grupos generacionales de los nacidos en Cuba, menos el más joven, escuchan la radio en español, entre un 16.9% de la segunda y el 34.9% de la cuarta (Cuadro 4.13b); entre los que lo hacen mayormente en español –también los últimas generaciones– sobresale la cuarta generación, con un alto 56.6%. En cambio esta última no patrocina en absoluto la programación radiofónica en inglés, en contraste con las otras, aunque ninguna con la fuerza de la I (50%). En la opción 'mayormente en inglés', el patrón es irregular (I. 50%, II. 19.7%, III. 26.1% IV. 0); los grupos generaciones intermedios apoyan la programación en cualquiera de las dos lenguas (II. 29.6%, III. 21.5%).

Las cosas resultan más diáfanas entre los nacidos en suelo norteamericano. La tercera generación escucha la radio en español (89.3%), mientras la segunda la hace fundamentalmente en inglés (61.7%), aunque las tres ofrecen cifras en la casilla 'en ambas lenguas' (I. 100%, II. 38.3%, III. 10.7%).

Al revisar los datos de sexo/género (Cuadro 4.13c) se descubre que no hay diferencias significativas entre las preferencias de hombres y de mujeres de los nacidos en Cuba, con la excepción de que ellos duplican las cifras (13.8%) que ofrecen ellas en la opción 'mayormente en inglés' (5.8%). En los estadounidenses de nacimiento, las mujeres escuchan la radio en español (14.2%)

y los hombres, no; en cambio, estos últimos lo hacen siempre en inglés (33.3%) y ellas, no. En ambos casos se prefieren las emisiones en ambas lenguas indistintamente, aunque aquí son mayoría las mujeres (M. 66.6%, F. 85.7%).

4.4.3 *La televisión*

El Cuadro 4.14a señala que los tres grupos de cubanos nacidos en la isla prefieren ver televisión en cualquiera de las dos lenguas.

CUADRO 4.14a

	A	B	C	X	EE.UU.
SE	24.4	0	0	8.1	10
ME	8.8	0	0	2.9	0
SI	8.8	11.1	14.3	11.4	20
MI	13.3	16.6	28.6	19.5	10
AL	44.4	72.2	57.1	57.9	60

Sin excepción estas cifras son las más altas de todas, si bien el grupo de los llegados a la Unión con 18 años o más las reduce significativamente al darle más peso a la televisión en español (24.4). El Cuadro refleja una situación dicotómica: únicamente el grupo A ve televisión 'solo en español' y 'mayormente en español', mientras que los grupos B y C no lo hacen nunca. Ello conlleva por fuerza que los números para las otras opciones estén muy condicionados por este hecho. Sin embargo, obsérvese que las mayores preferencias no van hacia la televisión en inglés, que se mantienen en cifras modestas (11.1 y 14.3); ni siquiera son importantes las de la opción 'mayormente en inglés'. Queda claro que, a pesar de estas matizaciones, los cubanos de Miami se inclinan, en cuanto a transmisiones televisivas, por cualquiera de estas lenguas de manera indistinta.

Entre los nacidos en los Estados Unidos, no cambia la preferencia de los otros cubanos: no importa la lengua —español o inglés– en la selección de los programas. En cambio hay mayor respaldo hacia la televisión en inglés, como demuestra ese 20% de 'solo en inglés' y el 10% de 'mayormente en inglés'. No deja de ser curioso que el 10 porciento de este grupo prefiera ver la televisión en español, máxime cuando los grupos B y C de los nacidos en la Isla descartan completamente esta opción.

El perfil de preferencias cambia drásticamente cuando se unen las puntuaciones de los grupos A, B y C para contrastarlos con el de los nacidos en suelo norteamericano. Ahora el español ha perdido puntos (gracias a los ceros de B y C), quedándose en un humilde 8.1%, cifra que el 2.9% de las opciones 'mayormente en español' no consigue hacer remontar. El inglés, en cambio, gana terreno, pues la opción absoluta, sin ser muy alta (11.4%) queda reforzada por la relativa (19.5%). Lo más significativo sigue siendo la alta preferencia por las transmisiones en cualquiera de estas lenguas.

A medida que se asciende en el espectro generacional (Cuadro 4.14b) del grupo de los nacidos en Cuba suben las opciones hacia los canales que transmiten en español (II. 9% > III. 16.7% > IV. 83.1%). Salvo la primera generación (87.5%), los programas en inglés no despiertan demasiado interés, aunque la opción 'mayormente en inglés' no es la más débil (II. 54.5%, III. 12.5%, IV. 11%), si bien muestra un constante descenso según se avanza en las generaciones. Entre los nacidos en el exilio, la generación más joven –sorprendentemente– ve solo la televisión en español en un 86.2% de los casos, y las otras dos, sobre todo la mayor, en cambio, la prefiere en inglés (75.7%). La intermedia también exhibe porcentajes altos si se suman las cifras de las dos opciones 'solo en ingles' y 'mayormente en inglés' (69.4%). Todas las generaciones se acercan también a los programas en cualquiera de las dos lenguas aunque con diferencias (I. 13.8%, II. 38.5%, III. 24.2%)

El estudio de la variable sexo/género (Cuadro 4.14c) indica que entre los llegados de Cuba las mujeres se inclinan más hacia los programas en español (M: 13.3%, F. 27.9%), mientras que los hombres van mucho más hacia el inglés (M. 31.5%, F. 6.2%). Ambos lo hacen también en cualquiera de las lenguas de la comunidad. Entre los nacidos en tierras estadounidenses, de nuevo las mujeres ven televisión solo en español en un 37.6%, la tercera parte de las veces, mientras que los hombres no lo hacen nunca. Como contrapartida, son ellas las que ven la televisión solo en inglés (37.6%) y ellos, no, aunque en la casilla de 'mayormente en inglés' los hombres muestran un importantísimo 75.2%. También aquí, y en porcentajes idénticos (24.8), ambos grupos acuden a los programas en una u otra lengua.[6]

4.5 Observaciones finales

No cabe duda de que la elección idiomática por parte del sujeto depende de que las circunstancias de la comunicación se lo permitan. Esa posibilidad queda anulada, en mayor o en menor medida, si la decisión no depende del hablante mismo sino del conjunto de factores que intervienen en el acto comunicativo. Si el receptor, o los receptores, hablan únicamente una de las lenguas de la comunidad, o si en la comunicación grupal algunos no son capaces de manejar una de ellas, bien por necesidades imperiosas, bien por motivos de cortesía, el hablante bilingüe se ve obligado a utilizar una de las lenguas de que dispone. Añádanse a estas posibilidades, lo determinado por ciertas políticas lingüísticas, tanto oficiales como privadas.

Algunas de estas circunstancias pueden estar presentes en los ámbitos vecinal, social, laboral y estudiantil; en ellos, la comunicación con individuos monolingües, nos obliga, en caso de saberla, a comunicarnos en su lengua. En cambio, esta es de libre elección en las actividades religiosas, en lo relativo al ocio

---

[6] Las pocas investigaciones realizadas sobre este tema (Solé, 1982, Ramírez, 1992), ambas sobre población adolescente y juvenil –siempre menores de 18 años– han dado resultados muy parecidos con respecto a la lengua seleccionada con mayor asiduidad en el caso de los medios de comunicación pública: se prefería mayormente el inglés. El que se decidieran entonces (ya se ha visto que la situación ha cambiado algo) por la comunicación en inglés era y es explicable en hablantes bilingües, dado que todavía hoy los medios en esa lengua son mucho más numerosos y variados. En la misma línea está la preferencia por la lectura de libros en inglés; en este caso, las ofertas de libros en español que se encuentran en las librerías de la ciudad, no pueden competir en absoluto con la riqueza de materiales en inglés.

cultural y a los medios de comunicación pública. El ámbito familiar suele incluirse en esta nómina, pero para ello se requiere que todos los miembros de la familia sean bilingües, lo que suele chocar –con excepciones muy notables– al menos en las inmigraciones recientes, en los que las generaciones mayores son monolingües.

En los casos en que realmente existe opción, la comunidad cubana, en general, se inclina por el español en sus dos posibilidades, como uso exclusivo o como manejo compartido, aunque mayoritario, como demuestran los datos que hemos presentado en este capítulo. Hay, sin embargo, algunas excepciones: incluso los nacidos en Cuba muestran una ligera preferencia por la lectura recreativa en inglés (31.9%) frente al 28.8% en ambas lenguas y el 20% de solo en español).

Entre los medios de comunicación pública analizados en este trabajo[7], la comunidad cubana se inclina con claridad a la elección indistinta de ambas lenguas en el caso de la

GRÁFICA 4.2
Preferencias de uso (español, inglés, ambas lenguas) en los
medios de comunicación pública

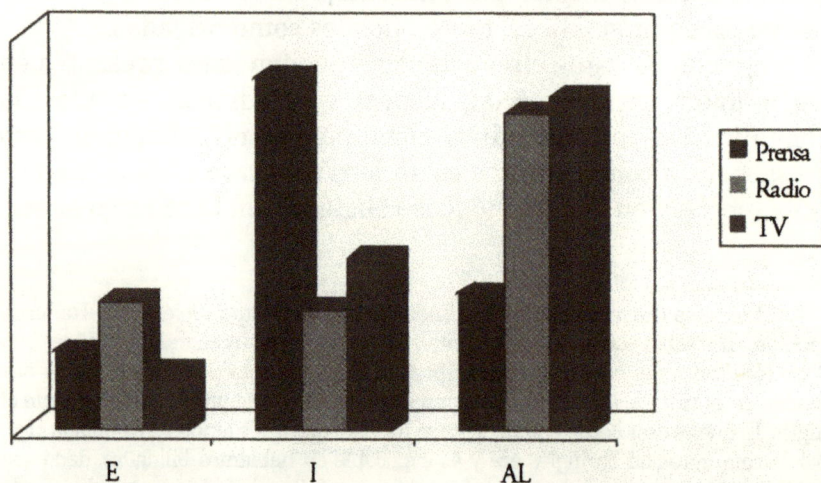

---

[7] La Gráfica 4.3 ha sido preparada sumando en cada caso las cifras correspondientes a las opciones 'solo en español' y 'mayormente en español', por una parte, y 'solo en inglés' y 'mayormente en inglés', por otra.

radio (55.9) y de la televisión (58.9), no así en la prensa para la que se inclina abiertamente hacia el inglés (62.2). En cuanto a la elección entre español e inglés, esta última lengua obtiene puntuaciones más altas, tanto en la prensa como en la televisión, no así en la radio que, aunque por un escaso margen, esa comunidad prefiere el español.[8]

[8.] Con respecto a la elección idiomática en la vida pública en general, *Vid*. Resnisck (1988); Castellanos (1990), por su parte, se concentra en tres aspectos de ella: la salud, la banca y el gobierno. De ambos trabajos puede deducirse que mientras la primera generación prefiere el español, la segunda, se inclina más hacia el inglés. También Portes y Schauffler (1993) indican que en la segunda generación, el 80% prefiere usar inglés en la conversación de todos los días. La misma Castellanos señala que el español es la legua 'más cómoda' para los de la primera generación (80%), mientras que el inglés lo es para los de la segunda (66.7%); la 'lengua favorita' es el español (75%) para los primeros, y el inglés (64.3%), para los segundos. Aunque la autora no cree que el español vaya a desaparecer de la comunidad, indica que el inglés es la lengua dominante en las generaciones jóvenes. El lector que haya revisado los cuadros de este capítulo sabrá cuántas matizaciones es necesario hacer hoy a esta afirmación tan rotunda.

APÉNDICE B

CUADRO 4.1c

| | Cuba | | | | EE.UU. | | |
	I	II	III	IV	I	II	III
SE	100	90.5	95	94.4	100	100	100
ME	0	9.5	5	5.5	0	0	0
SI	0	0	0	0	0	0	0
MI	0	0	0	0	0	0	0
AL	0	0	0	0	0	0	0

Familia (mayores); lugar de nacimiento y generación

CUADRO 4.1d

| | Cuba | | EE.UU. | |
	M	F	M	F
SE	91.2	94.3	100	100
ME	8.8	2.2	0	0
SI	0	0	0	0
MI	0	0	0	0
AL	0	0	0	0

Familia (mayores); lugar de nacimiento y sexo/género

CUADRO 4.2c

| | Cuba | | | | EE.UU. | | |
	I	II	III	IV	I	II	III
SE	14.3	47.6	53.6	100	0	0	0
ME	0	9.5	21.4	0	0	0	0
SI	42.8	4.8	3.6	0	0	50	0
MI	14.3	4.8	0	0	0	16.6	0
AL	14.3	33.3	21.4	0	100	33.3	100

Familia (misma edad); lugar de nacimiento y generación

CUADRO 4.2d

	Cuba		EE.UU.	
	M	F	M	F
SE	57.6	63.8	0	0
ME	18.2	5.5	0	0
SI	3	5.5	33.3	28.6
MI	3	5.5	33.3	0
AL	18.2	19.4	33.3	71.4

Familia (misma edad); lugar de
nacimiento y sexo/género

CUADRO 4.3c

	Cuba				EE.UU		
	I	II	III	IV	I	II	III
SE	40	42.8	82.6	64.7	50	33.3	50
ME	0	14.3	13	11.8	0	16.6	0
SI	0	0	0	11.8	0	16.6	0
MI	20	4.7	0	5.8	50	0	0
AL	40	38	4.3	5.8	0	33.3	50

Familia (menores); lugar de nacimiento y generación

CUADRO 4.3d

	Cuba		EE.UU.	
	M	F	M	F
SE	44.1	36.4	0	0
ME	17.6	6	33.3	0
SI	8.8	9	33.3	28.6
MI	17.6	9	33.3	14.2
AL	11.8	39.4	0	42.8

Familia (menores); lugar de nacimiento y sexo/género

CUADRO 4.4a

	Cuba				EE.UU.		
	I	II	III	IV	I	II	III
SE	40	42.8	82.6	64.7	50	33.3	50
ME	0	14.3	13	11.8	0	16-6	0
SI	0	0	0	11.8	0	16.6	0
MI	20	4.7	0	5.8	50	0	0
Al	40	38	4.3	5.8	0	33.3	50

El barrio, los vecinos; lugar de nacimiento y generación

CUADRO 4.4b

	Cuba		EE.UU.	
	M	F	M	F
SE	53.1	63.1	66.6	28.6
ME	15.6	8.3	33.3	0
SI	3.1	5.5	0	14.3
MI	3.1	2.7	0	14.3
AL	25	19.4	0	42.2

El barrio, los vecinos; lugar de
nacimiento y sexo/género

CUADRO 4.5c

	Cuba				EE.UU.		
	I	II	III	IV	I	II	III
SE	0	27.2	60	62.5	0	0	0
ME	0	13.6	21.7	25	0	0	0
SI	0	0	4.3	0	0	50	50
MI	0	4.5	0	0	0	16.6	0
AL	100	54.5	13	12.5	100	33.3	50

Actividades sociales; lugar de nacimiento y generación

CUADRO 4.4d

	Cuba		EE.UU.	
	M	F	M	F
SE	38.7	47.2	0	0
ME	19.3	16.6	0	0
SI	0	0	66.6	28.6
MI	3.2	5.5	33.3	0
AL	38.7	30.5	0	71.4

Actividades sociales; lugar de nacimiento
y sexo/género

CUADRO 4.6c

	Cuba				EE.UU.		
	I	II	III	IV	I	II	III
SE	0	15	25	41.6	50	0	0
ME	0	0	25	25	0	0	0
SI	0	5	14.3	0	0	16.6	0
MI	50	15	3.6	16.6	0	0	50
AL	50	65	32.1	16.6	50	83.3	50

Ámbito laboral (compañeros); lugar de nacimiento y generación

CUADRO 4.6d

	Cuba		EE.UU.	
	M	F	M	F
SE	24.2	25	0	14.3
ME	24.2	7.1	0	0
SI	6	10.7	50	0
MI	9	10.7	0	14.3
AL	36.5	46.4	50	71.4

Ámbito laboral (compañeros); lugar de
nacimiento y sexo/género

CUADRO 4.7c

	Cuba				EE.UU.		
	I	II	III	IV	I	II	III
SE	0	15	29.6	45.4	0	0	0
ME	0	5	7.4	9	0	0	0
SI	0	40	33.3	18.2	0	75	0
MI	0	15	3.7	9	0	0	100
AL	100	25	25.9	18.2	100	25	0

Ámbito laboral (Reuniones); lugar de nacimiento y generación

CUADRO 4.7d

	Cuba		EE.UU.	
	M	F	M	F
SE	27.3	24.1	0	0
ME	6	10.3	0	0
SI	33.3	34.5	100	25
MI	6	10.3	0	25
AL	27.3	20.6	0	50

Ámbito laboral (Reuniones); lugar de
nacimiento y sexo/género

CUADRO 4.8c

	Cuba				EE.UU.		
	I	II	III	IV	I	II	III
SE	0	15.7	18.2	85.7	0	0	0
ME	20	10.5	36.4	14.3	0	0	0
SI	0	21	9	0	50	50	0
MI	40	5.3	4.5	0	50	16.6	0
AL	40	47.4	31.8	0	0	33.3	100

Los estudios; lugar de nacimiento y generación

CUADRO 4.8d

	Cuba		EE.UU.	
	M	F	M	F
SE	32.1	16	0	0
ME	21.4	24	0	0
SI	7.1	16	33.3	50
MI	10.7	4	33.3	16.6
AL	28.6	40	33.3	33.3

Estudios; lugar de nacimiento y sexo/género

CUADRO 4.9c

	Cuba				EE.UU.		
	I	II	III	IV	I	II	III
SE	0	76.2	65	71.4	0	50	66.6
ME	0	0	10	14.3	0	0	0
SI	50	4.7	5	0	50	0	0
MI	50	0	5	0	50	0	0
AL	0	19	15	14.3	0	50	33.3

Actividades religiosas; lugar de nacimiento y generación

CUADRO 4.9d

	Cuba		EE.UU.	
	M	F	M	F
SE	48.3	68.6	33.3	50
ME	17.2	5.7	0	0
SI	3.4	5.7	0	25
MI	13.8	0	33.3	0
AL	17.2	20	33.3	25

Actividades religiosas; lugar de
nacimiento y sexo/género

CUADRO 4.10c

	Cuba				EE.UU.		
	I	II	III	IV	I	II	III
SE	0	19	41.9	60	0	0	0
ME	0	23.8	9.7	13.3	0	0	0
SI	100	19	16.1	6.6	0	16.6	100
MI	0	0	6.4	6.6	50	66.6	0
AL	0	33.3	25.8	13.3	50	16.6	0

Ocio cultural (libros); lugar de nacimiento y generación

CUADRO 4.10d

	Cuba		EE.UU.	
	M	F	M	F
SE	42.8	37.9	0	0
ME	11.4	17.2	0	0
SI	14.3	6.8	100	28.6
MI	8.5	3.4	0	42.8
AL	22.8	34.5	0	28.6

Ocio cultural; lugar de nacimiento y sexo/género

CUADRO 4.11c

	Cuba				EE.UU.		
	I	II	III	IV	I	II	III
SE	0	26.1	39.1	35	0	0	50
ME	0	0	13	15	0	0	0
SI	0	8.6	0	5	0	0	0
MI	0	17.4	13	5	0	33.3	0
AL	100	47.8	34.8	40	100	66.6	50

Ocio cultural (canciones), lugar de nacimiento y generación

CUADRO 4.11d

	Cuba		EE.UU.	
	M	F	M	F
SE	28.6	37.1	0	14.2
ME	8.6	8.5	0	0
SI	2.8	2.8	0	0
MI	17.1	11.4	66.6	0
AL	42.2	40	33.3	85.7

Ocio cultural (canciones); lugar de nacimiento y sexo/género

CUADRO 4.12c

	Cuba				EE.UU.		
	I	II	III	IV	I	II	III
SE	0	9.4	21.7	32.4	0	0	0
ME	0	22.2	10.9	38.1	0	0	0
SI	100	16.6	21.7	9.5	21.0	53.3	100
MI	0	31.6	22.8	0	0	0	0
AL	0	20	22.7	20	78.1	46.6	0

Prensa; procedencia y generación

CUADRO 4.12d

	Cuba		EE.UU.	
	M	F	M	F
SE	38.2	44.4	0	0
ME	5.8	8.3	0	0
SI	14.7	13.7	100	66.6
MI	14.7	5.8	0	0
AL	26.5	27.7	0	33.3

Prensa; procedencia y sexo/género

CUADRO 4.13c

	Cuba				EE.UU.		
	I	II	III	IV	I	II	III
SE	0	16.9	16.9	34.9	0	0	89.3
ME	0	14.1	9.2	56.6	0	0	0
SI	50	19.7	26.1	0	0	61.7	0
MI	50	19.7	26.1	0	0	0	0
AL	0	29.6	21.5	8.5	100	38.3	10.7

Radio; procedencia y generación

CUADRO 4.13d

	Cuba		EE.UU.	
	M	F	M	F
SE	41.2	44.4	0	14.2
ME	8.8	5.5	0	0
SI	11.8	8.3	33.3	0
MI	5.8	13.8	0	0
AL	32.3	27.7	66.6	85.7

Radio; procedencia y sexo/género

CUADRO 4.14c

	Cuba				EE.UU.		
	I	II	III	IV	I	II	III
SE	0	9	16.7	33.1	86.2	0	0
ME	0	0	21.5	30.7	0	0	0
SI	87.5	0	26.5	17.2	0	23.1	75.7
MI	0	54.5	12.5	11	0	46.3	0
AL	12.7	37.8	20.9	7.9	13.8	30.5	24.2

Televisión; procedencia y generación

CUADRO 4.14d

	Cuba		EE.UU.	
	M	F	M	F
SE	13.3	27.9	0	37.6
ME	18.5	22.1	0	0
SI	31.5	6.2	0	37.6
MI	20	19.9	75.2	0
AL	16.6	23.9	24.8	24.8

Televisión; procedencia y sexo/género

5. ESPAÑOL E INGLÉS EN CONTACTO: FACTORES LINGÜÍSTICOS

5.1 *Transferencias lingüísticas: 'prestamos' y calcos*

La designación de *transferencia lingüística* ha venido a competir en los últimos años con el término ya clásico de *interferencia*. Weinreich (1953:l), había definido este concepto como desvíos de la norma de alguna de las lenguas que concurrían en el habla de los bilingües. Muchos siguen hoy puntualmente definición y término (Mackey, 1965: 240); otros (Clyne, 1967: 19), han propuesto un cambio de nomenclatura –*transferencia*– motivados por el deseo expreso de neutralizar la fuerte connotación de agramaticalidad presente en el de *interferencia*. Fue esta la razón de muchos de sus opositores: el ver que el término implicaba una concepción peyorativa del bilingüismo, ya que lo presentaba como propulsor de calamitosos estados de deterioro lingüístico.

De todas formas, interferencia o transferencia son nociones que hablan de la influencia de una lengua (A) sobre otra (B), produciendo en esta última, en el plano de la sintaxis, estructuras agramaticales. La convergencia también es producto del influjo de A sobre B, pero se diferencia en que nunca produce este tipo de resultados. La lengua B se acerca a A, quizás a costa de olvidar opciones lingüísticas o de modificar sensiblemente los índices de frecuencia de algunos de sus fenómenos (Mougeon, Beniak y Valois, 1985).

Las manifestaciones externas pueden ser producidas por un hablante en particular en una situación determinada; es entonces un resultado momentáneo, un fenómeno de habla; los que pertenecen a la norma de la comunidad, son los de lengua. Esta dicotomía, propuesta por Weinreich, no está exenta de problemas y de interpretaciones encontradas. Algunos lingüistas (Mackey, 1965: 240) solo aceptan que se hable de interferencia en el primero de los casos; en el segundo, al estar ya el fenómeno integrado en otro sistema, le pertenece sincrónicamente. La interferencia para ellos sería de tipo superficial. Pero no faltan obstáculos a esta interpretación, sobre todo cuando, en lugar del lexicón, se estudia el nivel morfosintáctico, en el que la delimitación se complica a pesar del instrumental estadístico que calcula frecuencias. De todas formas, la distinción es inoportuna si se estudian los sistemas lingüísticos en contacto y no los comportamientos verbales individualizados.

5.1.1 *Transferencias léxicas*

Bajo la rúbrica de anglicismos léxicos se agrupa una serie de fenómenos claramente diferenciados: dentro de ellos, estableceremos dos grandes categorías, 'préstamos' y calcos.[1]

En ocasiones, las influencias del contacto se traducen únicamente en transferencias léxicas[2], las mejor estudiadas de todas, de una a otra lengua. Es una influencia superficial desde el punto de vista lingüístico, pero que posee cierta variedad de tipos y de grados; las actitudes que provocan en la comunidad receptora son también múltiples. Se trata de términos que copian exactamente, o con ligeras modificaciones, la forma y el

---

[1] Desde hace ya varias décadas los lingüistas viene proponiendo tipologías muy diversas sobre los extranjerismos. Envío al lector interesado a las recientes obras de Gómez Capuz (1998), Morales (2001) y Gimeno y Gimeno (2003), tanto para un estado de la cuestión, como para propuestas específicas de gran interés. Muy concretamente apoyado en los préstamos del inglés a hispanos de comunidades bilingües de los Estados Unidos, Otheguy (1995). Sobre lenguas en contacto en general, *Vid.* Silva Corvalán (1990) y Otheguy y García (1993).

[2] Se excluyen de los recuentos: a) los nombres de países, regiones ciudades y zonas dentro de estas (West Miami), fenómenos naturales (Lake Buena Vista, Huracán Andrew), avenidas, calles y carreteras; colegios, academias y universidades; hospitales; nombres de razas de animales, marcas registradas, canciones, obras musicales, obras dramáticas, etc. Tampoco el nombre de instituciones (School Board, National Board) ni de programas (Extended Foreign Language, Affirmative Acting; nombres de épocas (Renaissance) y vocabulario relativo a cuestiones educativas, motivadas por estructuras culturales particulares: high school, college; Business Administration, Nursery School, Graduate School; Bachelor, Master, Bachelor's degree, senior, junior; undergraduate.

contenido semántico de la palabra extranjera: *badground, down town, file, marketing, OK, part–time, teenager,* etc.

Existe otro tipo de préstamo, el parcial, que consta de un morfema de base inglés y un elemento derivativo en español. Abundan en aquellas variedades del español más influidas por esa lengua: *parquear, chequear, lisar, lonchar*, procedentes de los verbos *to park, to check, to lease* y *to lunch*, respectivamente, que han añadido los formantes de la conjugación española de tema en a. Poplack (1983) indicó que estos compuestos siempre se formaban sobre morfemas básicos ya hispanizados (*parqueo, chequeo, lis (<lease), lonch, lonche*), por lo que resultados como **run–eando* no eran posibles. Sin embargo, en el español de la comunidad cubana de Miami, además de los mencionados arriba, se encuentran verbos como *liquiar, printear* y *aprochar*, derivados de leak, 'goteo', *to print*, 'imprimir', y *to approach*, 'acercarse', que no han formado previamente palabras hispanizadas; otro tanto puede decirse del sustantivo *sorteadora* (*<to sort*), 'máquina clasificadora'.

Por otra parte, están los préstamos híbridos, aunque en nuestro *corpus* son muy escasos: *manager* general, dinero *standing* y compañía de *retail*.

El total de préstamos léxicos encontrados en el *corpus* ascendió a 680, lo que constituye menos del 0.01%, proporción apenas anecdótica, como se ve. Los que se documentan, tanto en los tres grupos de los llegados de la Isla (A. con 18 años o más, B. entre 17 y 7 años, C. 6 años o menos), como entre los nacidos en los Estados Unidos, suman 107 (*Vid.* el Apéndice C para índices de uso), distribuidos de la siguiente manera:

CUADRO 5.1

	Cuba			EE.UU.
A	B	C	X	
20.8	21.3	32	24.7	25.7
N = 680				

Distribución de 'préstamos' (en %), por lugar de nacimiento

175

La categoría calco está integrada por traducciones literales de una lengua a la otra: *rascacielos* (<*skycraper*), *salón de belleza* (<*beauty parlor*), *compulsorio*, (<*compulsory*), 'obligatorio', *locación* (<*location*), ubicación, *comerciales* (<*commercials*), anuncios de radio y televisión, y muchos más.

En el español cubano de Miami se manejan los siguientes: *retiro* (<*retirement*), *retirarse* (<*to retire*), y los compuestos 'programa de retiro', 'plan de retiro', consumerismo (<*consumerism*), honores (<*honors*), buldoza (<*bulldozer*), estudio (< *studio* [*apartment*]), carro (<*car*), internalizar (<*to internalize*), a tiempo completo (<*full time*), a tiempo parcial (<*part time*), plomero (<*plomber*), mantenimiento (<*maintenance*), reservación (<*reservation*), trago (<*drink*), área (<*area*), educacional (<*educational*), controversial (<*controversial*), seguimiento (<*following*), populación (<*population*), times (<*teams*), remodelar (<*to remodel*), y el moderno *drogas sociales* (<*social drugs*). La mayoría de ellos sustituye, aunque no siempre de manera absoluta, a los términos españoles *jubilación, jubilarse, consumismo, premios* (reconocimientos, medallas, diplomas), *aplanadora, apartamento pequeño* (de una sola pieza), *automóvil* (*máquina*, en Cuba), *interiorizar, dedicación exclusiva, dedicación parcial, fontanero, reserva, copa, zona, educativo, controvertible, atención* [*continua*], *población, equipos, y reconstruir/rehabilitar*.

Debe añadirse de inmediato, que algunos de estos calcos no se deben a influencias recientes del inglés en esta comunidad; algunos de ellos ya estaban total o parcialmente asentados en la variedad cubana del español desde antes de la diáspora: al menos, *retiro, retirarse, buldózer, a tiempo completo, a tiempo parcial, plomero, reservación, trago, área, educacional* y *controversial*. Y desde luego, no eran exclusivos de Cuba.

Hay otros calcos —los aditivos— que añaden un segundo significado a los términos españoles, extendiendo su ámbito semántico original:

aplicación (<*application*, 'solicitud'): 1. 'Diligencia, instancia cuidadosa', 2. *Solicitud*: 'Llenamos la aplicación él y yo'. 'Uno aplica en diferentes campos'

asistente (<*assistant*, 'ayudante'): 1. 'Que existe', 2. *Ayudante*: 'Yo en La Habana había sido asistente del Dr.X.'

asistir (<to assist, 'ayudar'): 1. Asistir, 2. *Ayudar*: 'Yo asistía a todos esos niños con problemas de movilidad.'

cortar (<to cut, 'separar'): 1. Cortar, 2. *Separar*: 'Se hizo el bobo y lo cortaron de Champaignac Catholic High School.'

confidente (<confident, 'confiado, seguro'): 1. Confidente, 2. *Confiado, seguro*: 'Hasta ahora, ya estoy bien confidente con todos los tipos de cirugía.'

consistente (< consistent, 'consecuente'): 1. Referido a cosa, que tiene consistencia, 2. *Consecuente*: 'La universidad no lo enseña todo; en la calle fue donde aprendí que en la vida hay que ser consistente'.

cualificado (<qualified, 'calificado'): 1. De autoridad, mérito y respeto, 2. *Calificado*: 'Si no tienes un papelito que diga que estás cualificado, no consigues nada.'

dar (<to give, 'regalar'): 1. Dar, 2. Regalar; 'Es muy bueno. Todas Navidades me da muchas cosas.'

embarazar(se) (<to embarrass, 'avergonzar, desconcertar'): 1. Dejar encinta a una mujer, 2. *Avergonzar, desconcertar*: 'Decía tantas malas palabras que hasta yo estaba embarazado.'

envolver (<involve, 'implicar, comprometer'): 1. Envolver, enrollar, 2. *Implicar*: 'Es natural que ellos, que son su familia, estén más envueltos en este asunto.'

evento (<event, 'acontecimiento, suceso'): 1. Acaecimiento, hecho imprevisto, 2. *Suceso*: 'Miami ha cambiado mucho; ahora hay muchos eventos: ópera, ballet, teatro, conciertos sinfónicos, y de todo.'

eventualmente (<eventually, 'finalmente'): 1. Casualmente, 2. *Finalmente*: 'Esperó semanas y semanas, pero eventualmente le llegó el certificado.'

ignorar (to ignore, 'no hacer caso'): 1. Desconocer, 2. *No hacer caso*: 'Todas esas cosas es mejor ignorarlas, porque si no, vas berrinche tras berrinche.'

introducir (<to introduce, 'presentar'): 1. Introducir, 2. *Presentar*: 'Entonces me fui para donde estaban las muchachas y me introduje yo mismo'

línea (<line, 'cola'): 1. Línea, 2. *Cola*: 'Llegamos tempranito y ya la línea era tremenda.'

literatura (<literature, 'impresos, propaganda'): 1. Literatura, 2. *Impresos, propaganda*: 'Soy loco con los carros. Leo toda la literatura que cae en mis manos.'

memoria (<memory, 'memoria, recuerdos'): 1. memoria, 2. *Recuerdos*: 'Lo siento, pero no tengo ninguna memoria de eso'

mente (<mind, 'parecer, entendimiento'): 1. Mente, 2. *Parecer*: 'Por mí ella cambió su mente porque quería ser maestra'.

mover (<to move, 'mudanza de una a otra parte'): 1. Mover, 2. *Mudanza de una a otra parte*: 'J. se mueve mucho; en un año ha estado en seis países latinoamericanos.' [sic].

oír (<to ear, 'estar al corriente'): 1. Oír, 2. *Estar al corriente*: 'No oigo nada de ese compañero desde hace dos veranos.'

posición (<position, 'empleo, puesto'): 1. Postura, actitud en que algo o alguien está puesto, 2. *Empleo, puesto*: 'Empezó manejando el elevador y hoy tiene una posición de primera.'

Por último, otros calcos adoptan el sentido de la palabra extranjera, relegando el original de la lengua receptora; es el caso de *ganga* (<gang), 'pandilla juvenil', *promotor* (<promoter), 'el que lanza y maneja a artistas y deportistas', *enfatizar* (*to emphasize*), 'destacar, hacer hincapié'.

En ocasiones, lo que se traduce literalmente no es una palabra sino un elemento fraseológico: los encontrados en nuestro *corpus*, aunque con frecuencia bajísima, son los siguientes:

hace *n* años atrás (<years ago): 'Hace más de 40 años atrás.'

a nivel de (<at the level of): 'A nivel de high school hay que hacerlo mejor en spelling.'

hacer el sexo (<to make sex): 'Solo les interesa hacer el sexo.'

llamar para atrás (<to call back): 'Me dijo que lo llamara para atrás, pero se me olvidó.'

no mucho (<not much): –¿Y a tí no te gusta el rock?
– No mucho.

tomar el lugar de (<to take the place of): 'Tenemos que tomar un poco el lugar de su mamá'.

Oh, sí (<Oh, yes): –¿Lo pasaron bien en los cayos este weekend?
–Oh, sí.

En todos estos casos se trata de calcos que conviven en minoría con expresiones del español estándar.

Los préstamos existen –y han existido siempre– por razones muy específicas: porque 1) la lengua no posee ninguna palabra para referirse a algo; se trata de préstamos necesarios, 2) determinadas palabras extranjeras adquieren una valoración muy positiva en la comunidad de habla, bien porque se crean más elegantes y expresivas, bien porque se las ve más concisas, con mayor precisión, 3) resultan más cómodas y fáciles de recordar y producir que las nativas, y 4) se trata de palabras que nombran objetos desconocidos con anterioridad.[3]

Un asunto que ha merecido mucha atención de los estudiosos es el relativo a la integración de la palabra prestada a la

---

[3] Una señora, integrante de la muestra de este estudio, explicó cuidadosamente a su encuestador que siempre utilizaba la palabra *microwave*, a pesar de que sabía que en español se decía *microondas*, pero que ella había

lengua receptora; aquí el proceso va desde el respeto absoluto al original hasta la adopción total a los patrones lingüísticos de la lengua prestataria. La adaptación puede ser solo de carácter fonético, de índole morfológica o de naturaleza sintáctica (Meechan y Poplack, 1995). En el primer caso se mantiene la estructura fonológica, pero se adapta la pronunciación.

En el segundo, el préstamo se adapta a la morfología, por ejemplo, se dota a los verbos de formas paradigmáticas de la lengua receptora (*printear* (<*to print*), 'imprimir': *printeado, printeando, printeó, printeaba*, etc., o se asigna género a categorías nominales que no lo tienen en el original (*spelling* > el spelling; *lunch* > el lonch; *Christmas* > *las* Christmas; *scholarship* > la scholarship, etc.), asunto este que ha sido muy estudiado y debatido (Arndt, 1970; Beardsmore, 1971 Tucker, Lambert y Rigault, 1977; Barkin, 1980; Clyne, 1996, y sobre todo, Zamora, 1975; Poplack y Pousada, 1980, Poplack y Sankoff, 1980.

La suerte de los préstamos no es siempre la misma: algunos llegan para permanecer por tiempo indefinido, pero no todos. Cuando el préstamo aparece en boca de una persona específica, o aunque este no sea el caso, su uso sea enteramente ocasional, se trata de préstamos espontáneos o de transición. En estas ocasiones, se puede hablar de auténticas alternancias de código.

Los préstamos también pueden ser clasificados por su frecuencia de uso en una comunidad de habla determinada, Morales, 2001b, Gimeno y Gimeno, 2003), y dentro de estos, por clases de palabras (Muysken, 1981).

5.1.2 *Transferencias sintácticas*

A diferencia de las nutridas muestras de transferencias léxicas, las sintácticas son pocas, y estas con frecuencias bajísimas.

---

conocido este tipo de horno en los Estados Unidos, con ese nombre, claro, y se lo había aprendido, de manera que era el término que le venía naturalmente. 'Eso no existía cuando yo vivía en Cuba', concluyó. Otra señora confesaba muy orgullosa que su hijo, al hablar español 'mete una palabra en inglés porque no la sabe en español, pero sabiéndola, no.'

5.1.2.1 *Ser y estar*

Aunque en otras comunidades hispanas de los Estados Unidos –Los Ángeles, por ejemplo (Silva Corvalán, 1986, 1994: 92.121)– los contornos semánticos de los verbos *ser* y *estar* han llegado a estar algo borrosos, de manera que *estar* está invadiendo los casos de *ser*; en la comunidad cubana de Miami, por el contrario, se mantienen con mucha solidez los patrones del español estándar. Solo en cuatro ocasiones se pudo constatar un desvío de la norma, por influencia del inglés:

'Tú *eres* [estás] muy orgullosa de esta ciudad'
'Ella *es* [está] orgullosa de ser hispana'
'Yo *soy* [estoy] bien orgulloso de mi cultura'

'Yo *estaba* [era] mayor que ellos'

La explicación de estos pocos ejemplos hay que buscarla en el hecho de que el verbo *to be* en inglés, condensa todos los valores que el español asigna bien a *ser*, bien a estar. Es asunto que amerita atención especial en un futuro inmediato, sobre todo, estudiándolo con muestras jóvenes de mucha exposición al inglés, pues los casos señalados pertenecen a sujetos llegados de Cuba con 6 años o menos; de momento, la baja frecuencia de casos no permite realizar ningún análisis variacionista con profundidad. De cualquier forma, el último ejemplo coincide con otros de Los Ángeles, por lo que pudiera estar en línea con el fenómeno estudiado allí.

5.1.2.2 *Gerundios con valor nominal.*

Más casos, aunque no muchos más, hemos encontrado de gerundios con valor nominal:

'Y después de todo eso, *empezando* [empezar] aquí de nuevo'
'Como ya te dije, al llegar aquí, *empezando* [empezar] una vida nueva'

'Me sentí con mucha tristeza de *trabajando* [trabajar] con ese tipo de populación'

'Parte de mi enseñanza fue psicología y la otra especialidad fue *recuperando* [recuperar] personas con problemas físicos'.
'El álgebra es *multiplicando* [multiplicar] y *dividiendo* [dividir] variables.

En todos los casos, se trata de transferencias muy gruesas donde no se explica el rasgo [+continuativo] que implica el gerundio, sino de valores nominales, del que solo se dispone en español de una forma verbal no conjugable: el infinitivo. De estos cinco ejemplos, cuatro pertenecen a sujetos del grupo C (llegados con 6 años o menos) y el otro, a una informante nacida en los Estados Unidos.[4]

5.1.2.3 *Ausencia de actualizador nominal*

A diferencia del inglés, que exige pocos actualizadores nominales, el español –salvo casos muy específicos– los convierte en obligatorios con mucha frecuencia; de aquí que los dos ejemplos encontrados disuenen considerablemente:

'Está muy bien en 0 [el] colegio'
'Hemos hecho 0 [la] mitad del trabajo'

En ambos casos se trata de la misma hablante –del grupo C–, que posee una competencia lingüística muy pobre en espa-

---

[4] Morales (1986c) no encuentra estas estructuras sintácticas en sus estudios sobre el español de Puerto Rico, pero sí otras que parecen marcan el inicio de este tipo de transferencia: 'Lo que ese muchacho hace es *revisando* las muestras', sería un ejemplo de habla viva de entre los varios –no muchos– que logró extraer de su *corpus*. La investigadora explicaba entonces que el rasgo de [+continuidad] característico del gerundio estaba propiciado por la semántica oracional, que daba a entender que la revisión de las muestras era una actividad continua. El hecho de que, además, se tratara de una estructura de cópula y que el gerundio estuviera en el rema oracional, parecía añadir más factores propiciadores.

ñol; es evidente que estamos ante auténticas transferencias —quizás individuales— ya que en inglés las expresiones paralelas no llevarían actualizador.

5.1.2.4 *Inestabilidad preposicional*

El sistema preposicional, como se sabe, suele ser de gran complejidad en todas las lenguas que poseen esta clase de palabra. No debe sorprender que en situaciones de lenguas en contacto, este se vea ampliamente afectado, máxime, cuando aun entre hablantes de lengua materna, se producen irregularidades que los normativistas (García Yebra, 1988) no cesan de comentar y censurar. En esta comunidad se dan cuatro casos de elisión preposicional:

'Bueno, eso depende 0 [de] con quién yo esté hablando'
'Todo eso ocurre porque ellos están 0 [en] falta de algo'.
'Tuve la oportunidad de oír 0 [a] mucha gente'
'La situación es muy difícil; han torturado 0 [a] muchas personas'

y otros cuatro de usos no estándares:

'Asistí *en* la escuela en ese pueblo'
'Estudié siempre *en* la noche'
'Se pasaba la vida *en* dieta y estaba gorda igual'

'Pues te vas a sorprender, pero no voté *por* él.

En realidad, estamos ante cuestiones diferentes. Las elisiones preposicionales pueden obedecer a procesos de elisión que poco tengan que ver con la influencia del inglés (aunque en algunos casos, esta pudiera parecer evidente), documentados ya

---

[5.] Es muy de lamentar que Bentivoglio (1976, 1980–1981) no haya estudiado recientemente en Caracas este tipo de elisiones de *de*; solo se ha ocupado de las eliminaciones de *de* en los casos en que antecede a *que*, es decir, del *queísmo*.

con mucho detalle en algunos lugares.[5] En especial, el desgaste de la preposición a, cuando esta introduce objeto directo [+animado] o sentido como tal, está muy extendida en grandes parcelas del mundo hispánico, aunque no creo que con la pujanza que el fenómeno tiene en Puerto Rico (de Jesús Mateo, 1985).

Con respecto a los usos anómalos, el primero es en verdad curioso; el segundo es norma en varias zonas dialectales de Hispanomérica, y el tercero, es transferencia del inglés 'on (a) diet'. Con respecto a 'votar por', se ha dicho en más de una ocasión que este régimen preposicional de votar es copia del inglés (*to vote for*) y así parece ser, pero no se ha subrayado lo bastante que las isoglosas de *votar por* coinciden con el uso del viejo marinerismo *botar* ('echar, tirar'), aún conservado con fuerza en varias regiones americanas, lo que creaba ambigüedades, dado que no existen diferencias de pronunciación entre v y b, por lo menos desde el siglo XVI (si es que alguna vez las hubo): no era lo mismo 'botar a alguien' que 'votar por alguien'. De aquí que el régimen del verbo votar cambiara en esas zonas de *a* a *por*: el influjo del inglés vino a solucionar este problema de ambigüedad semántica, tan incómoda para todas las lenguas.

5.1.2.5 *Ausencia de concordancia de género y número*

De nuevo estamos ante otros casos que señalan la escasa competencia en español de uno de los sujetos:

'Están en el colegio, y son unos niños bien *dócil* [dóciles]'
'Todo eso ocurrió en la vida de ese *niños* [niño]'
'Claro que es *el* [la] *mismo* [misma] filosofía de la enseñanza'
'*Las* [los] esquemas no son definitivos'
'Hemos ido hasta *el* [la] capital del Estado'

Nada que revista la menor importancia, pues parece quedar claro que se trata de insuficiencias en la competencia del español y no de índice de desgaste lingüístico.

5.1.2.6 *Clíticos sin concordancia*

Si las concordancias de género y número no han sido adquiridas de manera correcta por ese tipo de hablante, las concordancias de número del clítico no deben causar el menor asombro:
'Hay niños que *le* [les] *interesan* [interesa] el deporte'
'A algunos, como que se *le* [les] *olvidan* [olvida] que ellos también fueron estudiantes'

Solo dos casos de este curioso fenómeno; corresponden a sujetos distintos, pero una forma parte del grupo C, y el otro, al de los nacidos en los Estados Unidos. Debe advertirse que ambos sujetos suelen pronunciar sus eses finales con gran cuidado, como sibilantes plenas, por lo que no es posible pensar que estemos ante casos de elisiones de -/s/.

5.1.2.7 *Orden de palabras*

Este caso, en cambio, merece mayor detenimiento. La norma hispánica permite que los ordinales vayan antepuestos o pospuestos a sus núcleos nominales (octavo grado/grado octavo, quinta avenida/avenida quinta, vigésimo segundo congreso/congreso vigésimo segundo), pero los numerales solo pueden posponerse (aula 14, no 14 aula, calle 8, no 8 calle). No cabe duda de que por influencia del inglés, abundan ejemplos como estos, sin que ellos guarden relación alguna con las variables extralingüísticas de este estudio:

'Eso está en la 42 avenida y la 4 calle'
'Es en la 97 avenida y la 64 calle'
'Bird Road y la 83 avenida'
'Subimos al 7 piso'
'Allí estudié hasta el 12 grado'

Del total de 83 casos que existen en el *corpus* de estudio, 64 siguen este patrón irregular (el 77.1%); 9 de ellos (10.8%) soluciona el asunto eliminando el núcleo:

'Cuando llegues a la 79 y la 18, tienes que doblar a la izquierda'
'Coge la 49, que viene siendo la 103'
'Está en la misma esquina de la 137 y Riverside'
Los 10 ejemplos restantes, apenas un 12%, son normativos:

'Allí estudié de sexto a octavo grado'
'Entonces vivíamos muy cerca de la calle 8'

Pero hay que señalar que entre estos últimos figuran dos en que un hablante hace referencia a La Habana ('calle 25 y L', 'calle 6 y 23'), caso curioso, si se tiene en cuenta que este mismo sujeto es el autor, cuando habla de Miami, de expresiones ajenos a la norma estándar. No cuento un caso híbrido ('décimo, 11 y 12 grados'), caso que parece indicar, comparándolo con los demás, que después del 'décimo' no se conocen otros ordinales. Es una situación que se está generalizando a pasos agigantados y no solo en comunidades bilingües.[6]

5.2 *Convergencias lingüísticas*

El análisis de la convergencia se enfrenta a problemas metodológicos no resueltos del todo todavía, entre ellos el más importante es la ausencia de descripciones de norma con la que contrastar los resultados. Por si esto fuera poco, las lenguas están en continuos procesos de cambio, lo que hace difícil saber si el contraste que se establece es debido a la convergencia con una lengua extranjera o a cambios naturales internos de la propia.

[6.] Existen en el *corpus* otras estructuras oracionales curiosas, auténticos hapax sintácticos, que no vale la pena estudiar aquí pues ni siquiera sabemos —dado su carácter de únicas— si son fortuitas dentro del habla del individuo: la adversativa *pero* invadiendo el terreno de *sino* ('No solamente desde mi punto de vista, *pero* desde el punto de vista de ella'), que pudiera ser un caso de convergencia; la duplicación del tema de la oración ('*Esa obra* era *una* que me gustó muchísimo'); *haber* impersonal conjugado en sexta persona ('*Habían* gente de Hispanoamérica '), que parece ser una concordancia con *gente*, que copiaría la pluralidad de *people*; y los enigmáticos 'No tengo completo casos de autismo' y '¿Qué posiblemente tú podrías dialogar con él?.

En los casos de comunidades bilingües en los que las lenguas no tienen asignadas funciones específicas, si una lengua desplaza completamente a la otra el hecho es fácilmente observable; no lo sería tanto si tendieran a fundirse y coincidieran parcialmente sus realizaciones, que es precisamente a lo que se ha llamado convergencia. Es muy posible que los cambios debidos a la transferencia de elementos de un sistema lingüístico a otro den por resultado un sistema convergente, debido a que estos procesos llevan ya cierto grado de fusión (Diebold, 1964: 495).

5.2.1 *Convergencias léxicas*

A pesar de las dificultades señaladas arriba, hay tres casos seguros de convergencias léxicas: *rentar, salario* y *reparar*. En el español general, todos ellos forman parte de conjuntos de equivalencias semánticas: [alquilar~rentar], [sueldo~salario] y [arreglar~reparar]. En la variedad cubana del español las seis palabras que integran estos conjuntos tenían uso habitual, sin embargo en la comunidad cubana miamense, por influencia de las voces inglesas *to rent, salary* y *to repair*, las parejas correspondientes (*alquilar, sueldo* y *arreglar*) han ido perdiendo frecuencia, hasta tal extremo, que en nuestro *corpus* no aparece ninguna de ellas ni una sola vez.

Otro caso algo, más complejo, es la neutralización de una serie de vocablos (sucesos, celebraciones, festividades, etc.) a base del término *actividades* (<*activities*), de ámbito semántico más amplio y de contornos difusos, que engloba a otras palabras, a fuerza de quitarles especificidad.

Las convergencias, aunque en este caso no se trate de pérdida de opciones semánticas puesto que son sinónimos, quedan muy al descubierto.

5.2.2 *Convergencias sintácticas*

La ausencia/presencia de sujetos pronominales es fenómeno muy estudiado, sobre todo, en la zona caribeña. Sabido es que en español las formas verbales conjugadas llevan un formante de persona–sujeto, por lo que no es necesario añadirles sujetos pronominales: 'escribo' y no 'yo escribo', 'cantaban' y no 'ellos cantaban', 'hablamos' y no 'nosotros hablamos'; de ahí que nuestra lengua no esté marcada positivamente con respeto a la obligatoriedad del uso de sujetos pronominales, como el inglés, por ejemplo, que con excepción de las terceras personas del singular del presente de indicativo –(she/he dances)– necesita de estas marcas pronominales para saber quién es el sujeto de la acción: I dance, you dance, we dance, etc.

Los sujetos pronominales carecen de significado semántico, aunque hay ocasiones en que su presencia es obligatoria para deshacer alguna ambigüedad, como cuando es foco de contraste: 'Yo quiero ir al cine, pero ella prefiere el teatro'. En el resto de los casos, si tiene algún significado es de naturaleza pragmática. De aquí que en la mayoría de los casos se elida, bien cuando no se produce ambigüedad ('O/yo no veo televisión'), bien en los casos en que no hay cambio de tópico oracional ('O/yo iré a la tienda y O/yo compraré los regalos').

Si, a pesar de ello, los hablantes de una comunidad hispana presentan muchos casos de sujeto pronominal expreso cuando no es necesario, el asunto suele achacarse a influencias de alguna lengua en la que esta presencia sea obligatoria. El avance hacia la obligatoriedad de estos sujetos podría ser un caso de convergencia gramatical. El fenómeno suele darse en zonas monolingües, como Caracas (Bentivoglio, 1987), y en otras como Puerto Rico, en la que el influjo del inglés es considerable, aunque su población sea mayormente hispanohablante (Morales,1986b).

Eliminados de nuestro corpus las ocasiones de posible ambigüedad ('Yo no sé si tú te acuerdas', Él y yo, los dos trabajamos','¿Cómo tú me vas a forzar a mí?) y las enfáticas ('¡Yo valgo para eso!', 'Tienes que confesar todo lo que tú has hecho que no es bueno', 'Y me dicen que ellos van a llevar al bebé'), examinamos el resto de los ejemplos. De una parte los de sujeto pronominal expreso:

'El trabajo que *nosotros* hacemos es básico'
'*Yo* no sé por qué fue'
'*Nosotros* pensábamos que no iba a pasar nada'
'Todo depende de las investigaciones que *ellos* hagan'

De otra, los casos de elisión:

'¿0 Has tenido chance de comer algo?
'0 Recojo mi maleta, 0 saco los libros que necesito, y 0 hablo con mis amigas'
'Lo único que 0 sabemos es que ya no cierran los sábados'
'Si lo vieras, 0 lo saco y 0 lo entro como si nada'

Los primeros constituyen el 37% de los casos, y los segundos, el restante 63%. El proceso no está muy desarrollado, como se ve. Llama la atención que no aparezcan sujetos pronominales en ninguno de los casos en que no hay cambio de tópico oracional ('Cuando toca el timbre, pues 0 salimos y 0 vamos a la próxima clase') o, si se expresan, es solo en la primera oración ('*Yo* me he dedicado mucho a los que viven fuera de Miami y 0 he trabajado duro con ellos', '*Yo*, cuando llegué y 0 trabajé en los barcos, pensé que la cosa era muy dura', '*Yo* recibo el dinero y 0 salgo de él').

De cualquier forma, no tenemos modo de saber si los casos de presencia de sujeto pronominal que observamos en la comunidad cubana de Miami podrían deberse a convergencia con el inglés, o si no son más que prolongaciones de unos procesos iniciados en Cuba; carecemos de estudios que nos dejen ver como era –y es– esta parcela de la sintaxis cubana, pero es posible que el fenómeno exista, ya que parece plausible, como ha señalado Morales (1986b) que las gramáticas de los dialectos caribeños tengan ciertos denominadores comunes. Debido a que es sumamente dudoso que este fenómeno obedezca a una convergencia con el inglés, no vale la pena detenerse más en él; Lipski (1996), tras exponer su cuidadosa investigación, abre más interrogantes que ofrecer soluciones definitivas, y Morales (1997), que su interpretación está ligada a una condición especial de las gramáticas de los dialectos caribeños, la de hacer expreso siempre el sujeto en la superficie, aunque este sea pronominal.

Este fenómeno se concatena con otro, muy presente en Puerto Rico, que consiste en colocar un sujeto pronominal ante formas no conjugadas, como los infinitivos. La gramática española anota casos en los que este sujeto puede utilizarse, pero pospuesto al verbo ('Al salir *nosotros*, comenzó a llover'), pero en nuestro *corpus*, el único ejemplo que se ha obtenido es con sujeto antepuesto: 'Al *nosotros* hablar del asunto, se callaron'. Otro único ejemplo lo constituye la curiosa construcción: 'Entonces, tenía que *yo* salir sola' en lugar de 'Entonces *0/yo* tenía que salir sola'; al ser un caso aislado, es posible que se trate de unas esas estructuras que de vez en cuando se producen en la oralidad.

Otro tanto parece haber pasado con la oración 'Sé que el día que yo no les *convengo*, me botarán'. Hubiese podido tratarse de un ejemplo de erosión de subjuntivo (*convengo* por *convenga*), fenómeno extendido y muy estudiado en otras comunidades bilingües español–inglés (Silva Corvalán, 1994: 26–30) y monolingües (Morales, 1986c, Rivera, 1986), aunque sometidas a influencias del inglés, que propician la convergencia hacia el indicativo, dada la inexistencia en esta lengua de modo subjuntivo. Pero la búsqueda resultó infructuosa.

5.3 *Alternancia de códigos*

Otra de las posibles consecuencias del bilingüismo de ciertas comunidades de habla es la *alternancia de códigos*, fenómeno que consiste en el uso alterno de dos lenguas por el mismo hablante en el mismo discurso.

5.3.1 *Alternancias léxicas*

Este tipo de alternancia de código está constituido por unidades léxicas, tanto simples como complejas. No son palabras que se usan con cierta frecuencia en una comunidad de habla dada, como los préstamos y los calcos, sino las que *ocasionalmente* utiliza el hablante en un momento dado de su comunicación espontánea, y que quizás no vuelva a utilizar. Estas apariciones están motivadas por las mismas causas que la alternancia sintáctica, con mucho, la más estudiada:

'Yo trabajo como *window clerk*, y no sabes todo el ejercicio que hago allí en el correo; siempre de un lado para otro',
'Ese muchacho no tiene mucho de *support* en su familia',
'Quería que las cosas cambiaran, lo cual es *unrealistic*'.

No solo en el caso de la sintaxis se hace difícil determinar si ciertas estructuras son ejemplos de alternancia de códigos, o si, por el contrario, ya están consolidadas en la lengua receptora, y forman parte de ella. También el léxico se enfrenta al problema. Contamos, sin embargo, con propuestas muy aceptables de Poplack (1987) y de Poplack, Sankoff y Miller (1988) que nos permiten distinguir, con criterios de rigurosa objetividad, términos muy asentados ya de estos otros que hacen su aparición ocasionalmente: 1) asimilación fonética, 2) integración social, 3) función discursiva y 4) frecuencia. De todos ellos, el más empleado es el primero (Otheguy, García y Fernández, 1989); aquí también lo hemos manejado, y añadimos el de la frecuencia y, en la medida de lo posible, el de función discursiva.

Los términos que aquí se señalan como alternancias de código y no como 'préstamos' han sido pronunciados siempre con fonética inglesa, es decir, sin asimilación a la pronunciación española, y aparecen una sola vez, en boca de un solo sujeto. En este estudio se ha podido comprobar que efectivamente están presentes las tres razones que señala Silva Corvalán (1994: 190) como promotoras de la alternancia de códigos en general, no solo las léxicas: cuando el tema del discurso pide una lengua en especial, cuando el hablante no consigue expresar lo que desea en una lengua, o cuando se siente que las cosas se explican mejor en una de las lenguas que se manejan.

El análisis ha arrojado 61 casos de alternancia léxica, distribuidos de la siguiente manera (*Vid*. el Apéndice D para el listado de estas unidades):

CUADRO 5.2

Cuba				EE.UU.
A	B	C	X	
4.8	4.8	58.7	22.7	31.7
N = 61				

Léxico en alternancia léxica (en %) por lugar de nacimiento

Las estadísticas nos dejan ver que los llegados de la Isla con más de 7 años (grupos A y B) protagonizan muy pocos casos de estas alternancias, y que están en aumento, crecimiento muy considerable, entre los que llegaron con 6 años o menos, y también, aunque, entre los nacidos en los Estados Unidos.

5.3.2 *Alternancias sintácticas*

Véase el ejemplo siguiente, procedente de El Barrio neoyorquino, zona que concentra a los puertorriqueños de la ciudad, en los que la alternancia –español/inglés– es un procedimiento muy frecuente:

But I used to eat *bofe*, the brain. And then they stopped selling it because *tenían, este, le encontraron que tenía* worms. I used to make some *bofe! Después yo hacía uno d'esos* concoctions: the gar*lic con cebolla, y hacía un mojo, y yo dejaba que se curara eso* for a couple of hours. Then you be drinking and eating that shit. Wooh! It's like eating anchovies when you're drinking. Delicious! (Poplack, 1983)

No sorprende que un fenómeno tan llamativo haya sido centro de estudio y comentario desde época muy temprana: Hasselmo (1972), Gringás (1974), Timm (1975, 1978), Gumperz (1976), Wentz (1977), y que continúen con igual entusiasmo (Myers–Scotton, 1993a, 1993b, 1996). En estos estudios, los referidos a los contactos entre español e inglés en los Estados Unidos, han recibido atención especial (Morales y Cardona, 1999).

La alternancia muestra una tipología muy diversa. Según Poplack (1983), se trata de los siguientes casos (los ejemplos son de la comunidad cubana del Gran Miami):

1. Cambio tipo 'etiqueta':
   Oh, my God!

donde el material en inglés que se intercala funciona a manera de interjección, como una etiqueta; es un constituyente que se puede mover a discreción dentro de la estructura porque está desconectado sintácticamente; su posición −sea la que sea− no viola regla gramatical alguna:

'Oh, my God! ¡Qué sorpresa me has dado!/¡Qué sorpresa me has dado! Oh, muy God!

2. Cambio oracional:

'Yo no pongo la radio para no oír a ese hombre. *I don't like that.*'

'Soy como la segunda... *I am the second man.* ¿Me entiendes? Soy la segunda persona que él utiliza para que lo ayude'.

E: ¿Y está muy lejos? [Pinar del Río de La Habana]
S: '*I meant... I guess... I can't measure it...* Eh, no tanto, pero ... eh, no por la distancia, porque no sé la distancia exacta, sino porque hay que ir muy lento'.

En estas, se requiere un mayor conocimiento de ambas lenguas para producir oraciones completas (*'I don't like that', 'I am the second man', 'I can't meassure it'*) en inglés, e insertarlas en un discurso construido en español.

3. Cambio intra−oracional:

'Bueno, tú sabes, *I meant African−American*'.

'Si, pero *at the same time*, es bueno, cariñoso; *that's very nice* ¿tú sabes?

'Las cosas se hacen o no se hacen; conmigo *is no gray, is blak or white*. ¿Tú me entiendes?'

'No lo sé muy bien, pero *whatever reason, you know.*

You either.. te mantienes firme..., pero tú no puedes estar con Dios y con el diablo'.

Los cambios intra–oracionales sí requieren de manera imprescindible un amplio manejo de las dos lenguas, pues para efectuarlos el hablante tiene que saber lo suficiente de sus estructuras como para no cambiar en puntos no permitidos por ambas gramáticas.

El análisis de un gran *corpus* de lengua espontánea, el primero que se realiza sobre este tema, permitió a Poplack (1983) y a su equipo examinar detenidamente la distribución sintáctica de los puntos de cambio. Encontraron que era fundamentalmente uno el requisito sintáctico que regía: el de equivalencia, que especifica que el orden de los constituyentes de la oración que anteceden y suceden al cambio tiene que ser gramatical con respecto a ambas lenguas. La co–gramaticalidad (equivalencia de ambas) y sus respectivos órdenes de palabras con respecto al punto de cambio han de coincidir. En el ejemplo que sigue queda ilustrada la situación:

A I	told him	that	so that	he	would bring it	fast
B (Yo)	le dije	eso	pa'que	(él)	la trajera	ligero
C I	told him	that	pa'que		la trajera	ligero

En A puede verse la versión inglesa de esta oración, en B, la española y en C, la producida realmente por el hablante. Las líneas discontinuas indican los puntos posibles de cambio y las flechas, la forma en que se cruzan los constituyentes de las dos lenguas.

Obsérvese que la alternancia de códigos solo es permitida en enunciados que al ser trasladados de una lengua a otra resulten gramaticales en ambas lenguas del contacto; este respeto a los condicionantes sintácticos muestra la necesidad de que el sujeto posea un alto grado de competencia lingüística en las dos lenguas del contacto.

Los bilingües que solo tienen dominio efectivo de uno de los dos idiomas son capaces de efectuar cambios de código, manteniendo con frecuencia la gramaticalidad de ambas lenguas, pero gracias a que sus cambios son mayormente de tipo 'etiqueta'. En contraste, los bilingües equilibrados prefieren los cambios oracionales o los intraoracionales, que son los que requieren mayor competencia en los dos idiomas. La relación asociativa entre el grado de dominio de ambas lenguas y el tipo de cambio no deja lugar a dudas de que la hipótesis adelantada por Poplack es fundamentalmente correcta.

La autora concluye que algo importante que se desprende de este análisis es 'que aún en partes del discurso muy cercanas a uno o más cambios, el hablante mantiene estrictamente las distinciones cualitativas y cuantitativas entre la gramática española y la inglesa. Siempre que una posición del discurso, por ejemplo, una oración o un constituyente, pudo ser identificada claramente como monolingüe, tanto las reglas de la gramática monolingüe adecuada como los índices probabilísticos asociados fueron los únicos factores que entraron en juego. El análisis del cambio de código tiene profundas implicaciones para la teoría gramatical, ya que indica las maneras en que dos lenguas pueden reconciliar sus diferencias, pero no modificarlas, hasta dar por resultado una forma de comunicación tan funcional como el habla monolingüe. La prueba que hemos presentado de la integridad de las gramáticas española e inglesa, aun cuando aparecen empleadas en secuencia y simultáneamente, refuerza otros razonamientos sobre la no convergencia del español con el inglés en la comunidad de habla puertorriqueña [de Nueva York]' (196–197).

Es cierto que existen contraejemplos al postulado que establece la existencia de una fuerte relación asociativa entre tipo de alternancia y competencia idiomática bilingüe:

Y la señora que *my grandmother worked for* tenía *twenty–seven years, you know, and we had our own house –in the back, where we lived at*, y mi abuelito no pagaba renta.

Como bien señala Silva Corvalán (2001: 317), esta hablante no es fiel a lo establecido por el postulado anterior, pues lejos de respetar las condiciones de gramaticalidad de ambas lenguas, se muestra fiel a la gramática inglesa en los puntos en que se establece la alternancia. La cláusula relativa *que my grandmother worked for* viola las reglas sintácticas del español y también la restricción de equivalencia funcional, pues la preposición *para*, que en español debería aparecer antes del relativo (*para la que trabajaba mi abuela*), lo hace después de la cláusula, como en inglés.

'Como estaba *going part time, I was able to enjoyed it*'

Este otro ejemplo del *corpus* miamense es también un contraejemplo, pues la autora rompe la unidad sintáctica en la perífrasis verbal (*estaba going* y no *was going*).

Sin embargo, a pesar de estos ejemplos (frecuentes en hablantes bilingües cíclicos), puede afirmarse que, en general, el postulado es correcto, sobre todo cuando se trata de bilingües equilibrados que, por manejar ambas lenguas con una competencia superior, tienen un buen conocimiento intuitivo de sus gramáticas.

Existe, sin embargo, otro tipo de alternancia de códigos, esta vez de naturaleza discursiva: se trata de marcadores de discurso. Unos son elementos introductorios ('*Well, ...*), otros, mantenedores comunicativos (*right?, OK?, you know?*), otros, correctores de contenido o especificadores (*I meant, actually*) y otros, presentadores de información adicional (*by the way*).

Lejos de las creencias superficiales de profanos (y no tan profanos), que ven el fenómeno como una clara manifestación de corrupción y deterioro lingüísticos, de conducta verbal indeterminada, algunos tipos de cambio de código resultan gobernados por requisitos funcionales y pragmáticos. La identidad étnico–cultural es, sin duda, de las más importantes, pero no debe olvidarse que como en todo proceso comunicativo, intervienen más factores: las características sociales de los interlocutores, el contexto comunicativo y el tema de la conversación. Entre los cubanos de Miami, por ejemplo, el fenómeno resulta afectado por la etnicidad del interlocutor y por la formalidad de la situación comunicativa; si los hablantes son cubanos y manejan un estilo espontáneo, los cambios son algo más frecuentes, dependiendo también, del grupo al que pertenezca.

CUADRO 5.3

Cuba				EE.UU.
A	B	C	X	
2.4	4.9	26.1	11.1	32.7

N = 51

Alternancias sintácticas de código
(en %) por lugar de nacimiento

Los llegados con más de 6 años a suelo norteamericano (grupos A y B) son los que menos veces alternan los códigos; a partir de aquí, las cifras van en aumento constante, primero, los que tenían 6 años o menos cuando pisaron tierra de la Unión, y después, los nacidos en ella.

¿Por qué algunos hablantes bilingües manejan estas alternancias en sus discursos? Las investigaciones más recientes apuntan a varios propósitos.

Appel y Muysken (1986) indicaron que las razones por las cuales los hablantes bilingües efectuaban estos cambios coincidían en gran parte con las diversas funciones comunicativas que activaran. Para ello acudieron a la clasificación de las funciones del lenguaje establecidas por Jakobson: la alternancia pueda darse para favorecer la función referencial (temas que predeterminan el uso de una lengua y no de otra), también la conativa, si ello conlleva una mayor implicación del interlocutor en el diálogo; la alternancia de lenguas puede favorecer las funciones expresiva y fática, y dependiendo de los casos (hacer gala de ciertas habilidades lingüísticas o efectuar juegos de palabras), la metalingüística y la poética. Silva Corvalán (2001:

315–317), por su parte, basada en los resultados de una minuciosa investigación, concentra lo anterior en tres posibilidades:

1. Intención de reproducir literalmente una cita:

'La pobre mujer se decía: ' *What's wrong with me? What's wrong with me? I can not feel the way I thought one or two years ago?*' 'Solo les digo [por teléfono]: *'Eh, how are you?*, y me conocen por la voz'

"Si yo hubiera nacido en este país y fuese norteamericana, yo no sería republicana. Yo fuera demócrata. *OK? 'For my country, for my people'.* Pero... porque no he nacido aquí, y me interesa más lo que pasa del lado de allá, soy republicana.

'Y el cartel decía: *'Wellcome to Africa'.*

2. Deseo de codificar emociones, subrayándolas en el discurso:

– 'Tú sabes que a mí me gusta todo. Me gusta la música americana, pero a mí me encanta la latina, la salsa, el merengue.
– ¿Te gusta esa gritería?
– *Oh, my God!*

Todo está buenísimo. *I am so happy!*

3. Manifestación de una función retórica o expresiva:

Why, I questioned myself, did I have to daily portray myself as a neogringo cuando mi realidad tenía más sangre y passion? (Ricardo Sánchez, *Canto y grito mi liberación, Apud.* Silva Corvalán, 2001: 316)
Es cierto que junto a estas, pueden existir otras de carácter individual, pero resultan difíciles de descubrir y de codificar. Capítulo aparte lo constituyen los casos en que los hablantes desconocen la palabra precisa para nombrar algo en una de las

lenguas, y acuden a la otra. Un posible ejemplo de esto, se encuentre en la expresión:

Me subí a ese *parachute ride*, arriba del agua.

Esta misma razón parece explicar también varios casos de transferencias léxicas en el español de los inmigrados. Ha sido sugerido que algunos inmigrantes hispánicos de origen rural, generalmente depauperados económica y culturalmente, carecían en su lengua de palabras como *alfombra*, y que a esta carestía se debía la incorporación de préstamos como *carpet* (>*carpeta*), palabra imprescindible en climas fríos.

De lo visto hasta aquí puede concluirse que, tanto en el plano de las trasferencias, como en de las convergencias y en el de las alternancias de código, la comunidad cubana de Miami se inclina más hacia el plano léxico, del que presenta ejemplos de alguna abundancia. La sintaxis, en cambio, o bien ofrece escasos ejemplos, o el análisis no permite corroborar grandes influencias del inglés. De cualquier modo, tanto en lo referido al vocabulario como a la gramática, el español más trasferido es siempre el de los llegados de muy niños y el de los nacidos ya en los Estados Unidos.

Ahora bien, los casos menos frecuentes de alternancia de códigos son precisamente los de tipo 'etiqueta'; tampoco son demasiado abundantes los oracionales, pero sí –relativamente hablando– los intra–oracionales. Si hacemos covariar esta circunstancia con los sujetos de los diferentes grupos estudiados, comprobamos que existe una relación asociativa fuerte entre los más expuestos al español, el de los llegados con 18 años o más, y las influencias más escasas y menos profundas del inglés, y viceversa, a pesar del alto grado de bilingüismo que muestran muchos de ellos.

APÉNDICE C

Préstamos léxicos comunes a todos los grupos (A, B y C, y los nacidos en los Estados Unidos)

Índices de uso

down town	18.04	[el] know how	5.63
mouse	22.64	spray	5.29
basket ball	21.53	melting pot	6.31
sandwich	16.86	standars	6.27
lunch	21	by pass	5.75
hamburger	19.43	Christmas	6.13
hot dog	17.68	average	593
Internet	18.68	ride	6.36
express way	17.63	resort	5.90
ticket	17.32	fax	5.87
break	17.23	cable	5.24
pitcher	15.32	training	6.02
shopping [center]	17.23	chip	5.49
welfare	16.26	shock	5.28
rock	10.98	ready	5.13
bacon	13.68	money order	4.32
potato chips	12.20	real state	4.51
home rum	13.41	background	4.68
e–mail	12.97	turnpike	4.22
manager	13.11	bracers	4.27
show	14.13	trailer	4.63
tax	13.76	gab	4.80
part–time	13.86	softball	4.21
rap	13.36	board	3.77
mall	12.91	network	3.97
hobby	13.22	catshup	3.47
stroke	13.17	test	3.80
locker	12.68	dossier	3.16
software	13.34	relax	3.78
data base	12.88	research_	3.36
full–time	13.44	[música] pop	3.27
weekend	12.13	scholarship	3.04
file	12.67	non profit	3.24
nice	9.88	financial aid	3.17
kindergarten	9.21	handyman	3.45
meeting	9.94	microwave	3.31
CD	9.73	African–Americans	3.28
peanutbutter	9.18	appliances	3.87
teller	9.43		

baby sitter	8.86	broker	3.95
highway	9–12	switch	3.44
teenager	8.54	camp	3.98
yes	8.53	ferry	2.67
team	7.34	ring	2.26
open house	7.91	foreman	2.29
income	7.06	American way of live	2.37
spelling	6.28	customer	2.74
jeep	6.49	claxon	2.31
quarter	6.32	book keeping	2.55
marketing	6.77	house sale	2.42
bip/bipper	6.48	continental breakfast	1.96
terminal phase	6.12	subway	1.36
cool	5.94	mutual funds	1.27
snack	5.88	stock market	1.12

APÉNDICE D
Intercambios léxicos de código

	Cuba			EE.UU.
	A	B	C	
archbishop			x	
art			x	
assistant coach				x
backtime	x			
baptism			x	
clash				x
chart				x
church				x
councel			x	
discipline			x	
diversified portafolio				x
dragons			x	
eucharist			x	
eucharistic			x	
exponents			x	
fair		x		
foreign down [?]				x
fractions			x	
friends				x
free country				x
freedom of speech				x
health maintenance				x

	Col 1	Col 2	Col 3
human characteristics		x	
kid back	x		
late back			x
laser		x	
laser show			x
life science		x	
linc backer	x		
location			x
mails			x
mixture	x		
modern			x
money center			x
palm tree		x	
paper maché		x	
pharaohs		x	
percent		x	
poetry		x	
prints		x	
private level			x
proper		x	
rape			x
rapid			x
reconciliation		x	
retracters			x
return			x
ritual		x	
rude		x	
ruf			x
Russians		x	
sculptors		x	
serial murder			x
series		x	
subtitles		x	
support		x	
text books		x	
toilet	x		
tumb		x	
usual banks			x
window clerck	x		

CONCLUSIONES

6.1 *No a la aculturación; sí a la biculturalidad*

El español es hoy lengua pública importante en Miami, como corresponde a una comunidad bilingüe y bicultural.[1] No causa sorpresa que esto sea sí, siendo la cubana una inmigración muy reciente –casi el 70% ha nacido en la Isla– y que ha venido fortaleciéndose con sucesivas olas de inmigrantes, cuya contribución a reforzar los lazos lingüísticos y culturales con la hispanidad son notables.[2]

Los capítulos anteriores nos han dejado ver un conjunto de datos que vienen en apoyo de esta situación: actitudes sumamente positivas hacia el bilingüismo, y tan pronto como se enfrentan el español y el inglés en solitario, las que produce la lengua materna suben el doble (82.4) de las de la lengua anfitriona (41.7). Otro tanto se observa con los ámbitos de uso y la selección idiomática: el manejo del inglés está muy condicionado por la lengua que hable el interlocutor o los demás sujetos presentes en el acto comunicativo (vecinos, compañeros de estudio o de trabajo, invitados a reuniones sociales, etc.). En los casos en que no se da esta circunstancia, las preferencias van hacia el español, con muy ligeras excepciones en la generación más joven.

---

[1] En este sentido, deben ser recordadas las conclusiones de Pérez (1992:93), que subrayan el hecho de que 'los cubanos en Miami pueden comprar una casa o un automóvil, obtener un tratamiento médico especializado o consultar a un abogado o a un contable, todo, utilizando únicamente el español'.

[2] No debe olvidarse que hay cubanos que piensan regresar algún día a su país, por lo que sienten que su estancia en Miami es provisional (!), y que necesitan mantener muy viva su *cubanidad* para cuando vuelvan a casa. A lo largo de estos últimos cuarenta años de historia, los cubanos han insistido –quizás ahora menos que antes– en que no se los clasifique como *inmigrantes*, sino como exilados. Es verdad que estas intenciones han ido disminuyendo paulatinamente: en 1972, un 79% de los cubanos exilados deseaba volver, pero tan solo dos años después, los partidarios del regreso eran menos de la mitad (Clark y Mendoza, 1974, Apud García, 1996. 238); otro estudio ofrece resultados similares: en 1973, un 60% de los entrevistados estaba decido a abandonar los Estados Unidos; en 1979, los decididos eran menos de la cuarta parte (Portes y Mozo, 1985), El resultado de una entrevista de *El Nuevo Herald* (1990) indicaba que cerca del 15% de los 700 000 cubanos de Miami volverían a Cuba tras la caída del régimen actual; Pérez, por su parte declaraba a este periódico que creía que sería menos de un 20% los que abandonarían la ciudad.

Si algo queda claro de estos últimos datos es que en la comunidad cubana del Gran Miami, la lengua materna de la mayoría no está limitada a usos domésticos, sino que desborda cómodamente este ámbito y se asienta con fuerza en los dominios públicos.

Miami presenta en la actualidad los índices más bajos de aculturación lingüística, en comparación con ciudades como Los Ángeles, Nueva York, Chicago y San Francisco.

CUADRO 6.1
Índices de aculturación lingüística en varias ciudades
con amplia población hispana

	alta	parcial	escasa
Los Ángeles	13	53	34
Nueva York	16	63	21
Miami	8	49	43
San Francisco	16	61	23
Chicago	11	65	24

Strategy Research Corporation (1998)

Las cifras que muestra el cuadro no pueden ser más elocuentes: Miami ofrece los índices más bajos de aculturación alta (8) y parcial (49); en cambio, los más altos en la aculturación escasa (43).

¿Qué factores han sido responsables de esta situación? En primer lugar, el constante cultivo de la *cubanidad* que se ha hecho en la ciudad.

6.2 *El cultivo de la cubanidad*

El mantenimiento de la *cubanidad* ha sido una preocupación constante desde los primeros tiempos del exilio. No solo las organizaciones culturales estables se dedicaban a la labor, sino también los programas de acción que se diseñaron y se llevaron a cabo con jóvenes y adultos: la Cruzada Educativa Cubana y sus enseñanzas de historia y cultura *patrias* son el mejor ejemplo de ello. La gestión no terminó aquí, sino que se transmitió a los niños cubanos de las escuelas, e incluso en iglesias, a través de programas especiales realizados después del horario oficial. Un ejemplo sobresaliente fue el ambicioso experimento realizado por la Iglesia de San Juan Bosco en 1967, que ofrecía cursos de historia, de geografía y de cultura cubanas a niños y adolescentes.

A todo esto hay que añadir la creación de las *escuelitas* cubanas, en las que, además de la enseñanza reglada, se dictaban clases de *patriotismo* a sus estudiantes, cubanos en su casi totalidad, a través de las asignaturas de historia y geografía de Cuba; se recitaban poemas significativos y se hacían discursos enaltecedores junto a alguno de los muchos bustos del apóstol José Martí que existen en las escuelitas y en la comunidad; se cantaba el himno nacional y se izaba la bandera, junto al himno y a la insignia norteamericanos. En 1990 funcionaban unas 30 de ellas. Dos grandes escuelas privadas, Belén Jesuit School, refundada en Miami, y Loyola School, una religiosa y otra laica, también recordaban asiduamente los valores de la *cubanidad*, y ello, a pesar de tener un estudiantado más variado.

Todo esto, y el esfuerzo continuo y anónimo de los cubanos, han dado sus frutos. La Miami cubana exhibe hoy orgullosa sus museos históricos y etnográficos y sus múltiples monumentos: la ermita de la Virgen de la Caridad, patrona de Cuba, el Museo de Bahía de Cochinos, el monumento a la Herencia Cultural Cubana, el Cuban Memorial Boulevard, el parque Máximo Gómez (dominicano ilustre, héroe de la independencia cubana), la Torre de la Libertad, el parque José Martí, el Club de Dominó y la Casa del Beisbol Cubano.

La zona bautizada como 'la Pequeña Habana', que se extiende a ambos lados de la calle 8, sigue siendo una de las atracciones más importantes del Gran Miami, como lo fue en su día para el poeta ruso Eugenio Evtushenko y para Octavio Paz, junto a otros escritores, artistas, cineastas, pintores, periodistas y público en general, que hacen de ella un punto favorito de visita. Su Paseo de la Fama, sus cafés, teatros, museos, tiendas, restaurantes con comida internacional y cubana, galerías de arte, sus tertulias de escritores e intelectuales, sus múltiples y variadas exposiciones, en particular, las de los 'Viernes culturales', de pintura especialmente, son atractivos muy poderosos tanto para residentes como para visitantes.

Fuera de estos límites, también se aprecia esta atmósfera en los restaurantes, en las salas de fiestas –que con mucha frecuencia ofrecen presentaciones de artistas cubanos o hispanos–, en los cafés teatro, también con espectáculos musicales y de comedia ligera.

Todos los cubanos de la comunidad disfrutan de la cubanidad que constantemente les ofrece la ciudad: las grandes conmemoraciones patrióticas: el aniversario del nacimiento de José Martí (28 de enero de 1853), los inicios de los dos intentos independentistas, el Grito de Yara (10 de octubre de 1968) y el Grito de Baire (24 de febrero de 1895), el día de la independencia (20 de mayo de 1902), más páginas más recientes de la historia patria, como el aniversario de Bahía de Cochinos (17 de abril de 1961), episodio tristemente célebre.

Dentro de este despliegue de actividades públicas no pueden olvidarse las culturales: teatro, cine, música, conferencias, mesas redondas, seminarios, lecturas de autores, exposiciones de todo tipo[3], etc. Además de ello, las publicaciones sobre temas cubanos.

En la nutrida vida teatral miamense, suben a los escenarios obras cubanas, del pasado y del más cercano presente; se representan en los más distinguidos teatros de la ciudad, y también forman parte de la programación del Festival Internacional de Teatro de Miami. En los 18 años de vida que lleva el Festival se han representado 24 obras cubanas, entre ellas, *Alguna cosita que alivie el sufrir* de René Alomá, *El asunto* de René Ariza. *Juego de damas* de Julio Matas, *Patio interior* de José Ignacio Cabrera, *Ojos para no ver* de Matías Montes Huidobro, *Tres casas de trigo* de Salvador Lemes, etc.

Por otra parte, los cineastas cubanos, incluyendo algunos jóvenes valores de Miami exhiben sus películas y sus documentales con gran éxito, y las actividades musicales, continuas y florecientes, traen recuerdos de la Isla, desde la celebración del

---

[3] De las múltiples exposiciones de todo tipo, libros, carteles, programas, fotografías y un largo etcétera, además, por supuesto, de las de arte, quedan abundantes pruebas en el rico inventario que ha preparado Varona (1993).

'Festival Ernesto Lecuona', y la puesta en escena de espectáculos como 'Nuestra Cuba' y zarzuelas patrimoniales (*Cecilia Valdés*, de Gonzalo Roig, *María la O* y *El cafetal*, de Ernesto Lecuona), a las voces de la inolvidable Celia Cruz y de la estelar Gloria Stefan que, además de estrenar sus mejores temas 'de la tierra' en el Gran Miami, han dado con ellos varias veces la vuelta al mundo.

Junto a todo esto, debe subrayarse el cultivo de la tradición hispana de que hace gala la ciudad. En 2001 se funda el 'Premio Tradición Cubana' que, como subraya la publicidad que lo presenta, es 'Un reconocimiento popular a la cultura cubana de Miami'. La prensa pide a sus lectores que indiquen a sus candidatos favoritos dentro de 15 categorías pre–establecidas: cantante femenina, cantante masculino, grupo humorístico, grupo folklórico, personaje humorístico, obra teatral, grupo musical, cantante revelación del año, dúos, tríos y cuartetos, instrumentalistas, programa de televisión, espectáculo o *show* del año y programa de radio. Se trata de una forma de involucrar a la mayor cantidad posible de lectores en una labor de reconocimiento a la tradición cubana. Los ganadores reciben sus premios en una gran gala pública, que goza de una amplia cobertura en los medios de comunicación, y no solo en los hispanos.[4]

Otro sostén importante del mantenimiento de esta autoestima cultural se debe a los medios de comunicación publica. Casi toda la prensa en español de Miami —en especial, los rotativos *El Nuevo Herald* y el *Diario Las Américas*– refuerza a diario esa cohesión cultural que distingue a la comunidad cubana de la ciudad. Otro tanto ocurre con la radio 'cubana', con mucho, el

---

[4] No se puede desconocer en este sentido la fundamental actividad de los 'municipios'. Por sobre todo, son organizaciones sociales de ayuda mutua, pero también llevan a cabo actividades culturales y recreativas. De los 126 municipios que existían en Cuba, 114 están representados en Miami. Su principal misión es ayudar, incluso económicamente, a los vecinos y amigos que los conforman, fomentando y conservando entre sus asociados, en su mayoría de la clase obrera, una camaradería especial. Algunos de estos municipios son famosos por sus programas musicales e históricos; también por sus tertulias, sus ferias y sus fiestas. Son varios los que, además, publican sus *periodiquitos*. Todos tienen en común un objetivo básico: recordar que son cubanos, no *americanos*.

medio más popular de todos, aunque en ciertas franjas horarias no pueda competir con la televisión.[5]

En particular las estaciones radiofónicas 'cubanas', aquellas diseñadas para servir principalmente a los cubanos del Condado Miami–Dade, exhiben su cubanía en diferentes dosis. Radio Mambí, por ejemplo, en las cuñas identificadoras de la estación incluye mensajes musicales que dicen:

Radio Mambí sí es cubana.
Radio Mambí sí es cubana.
En noticias la primera,
en deportes, la primera,
la mejor programación,
la primera en Arbitrón.
Radio Mambí sí es cubana

Y este otro ejemplo, también cantado:

Radio Mambí es cubana de verdad,
Radio Mambí es cubana de corazón,
sin ninguna discusión, esta sí es cubana.

Como esta comunidad constituye el más alto por ciento de los hispanohablantes de la zona, la identificación con 'lo cubano', tanto en el sentido cultural como político, garantiza a las empresas audiencias muy altas.

Pero no es solo el hecho de que los radioescuchas se sientan identificados con esos puntos de vista por lo que la radio ha sido –y sigue siendo– un medio de comunicación muy importante para la comunidad cubana de la zona. Además de estrechar los lazos culturales y la *cubanidad*, de insistir en los modelos democráticos de gobierno, de ofrecer información a sus oyentes, y –aunque parezca una misión muy superficial– entretenerlos, los

---

[5] Sin embargo, las encuestas sobre radiodifusión realizadas en todo el país demuestran, que los hispanos son muy fieles a este medio, al que dedican entre 26 y 30 horas a la semana (Valdés, 1965:206). Los cubanos de Miami no son una excepción a esta fidelidad, que no ha menguado ni con el auge de la televisión.

servicios que han rendido desde los primeros tiempos, sobre todo, a los que no tenían –o no tienen– un buen manejo del inglés, han sido fundamentales: un grupo de expertos ha estado siempre tras los micrófonos para responder a preguntas, solucionar dudas y dar consejos en materia de impuestos, educación, salud y sistema legal del país anfitrión. La radio ha sido, además, la conexión imprescindible entre estos oyentes y los Estados Unidos, el resto del mundo y la propia Cuba.[6]

Junto a lo enumerado anteriormente, se coloca la actividad editorial. Conviene recordar, como elocuente pórtico a estas consideraciones, que la *Enciclopedia cubana*, que a principios de los años 70 constaba de ocho volúmenes, hoy tiene 14; este notable aumento en solo 25 años es un ejemplo elocuente de la demanda de un público muy interesado. Además, comienzan ahora los trabajos preparatorios para la elaboración de una gran enciclopedia sobre el exilio cubano, en la que Miami, como su capital indiscutible, ocupará un espacio principalísimo.

Las 120 páginas del más reciente *Catálogo general de libros publicados 2001* de la Editorial Universal, ofrece ocho colecciones: Colección Arte, Temas literarios (con 13 secciones), Temas históricos, sociales y políticos (con 6 secciones), Temas afroamericanos (con 4 secciones), Colección diccionarios, Colección textos, Colección aprender y Temas varios. Más del 90% de todos los títulos son obras cubanas. El Catálogo ofrece también muestras escogidas de discografía de música cubana y litografías a todo color con vistas de la Cuba de 1830.[7]

---

[6] Hay que subrayar también que los radio–maratones llevados a cabo por estas estaciones han obtenido mucho dinero y que con él han creado becas, han realizado obras de caridad, han impulsado múltiples proyectos de ayuda a la comunidad, a refugiados recién llegados y a organizaciones anticastristas. A pesar de que se ha intentando bloquear la llegada de estas ondas a la Isla, las estaciones más potentes cuentan allí con muchos oyentes clandestinos, con lo cual también prestan su ayuda en la comunicación entre los cubanos de dentro y los de fuera.

[7] Una revisión atenta a este *Catálogo* nos permite ver títulos muy sobresalientes. *El arte en Cuba* de Martha de Castro, *Cuba: arquitectura y urbanismo* (140 fotografías de edificios, planos y otras construcciones), con prólogo de Marcos A. Ramos, *Las antiguas iglesias de La Habana*, de Manuel Fernández Santalices, *Cuando salí de La Habana* (1898–1997). *Cien años de música cubana por el mundo*, de Cristóbal Díaz Ayala (incluye disco compac-

En este sentido, debe subrayarse especialmente la labor del editor y escritor Carlos A. Díaz y del crítico Carlos Espinosa, en su empeño de recuperar parte de la memoria literaria cubana, reeditando obras, que a pesar de ser consideradas clásicas en las letras de la Isla, no han sido reeditadas. Estas publicaciones aparecen bajo el sello editorial de La Torre de Papel. La colección se inauguró con *Cuentos* de José Manuel Poveda (1888–1926) y *Trailer de sueños*, una selección de cuentos de Enrique Labrador Ruiz (1902–1911). Las reediciones aparecen acompañadas por estudios escritos en la época o por ensayos de autores contemporáneos; las portadas se ilustran con dibujos o grabados de las ediciones príncipes.

No pueden cerrase estas líneas sin hacer mención de la fundación del Pen Club de Cuba en el exilio, filial del Pen Club internacional creado en Londres en 1921; su fundación en Miami obedece a una decisión del Congreso Internacional de 1997, celebrado en Edimburgo, a petición de 31 escritores cubanos residentes en los Estados Unidos.[8] Entre las actividades principales de esta institución, presidida actualmente por el poeta Ángel Cuadra, está la publicación periódica de un boletín informativo, el mantenimiento de un sitio en Internet, la orga-

---

to), *Narradores cubanos de hoy* de Julio Hernández Miyares, *Antología del costumbrismo en Cuba*, de Hortensia Ruiz del Viso, *Poesía en éxodo*, de Ana Rosa Núñez, *Veinte cuentistas cubanos*, de Leonardo Fernández Marcané, *Narrativa y libertad: cuentos cubanos de la diáspora*, de Julio Hernández Miyares; en la colección de 'Clásicos cubanos', la obra de Cirilo Villaverde, Gertrudis Gómez de Avellaneda, Silvestre de Balboa, José María Heredia, Enrique Labrador Ruiz, Julián del Casal, Guillermo Cabrera Infante, Heberto Padilla, Juan Cristóbal Nápoles Fajardo, 'el Cucalambé', y José Martí, entre otros; la Biblioteca de Reinaldo Arenas; las obras de Leví Marrero y de Lidia Cabrera; en fin, todo lo importante de la historia, la cultura, la literatura, la música, etc. de la Cuba de ayer y de la de hoy, de la de dentro y la del éxodo. Por esta importante labor su Director Juan Manuel Salvat ha recibido en el congreso internacional Con Cuba en la Distancia (Cádiz, 2002) el Premio a la Difusión de la Cultura Cubana.

[8.] El antiguo Pen Club de Escritores cubanos, iniciado por Jorge Mañach en La Habana, desapareció a finales de la década de los 50 —el historiador Octavio R. Costa fue su último Presidente–, y aunque en 1987 se hicieron peticiones oficiales desde la Isla con el fin de recuperarlo, la Junta de Gobierno del Pen Club internacional se negó a dar dicha autorización, debido a la cantidad de escritores perseguidos y encarcelados con que contaba ese país.

nización de lecturas de obras por los propios autores y el correspondiente coloquio posterior, presentaciones de libros y conferencias, recitales y mesas redondas, además de editar libros que
informan sobre la actividad literaria del exilio (Pen Club de
Escritores Cubanos en el Exilio, 2001).

No importa el tipo de actividades –recreativas o instructivas–
que se prefiera (cuando no se prefieren ambas), Miami ofrece
muchas cosas para todos los gustos, todo en español, por supuesto, y todo impregnado de esencias y de remembranzas cubanas.
Ningún cubano puede sentirse extranjero en ese ambiente, en esa
atmósfera tan especial que se respira en la ciudad.[9]

6.3 *Implicaciones lingüísticas.*

No sería razonable que todo ese cultivo de la cubanidad
hubiese permanecido al margen de una de sus señas más importantes de identidad: la lengua española. Ella también sirve de

---

[9] No es sorprendente ni raro que los cubanos de esta comunidad se sientan muy orgullosos de serlo. Un pequeño ramillete de testimonios, sacados de
nuestras encuestas, servirá para demostrarlo. Una mujer nacida en Cuba y
llegada a Miami con 16 años, decía: 'en aquel entonces, mis primos, que habían nacido aquí, no querían... cuando yo llegué de Cuba, no querían hablar
español porque no era *cool* hablar español, y hoy es casi lo opuesto, *so*, en ese
sentido... que hoy ser cubano es algo, como una honra, es como... algo..., que
siempre lo fue, pero que es hoy todavía mucho más. Yo pienso que mucho más,
eh.... en el sentido de que hoy Miami, aunque hay personas de todos los países, pero ser cubano hoy es como la mayoría... extremadamente aceptado... que
da distinción':   Otra mujer, llegada a los Estados Unidos a los 9 años, informaba a su entrevistador: 'por 1984, los cubanos [en Miami]se habían entrega-
do un poco más... era... eran menos cubanizados que en el Miami de hoy'; 'Los
cubanos no perdieron su identidad y conservaron su lengua', decía con orgullo
otra de nuestras informantes, esta nacida en Cuba y llegada a la ciudad con
más de 18 años; otra mujer, que llegó con siete años, y que acababa de hacer-
se ciudadana norteamericana, confesaba: 'Yo siempre me sentí y me siento
cubana; no me siento americana', un joven de 21 años nacido en Miami, decía:
'Yo me siento bien orgulloso y siempre he dicho que soy hispano, y más que
nada, cubano, y lo llevo por dentro, por la sangre'; otra mujer, llegada a Miami
con 13 años, dejaba saber a su entrevistador: 'Hoy me siento más cubana que
nunca, más que el día que llegué aquí', y un hombre nacido en Cuba y llegado
con más de 18 años, decía: '¿Tener vergüenza de hablar español en público?
¡Qué va! Lo que me daría vergüenza sería hablarlo mal...

carta de naturaleza, y una carta entrañable, a los cubanos del Gran Miami.

6.3.1 *El aprendizaje del español*

En 1963, Miami creó su programa de educación bilingüe inglés–español. Fue –y es– muy significativo que aunque en Nueva York, California y el Suroeste del país existían grandes concentraciones hispánicas desde hacía ya bastante tiempo, el Condado de Dade fue pionero en este tipo de actividad educativa: Coral Way Elementary School enseñó inglés y español a los hispanohablantes y español a los anglos.

Ese magnífico sistema de enseñanza bilingüe, que no perseguía solo conseguir la transición lingüística de los emigrados hacia el inglés, sino también el fortalecimiento de su lengua materna, y que se enseñaba, además, a los alumnos anglohablantes, fue extendido pronto a otras escuelas del sistema del Condado. La gran cantidad de maestros cubanos que se hallaba en el exilio miamense contribuyó en gran medida a facilitar las cosas. Más tarde sirvió de modelo a otros estados de la Unión.

La historia de la enseñanza bilingüe pre–universitaria en el Condado, y en general, en los Estados Unidos, ha conocido diversos signos y fortunas (Gómez Dacal, 2000), pero en general, se mantienen abiertas todas las posibilidades para que el español siga vivo en las aulas, tanto para hispanohablantes como para quienes posean otras lenguas. En 1997, el currículo bilingüe de las escuelas primarias del Condado ofrecían el 40% de sus clases en español, francés o alemán, y en especial seis escuelas impartían varias asignaturas académicas en español (entre una hora y media y dos horas diarias). La enseñanza del español como lengua extranjera, por el contrario, sigue con bríos: en las escuelas públicas del Condado hoy estudian español 62 896 alumnos anglos. Sería difícil encontrar otro sitio en los Estados Unidos que ofreciera tantas posibilidades de convertirse en un hablante bilingüe.

Las escuelas privadas, por su parte, y no solo las de matrículas muy elevadas, destinadas a las clases pudientes, sino también las de matrícula modestas (entre 60 y 90 dólares al mes), a las que asisten fundamentalmente estudiantes de clase obrera o media baja, han tenido mucha mejor suerte en la enseñanza del español a hispanohablantes (García y Otheguey, 1985, 1987).

Las llamadas escuclitas cubanas reciben a los hijos de obreros de fábricas, de la construcción, de oficinistas, de vendedores, de empleados de bancos, de hospital, de tiendas, de secretarias y de conductores de autobuses (incidentalmente, de médicos, de abogados y de otros profesionales). Abren sus puertas a las 6:30 de la mañana y las cierran a las 6:00 de la tarde, para atraer a muchos niños de padres trabajadores. Los dueños, directores, profesores, personal administrativo y hasta empleados suelen ser cubanos igual que los alumnos, aunque algunos pocos profesores son anglos con un cierto dominio del español, pero están destinados a impartir las asignaturas menos académicas, como música, arte y educación física. Aquellos maestros que no han estudiado en los Estados Unidos, que son los menos, hablan un inglés deficitario.

En la escuela la lengua de la comunicación es el español, aunque oficialmente solo la historia, la geografía de Cuba y las clases de religión [católica] se dictan en esa lengua, y el ambiente, cubanísimo, con fotografías, mapas, banderas cubanas y bustos de Martí. Lo más interesante de todo son los logros obtenidos: durante los primeros años, los alumnos hablan solo en español en todo tipo de actividad extraacadémica, pero a partir del tercer grado ya comienza a oírse inglés en los recreos. Al final de la primaria, los niños son completamente bilingües.

Los maestros están mus satisfechos con estos resultados –en especial de que hablen bien español– y se congratulan por ello. Cuando los investigadores García y Otheguy (1987:86) les preguntaban por la causa de ese triunfo, las respuestas eran: 'La preparación que se da en esta escuela es muy superior a la de la escuela pública, ya que es enseñanza tipo–Cuba', 'Aquí los niños progresan porque es como si estuvieran en un sistema educativo latinoamericano', 'Aquí se enseña español de verdad. En la escuela pública, nada más se enseña a leer palabras, mientras que aquí se les enseña a los niños la gramática y las conjugaciones'.

En las escuelas cubanas privadas de alto estatus, a pesar de que sus alumnos no son solo cubanos o hispanoamericanos, también se obtienen logros sobresalientes en la enseñanza del español.

La educación bilingüe y la especialización en español se ofrece por igual en los niveles universitarios de todo el país (Silva Corvalán, 2000:91-101). Son varios los centros de alta docencia en el Condado de Miami–Dade, la University of Miami, la más antigua y famosa de la zona, y la Florida International University, esta de carácter publica y fundación reciente. Existe, además, un poderoso sistema, también público, el Miami–Dade College, con seis recintos distribuidos por todo el Condado. Se une a esta lista, una serie de centros medianos –St Thomas University y la Barry University, ambas católicas, y pequeños: el Florida Memorial College, el Florida National College. El International Fine Arts College y la Miami Christian University. Todos ellos, en mayor o en menor medida, ofrecen cursos de esta naturaleza. En las grandes instituciones, se pueden proseguir estudios de español y de literatura y cultura hispánicas hasta la obtención del grado de doctor.

6.3.2 *El ideal de corrección idiomática*

De la enseñanza del español, sobre todo a hispanohablantes, la comunidad hispánica espera que se consiga un buen dominio de esta lengua. Mientras que los anglos piden que se logre emplear el inglés con toda corrección, sin preocuparse demasiado por la lengua emigrada, los hispanos, en cambio, no se contentan solo con ello, sino que desean el mismo grado de dominio para el español. En efecto, en una investigación de la Strategy Research Corporation de 1998, se preguntó a los sujetos si los niños debían de leer y escribir correctamente. Los hispanos respondieron que era 'muy importante' que, tanto en inglés como en español, leyeran y escribieran con toda corrección, mientras que los anglos insistían en que lo de verdad importaba era que manejaran bien esas destrezas fundamentalmente en inglés. La Gráfica que sigue lo pone muy de manifiesto:

GRÁFICA 6.1

¿Deben los niños leer y escribir correctamente inglés y español?

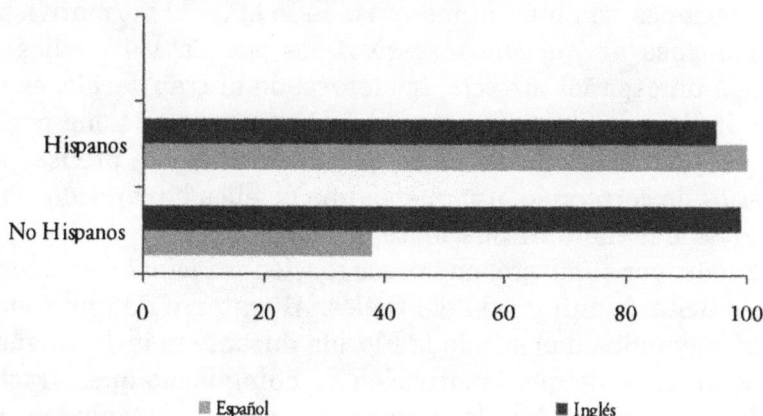

Con respecto a los medios de comunicación, hay algo que merece ser destacado es que, sobre todo, en los casos de la prensa y de la radio –que maneja fundamentalmente la variedad cubana del español, aspiran siempre a su manejo correcto (López Morales, 2003c). Radio Mambí, por ejemplo, en cuñas breves que inserta en su programación, dice: 'Tenemos que estar conscientes del buen uso de las palabras'. Esta intención manifiesta le da a los medios, además, un extraordinario valor como modelo lingüístico de la comunidad.[10]

Por supuesto que a pesar de esas propósitos, la rapidez y –en parte– la improvisación con que a veces tienen que trabajar los profesionales de la comunicación hacen que aparezcan gazapos lingüísticos de todo tipo: préstamos inútiles, calcos flagrantes (tanto en el léxico como en la fraseología), alguna que otra transferencia sintáctica, etc.; Estos, sin embargo, no suelen pasar inadvertidos, ni para quienes escriben las columnas de 'crítica idiomática', que se encargan de censurarlos y de ofrecer

---

[10.] No es necesario subrayar aquí la enorme importancia lingüística que los medios han llegado a adquirir en las sociedades actuales. Son un modelo que se imita con rapidez, y a la vez, una forma de convalidar la aceptación social de la variedad de lengua utilizada, y consecuentemente, una forma, a veces inconsciente, de establecer modelos de corrección idiomática.

las soluciones *ortodoxas*,[11] ni para los lectores de estas columnas que, a juzgar por las cartas que llegan a la redacción de esas publicaciones, son muy numerosos. Este afán de normativismo (aun incluso de *purismo* excesivo), de que en los medios se maneje un español *correcto*, no deturpado ni transferido, es un buen indicio, entre otras cosas, del aprecio que se tiene por la lengua. La radio se guía también, quizás más que la prensa, por criterios de corrección, aunque alguno de ellos hayan sido establecidos de manera inconsciente.

Existe, por supuesto, una preocupación principal y absolutamente lícita: la influencia del inglés. Al tratarse de una comunidad asentada en el sur de la Florida durante más de 40 años, puede dudarse de que la situación de bilingüismo que caracteriza a esta comunidad –si no general, sí muy extendida–, no haya podido dejar sus huellas.

Pero la comunidad cubana del Gran Miami ha vivido –y vive– inmersa en una cultura y una lengua ajenas; hubiera sido sorprendente no encontrar huellas de tal convivencia lingüística. Las hay, aunque es justo reconocer que pocas, y están centradas fundamentalmente en el terreno léxico. Si comparamos estos resultados con los que algunos investigadores han presentado para otras zonas hispánicas, la variedad lingüística cubana que presenta la radio local es un modelo de ortodoxia.

La preocupación de los editorialistas, comentaristas, presentadores y locutores sobre la influencia –en todo caso considerada negativa– que el inglés pudiese ejercer sobre el español, parece estar siempre presente. Esta inquietud no podría señalarse si no fuera por casos como el siguiente:

[11.] Sería inexcusable no hacer una mención especial aquí de Olimpia Rosado, que tantos años de su vida dedicó a esta encomiable labor. Con una formación clásica y sólida –era graduada de las facultades de Filosofía y Letras y de Pedagogía de la Universidad de La Habana, profesora de gramática española y de composición en Cuba y en los Estados Unidos, Miembro de la Academia Norteamericana de la Lengua Española y Correspondiente de la Real Academia Española, autora de libros pedagógicos y de divulgación, entre los que sobresale su *¿Conoce usted su idioma?*– (1997) revisaba cuidadosamente cada día la programación radiofónica y televisiva y señalaba los errores gramaticales que encontraba, censurándolos y ofreciendo la versión correcta; sus columnas en las páginas del *Diario Las Américas*, muy aleccionadoras, se cuentan por docenas.

'Aunque no tengo el *release*... –déjenme hablar en español– la *autorización* de X para comentar este asunto...'

La autocorrección inmediata de este locutor es ejemplo muy ilustrativo de lo que se viene diciendo. Podría pensarse, y con razón, que esta preocupación por el uso correcto del español solo alcanza a los profesionales de la radiodifusión, pero no a los hablantes de a pie. Sin embargo, a pesar de que son varios los contraejemplos que podrían presentarse, muchos de estos individuos que tienen acceso a las ondas por vía telefónica, también establecen las debidas distinciones. Entresaco los siguientes mensajes, enviados por los cubanos de Miami a familiares que viven en Cuba: '¡Les deseo un buen día de *Eastern*, de *Pascua florida*!', 'Llamo para desearte un *feliz día de Resurrección*, de *Eastern*, como se dice acá', '¡*Happy Eastern*! ¡*Feliz día de Pascua*!¡Para que veas que soy bilingüe!'.

En Miami se habla español, pero se quiere, además, hablar un español correcto, lo que indica fundamentalmente, sin contaminaciones del inglés. Así parecen demostrarlo los resultados de la prueba de actitud y creencias hacia la alternancia de códigos que muestra la comunidad cubana del Gran Miami. Esas actitudes fueron descubiertas a través del análisis de cuatro creencias: 1.'En los discursos o intervenciones públicas hay que hablar en español o en inglés, pero no mezclando ambas lenguas, 2. La alternancia de ambas lenguas en el mismo turno de palabra solo debe usarse cuando se habla en confianza', 3. 'El mezclar el español con el inglés cuando se habla debe ser evitado siempre', y 4.'El mezclar el español y el inglés es signo de distinción social'.[12]

1. Un 61.5% de los sujetos estuvo de acuerdo con la creencia de no mezclar ambas lenguas en discursos o intervenciones públicas.

---

[12] El estudio completo de este tipo de actitudes (López Morales, 2001) se ocupó también de las creencias sobre el origen social de la alternancia de códigos en la comunidad cubana del Gran Miami, concretamente de dos ellas –sin

CUADRO 6.2a
'En un discurso o intervención pública hay que hablar en español o en inglés, pero no mezclando ambas lenguas'

	Cuba				EEUU
	A	B	C	X	
1	78.3	77.7	50	68.6	40
2	6.5	11.1	16.6	11.4	50
3	2.2	0	0	9.7	0
4	13	5.5	0	6.1	0
5	0	5.5	12.5	6	10

Lugar de nacimiento y edad de llegada

Los sujetos del grupo A lograron una puntuación favorable de 78.3%, los del B, de 77.7% y los del C, de 50%. En estos casos de trataba de aceptaciones absolutas, aunque las que presentan reparos a esta postura positiva (A. 6.5%, B. 11.1%, C. 16.6%), ayudan a hacerla aún más mayoritaria. Nadie rechazó tajantemente esta creencia entre los llegados con 18 años o más, pero hubo pequeños índices en los otros dos grupos: B. 5.5% y C. 12.5%. En el caso de los llegados con un máximo de seis años, no hubo negativas atenuadas, pero en los grupos A y B, estas alcanzaron el 13% y el 5.5%, respectivamente.

El patrón es también muy acusado entre los nacidos en los Estados Unidos a favor de no mezclar ambas lenguas en situaciones comunicativas en las que debe emplearse un estilo de habla más cuidadoso. El 40% comparte esta creencia, y un 50% más también lo hace, aunque con reparos. El rechazo de la misma solo llega al 10%.

En el parámetro generacional el entramado de actitudes es dicotómico (Cuadro 6.2b). La generación joven, por una parte, rechaza la creencia de forma absoluta; las tres siguientes, en cambio, la aceptan: II. 71.4%, III. 73.3%, IV. 94.1%. Se advierte un ligero ascenso del triunfo de esta creencia entre la segunda y la tercera generación, y un gran salto en la cuarta. También hay aceptaciones atenuadas, pero únicamente en dos grupos: II. 9.5%

___

duda, las más extendidas– que eran: 1. El hablante no conoce buen ninguna de las dos lenguas, y 2. El bajo nivel educativo de estos hablantes. Más adelante se dará información sucinta sobre estos resultados.

y III. 13.3%. El rechazo pleno solo se da, además de entre los jóvenes, en la segunda generación, aunque con poco peso (4.7%). En todo caso, aun si sumáramos a estas cifras las arrojadas por la postura negativa con reparos, este renglón seguiría moviéndose dentro de números modestos: II. 19%, III. 10%, IV. 5.8%.

En cambio, los jóvenes norteamericanos de nacimiento apoyan totalmente la creencia, los que están entre los 21 y los 35 años, aunque lo hacen en un escaso 16.6%, colocan su aprobación condicionada en un 66.6%, cifras que sumadas, arrojarían un 83.2%. La mayor de las generaciones de este grupo divide en dos mitades su postura positiva entre apoyo absoluto y apoyo relativo. La única cifra de rechazo total (16.6%) pertenece a la segunda generación.

El factor sexo/género entre los nacidos en la isla no da diferencias particularmente significativas (Cuadro 6.2c). La aceptación total arroja cifras (M. 79.4%, F. 74.3%) que no discriminan demasiado. Algo más diferenciados se encuentran los apoyos condicionados (14.8% y 5.7%), los rechazos absolutos (2.9% y 5.7%), e incluso, los relativos (5.8% y 11.4%). Los hombres nacidos en los Estados Unidos aceptan en un 100%, si se suman ambas posturas (aceptación absoluta, 25%, relativa, 75%). Las mujeres se diferencian de ellos, no solo porque en este renglón la cifra es menor (85.6%), sino porque exhiben un 14.3% de rechazo total

2. La creencia que restringe la mezcla de español e inglés a contextos comunicativos en los que se usan estilos de habla muy espontáneos, obtuvo un índice de aceptación de un 32.5%.

CUADRO 6.3a
'La mezcla de español e inglés solo debe usarse cuando se habla en confianza'

	Cuba				EEUU
	A	B	C	X	
1	43.2	38.2	28.6	36.6	20
2	6.8	16.6	28.6	17.3	20
3	11.4	11.1	0	7.5	30
4	13.6	22.2	0	11.9	0
5	25	11.1	42.8	26.3	30

Lugar de nacimiento y edad

En cuanto a los nacidos en Cuba, el grupo A acepta esta creencia en un 43.2%, el B, en un 38.8%, y el C, en un 26.6%, índices bajos, como se ve. Las aceptaciones, con la suma de las respuestas condicionadas, apenas sobrepasan el 50%: A. 50%, B. 55.4%, C. 57.2%. Si, dejando de lado los casos neutrales, procediéramos a sumar las cifras negativas, sean absolutas o relativas, esos resultados (A. 38.6%, B. 33.3%, C. 42.8%) serían inferiores a los positivos, aunque con una distancia entre ambas poco marcada.

En el caso de los nacidos en suelo norteamericano también son superiores las cifras de aceptación de la creencia (a favor: 40%, en contra: 30%), pero el margen de diferencia es escaso. Es de notar que entre los sujetos de este grupo aparece un 16.2% que no mantiene posición alguna al respecto.

El perfil generacional aparece dividido frontalmente: los jóvenes rechazan con fuerza la creencia (Cuadro 6.3b), pero las tres generaciones restantes la apoyan, aunque con cierta timidez (II. 45%, III. 49%, IV. 41%); al sumar a estas cifras de apoyo total las de aceptación atenuada, la postura positiva mejora algo: I. 60%, II. 53.3%, IV. 46.8%. Los rechazos, como puede calcularse fácilmente, son inferiores (II. 15%, III. 23.3, IV. 46.8), si se manejan únicamente los de carácter absoluto, pero no tanto si hacemos el cómputo conjuntamente: II. 40%, III. 33.3%, IV. 35.2%. Con todo, y a pesar de que las cifras no están muy distanciadas, el triunfo de la posición positiva es un hecho.

El patrón que arrojan las cifras de los nacidos en los Estados Unidos es menos claro. La generación joven acepta la creencia en un 50% (el otro 50% lo tiene la posición neutral): la generación mayor de este grupo, en cambio, sí se opone a ella con más energía (83.3%), aunque concede un tibio 16.6% de aceptación absoluta. La intermedia la condena en un 33.3% y la acepta con reparos en igual medida.

Las mujeres nacidas en Cuba apoyan algo más la aceptación de que la mezcla de ambos idiomas debe quedar reservada a conversaciones espontáneas (44.4% frente al 37.4% de los hombres) (Cuadro 6.3c); consecuentemente los hombres de este grupo se oponen a ella algo más (27.3% frente al 21.2%). Sin embargo, son las mujeres las que más las rechazan, si bien con reparos (18.2% frente al 12.1% de los hombres). Los hombres, por su parte, la aceptan casi el doble que las mujeres en sus respuestas condicionadas (15.1% frente a 8.3%). Son los hombres nacidos en suelo estadounidense los que aceptan más esta creencia (75% sumando ambas posibilidades); las mujeres, tras efectuar la misma operación, muestran un 28.6%. La gran diferencia está en que los hombres no se oponen a esta creencia y las mujeres, sí (33.3%).

3. La creencia que ahora se examina, la que indica que esta mezcla de lenguas debe ser evitada en todos los casos, consiguió solo un 32.9% de aceptación absoluta.

CUADRO 6.4a
'El mezclar español e inglés cuando se habla debe ser evitado siempre'

	Cuba		EEUU		
	A	B	C	X	
1	35.5	33.3	42.8	37.2	20
2	13.3	11.1	42.8	22.4	0
3	8.8	11.1	0	6.3	30
4	8.8	16.6	14.2	13.2	30
5	33.3	27.7	0	20.3	20

Lugar de nacimiento y edad de llegada

En los sujetos de origen cubano llegados con 18 años o más, las aceptaciones totales y condicionadas subieron al 48.8%; entre los del segundo grupo (7–17 años), a 44.4%, y entre los del tercero, los llegados de niños), a un alto 85.6%. En los dos primeros colectivos hay cifras neutrales (8.8% y 11.1%), y la totalidad de las desaprobaciones fue: A. 42.1%, B. 44.3% y C. 14.2%. Mientras los grupos A y C apoyan la creencia –el C, muy firmemente– el B ofrece porcentajes prácticamente paralelos. Los nacidos en los Estados Unidos presentan cifras muy discriminatorias; favorables a que no se mezcle nunca el español y el inglés, un 20%; en la posición contraria, el 50%. Otro 30% permanece neutral.

Los jóvenes con edades de entre 15 y 20 años, independientemente de su origen (Cuadro 6.4b, otorgan a la aceptación la mitad del total de sus puntos. Los cubanos de nacimiento dan la otra mitad al rechazo con reparos, mientras que los nacidos en el exilio, la colocan en la posición neutral. En el resto de los comportamientos no hay demasiados paralelos. Entre las generaciones restantes del primer grupo –II. 42.8%, III. 54.8%, IV. 56.2%– las respuestas afirmativas bordean el 50%, mientras que la totalidad de los rechazos –II. 57.1%, III. 29% y IV. 37.4%– ofrecen porcentajes inferiores, salvo entre los que tienen entre 21 y 35 años. Las otras dos generaciones de los norteamericanos de nacimiento, la II y la III, esta última hace empatar su puntuación a 50% entre el sí absoluto y el no atenuado, las únicas opciones que logran puntuar. La segunda, en cambio, coloca el 66.6% de sus calificaciones en ambos desacuerdos. Un alto 33.3% se mantiene indiferente.

Las diferencias que pueden apreciarse entre los hombres y las mujeres del grupo cubano son muy ligeras (Cuadro 6.4c). Los primeros aprueban en un 51.4% y desaprueban en un 42.8%; las segundas se muestran partidarias de la postura afirmativa en un 51.4% y de la negativa, en un 37.1%. La variable género, como se ve, queda aquí neutralizada. Los del sexo masculino de origen estadounidense agrupan sus posturas en los extremos con idénticos porcentajes (33.3%). Las mujeres también (19.6%), aunque en este caso hay que sumar a la oposición absoluta otro 42.8% del atenuado. El resto de las cifras va a la zona neutral.

4. Cuando se analiza la última creencia hacia la alternancia de códigos, la que postula que la mezcla de ambas lenguas es índice de distinción social, se observa un rechazo frontal.

CUADRO 6.5a
'Mezclar el español y el inglés cuando se habla es signo de distinción social'

	Cuba			EEUU	
	A	B	C	X	
1	4.5	0	0	1.5	0
2	4.5	16.6	33.3	18.1	0
3	0	5.5	33.3	12.9	20
4	25	27.7	0	17.5	30
5	65.9	50	33.3	49.7	50

Lugar de nacimiento y edad de llegada

Entre los grupos de los nacidos en Cuba, solo los llegados con 18 años o más apoyan esta creencia, aunque con un modestísimo 4.5%. Es verdad que los apoyos atenuados son más numerosos (A. 4.5%, B. 16.6% y C. 33.3%) y crecen considerablemente en el colectivo de los llegados a suelo norteamericano con 6 años o menos. Con todo, los rechazos son muy abundantes, al menos en los dos primeros grupos: A. 65.9% y B. 50%, cifras que aumentarían al 90.9% y al 77.7% si se procediera a aunar los dos tipos de oposición. Muy parecida es la situación que dibujan los datos del grupo de los nacidos en el exilio. Las dos aceptaciones juntas arrojarían un discreto 11.2%, en contraste con las condenas, cuyos números subirían al 79.9% (56.2% de las absolutas más el 23.7% de las relativas). El restante 6.2% pertenece a la posición neutral.

El parámetro generacional (Cuadro 6.5b) deja ver que los sujetos de los dos primeros grupos –entre 15 y 35 años– mantienen vacías todas sus casillas de aceptación; el tercero (entre 36 y 55 años) da un 17.8% para las respuestas positivas con reparos, y el cuarto (más de 55 años) ofrece cifras del 11.1% y del 5.5% para ambos tipos. Los rechazos vuelven a ser considerables; los absolutos; I. 50%, II. 62.5%, III. 57.1% y IV. 66.6%; los condicionados: II. 37.5%, III. 21.4%, IV. 16.6%. Sorprende en este caso el 50% de posición neutral de la generación más joven de los nacidos en Cuba. Entre los norteamericanos de origen no hay datos de aceptación de ninguno de sus tipos en las tres generaciones analizadas; en cambio las respuestas negativas suben al 50% en las tres. Los sujetos de entre 15 y 20 años no rechazan condicionalmente; las otras dos generaciones, sí: 33.3% y 50%, respectivamente, para unos totales de 83.2% y de 100%.

La situación se repite al desglosar los números de acuerdo al factor sexo/género (Cuadro 6.5c). Tanto los hombres como las mujeres de los dos orígenes rechazan la creencia; entre los nacidos en Cuba: M. 61.7%, F. 55.8%; entre los nacidos en el exilio: M. 33.3%, F. 57.1%. La oposición condicionada entre los cubanos fue de 23.5% en los hombres y de 23.5% en las mujeres; entre los estadounidenses de origen, 66.6% en los hombres y 14.3% en las mujeres, lo que consigue unos totales de 85.2% para el sexo masculino y de 79.3 para el femenino; entre los hombres nacidos en los Estados Unidos, el 100%, y el 71.4% entre las mujeres. La diferencia fundamental entre los sexos de ambos grupos es que las casillas de las afirmaciones permanecen vacías entre los estadounidenses de origen. Mientras que entre los cubanos de nacimiento el conjunto de las aceptaciones da un 8.8% para el sexo femenino y un 17.6% para el femenino.

El patrón actitudinal que muestran los sujetos de la muestra con respecto a la alternancia de códigos es muy claro: se rechaza el hibridismo lingüístico en discursos y otras intervenciones públicas en los que suele manejarse un estilo más cuidadoso (61.5%). Cuando la creencia hace referencia a todos los contextos comunicativos, la aceptación absoluta es del 32.9%; el rechazo a esta creencia llega al 20.2. Las oposiciones bajan considerablemente cuando se trata de actos comunicativos espontáneos; la aceptación aquí es de 32.5.%%, luego descontando la posición neutral y las respuestas negativas condicionadas, el rechazo es del 27.2%. Por último, la que establece una relación asociativa entre la mezcla idiomática y el prestigio social fue muy poco apoyada por nuestra muestra (59.8% de rechazo absoluto).

Hasta aquí las creencias que hacen alusión a la presencia del hibridismo lingüístico en estos tres tipos de contextos comunicativos y al prestigio/desprestigio que esas alternancias idiomáticas hacen surgir en la comunidad. Las otras dos que se han manejado en este estudio tienen que ver con el supuesto origen del fenómeno (no se conoce bien ninguna de las dos lenguas, se trata de hablantes de poco nivel educativo). Ambas fueron rechazadas (53.7% y 80%, respectivamente) sobre todo, la segunda.

En conclusión, podemos afirmar que aunque la mayoría no crea que la mezcla lingüística indiscriminada sea causada por el bajo nivel de escolaridad de los hablantes, ni porque estos conozcan mal ambos idiomas, rechazan que sea signo de distinción social, y por consecuencia, su uso en situaciones comunicativas formales, mientras que el rechazo es menor cuando la situación se extiende a todos los contextos y, sobre todo, cuando se habla de discurso coloquial.

En otro orden de cosas, los miembros de esa comunidad consideran que, aunque la alternancia de códigos –español e inglés– no viene producida por limitaciones sociolingüísticas de ningún tipo, debe ser evitada en situaciones comunicativas cuidadosas. Tampoco hay mucho entusiasmo, aunque aquí la condena no es fulminante, con respecto a la presencia del fenómeno en otro tipo de actos comunicativos.

Hemos insistido en el ideal de corrección idiomática que se respira tanto en la educación, como en los medios de comunicación pública, como entre los individuos de la comunidad por la importancia que este factor reviste para nuestro tema. Los estudios de mortandad lingüística, muy abundantes en la actualidad[13], señalan repetidamente que uno de uno de los síntomas más ostensibles de que este proceso se encuentra muy adelantado es la ausencia de reacciones 'puristas' contra la invasión extranjera. Al faltar tales denuncias, el hablante desconoce esos desvíos –aquí concretamente, las múltiples influencias del inglés, no solo los casos de alternancia de códigos– y no puede corregirlos. Ryan (1979), que ha insistido mucho en ello, considera que ahí está implícito un cambio de actitud por parte de los hablantes: cuando estas reacciones dejan de producirse, hasta los de mayor competencia lingüística dejan de intentarlo. El significado de esto es que la comunidad considera que su lengua es inútil y que, por lo tanto, su conservación y transmisión adecuadas carece de propósito.

El caso contrario, que es el que ciertamente encontramos en la comunidad cubana del Gran Miami, tiene un significado completamente opuesto, lo que indica que no hay el menor síntoma de que el español se esté convirtiendo allí en lengua obsolescente y sus hablantes en semi-hablantes.

[13]. Castro (1992: 1992a 126) era uno de los que pensaba que el inglés tendía a reemplazar al español como lengua dominante intergeneracionalmente. No ofrecía datos, pero parecía apoyarse en López (1982) y en su conclusión de que un 80% de los cubanos nacidos en los Estados Unidos tenía al inglés como lengua principal; sus datos corresponden a todo el país, pero Castro supone que Miami pudiera ofrecer un paralelo a estas proporciones. Sin embargo, la investigación de López presenta algunas deficiencias metodológicas que obligan a tomar sus cifras con extrema precaución.

6.4   Hoy sí, ¿y mañana?

Según un estudio de la Strategy Research Corporation (1989), en la ciudad se hablaba más español en ese año que en 1980, y la investigación no se refiere solo al ámbito doméstico, sino al del trabajo y al de las relaciones sociales.

A pesar de que los análisis de actitudes lingüísticas en la comunidad cubana del Gran Miami favorecen al español frente al inglés (pero más al bilingüismo), y también los casos de elección idiomática en casi todos los ámbitos de uso donde es posible la elección; a pesar también de que la mayoría de los cubanos maneja un español muy aceptable, sin apenas transferencias ni calcos, es evidente que la influencia de la lengua mayoritaria se ha hecho sentir en las jóvenes generaciones. ¿Hacia dónde camina entonces el español en el gran Miami? ¿Qué sucederá en un futuro inmediato?

Recuérdese que las razones que hacen pensar que en esa ciudad el avance del español es imparable descansa en dos tipos de razones: emotivas y prácticas. De una parte la *cubanidad*, la demostración de orgullo étnico y cultural de quienes tiene una alta autoestima, auxiliada por el éxito económico; de otra, por los beneficios materiales que trae el poder hablar español en la zona.

En el primer caso, la creencia de que el español se mantendrá en el futuro en esta comunidad alcanzó un porcentaje positivo muy alto: 91.9. Si bien es cierto que entre los cubanos de nacimiento el apoyo a esta creencia es de un 95.9%, entre los nacidos en suelo de la Unión, es de 80%.

CUADRO 6.6a
'Sería una lástima que el español llegara a desaparecer de la comunidad de Miami'

	Cuba				EEUU
	A	B	C	X	
1	93.3	94.4	100	95.9	80
2	6.6	0	0	2.2	0
3	0	0	0	0	0
4	0	5.5	0	1.8	0
5	0	0	0	0	20

Lugar de nacimiento y edad de llegada

Resulta interesante comprobar que hay un crecimiento muy regular en estos índices en relación con los tres grupos de los nacidos en la isla: el A (18 +) 93.3, el B (17–7) 94.4, y el C, los llegados con un máximo de seis años, un 100%. En el caso de los llegados con más edad, un 6.6% de ellos la apoya también, aunque con reparos. En cambio un 5.5% de los del grupo B se opone a ella, aunque no de manera incondicional. Al 80% de quienes se suman a esta creencia sobre el futuro del español en su comunidad, los nacidos en la Unión exhiben un 20% de oposición frontal a la creencia de que esta lengua permanecerá viva en la zona.

El estudio de las generaciones, muy importante para la posible proyección de las situaciones lingüísticas (Cuadro 6.6b), indica que las expectativas son muy halagüeñas, pues precisamente las dos generaciones más jóvenes (entre 15 y 20 y entre 21 y 35 años) apoyan esta creencia de manera incondicional; los dos grupos generacionales mayores (entre 36 y 55 y con más de 55 años) muestran índices también altos (93.1% y 94.1%, respectivamente). Salvo un 3.4% del tercer grupo que no comparte esta creencia en absoluto, los porcentajes de las restantes generaciones (III. 3.4%, IV. 5.8%) muestran su apoyo, pero condicionado.

Un patrón muy parecido emerge de las generaciones de cubanos nacidos en la Unión: a medida que nos acercamos a la generación más joven aumentan las cifras a favor de esta creencia: III. 50%, II. 83.3 y I, 100%. No debe pasarse por alto, sin embargo, que el 50% de la generación mayor no apuesta por ella y que aunque en bastante menor medida, tampoco la intermedia (16.6%). Sin embargo, el hecho de que sí lo hagan las generaciones más jóvenes de ambos grupos de sujetos (según su lugar de nacimiento) debe ser interpretado como una firme apuesta por el mantenimiento del español en la zona.

Por otra parte, tanto hombres como mujeres nacidos en la Isla se muestran muy solidarios (Cuadro 6.6c): 94.1% y 94.4%. Entre las mujeres los resultados son más cerrados, pues el restante 5.5% es de apoyo condicionado. Entre los estadounidenses de nacimiento, en cambio, la creencia obtiene apoyos más débiles (M. 66.6%, F. 85.7%) y más contestados, pues las mujeres, en un 14.2%, mantienen un punto de visto opuesto a esta creencia, y los hombres, nada menos que una tercera parte del total (33.3%).

A pesar de todo ello, los hablantes más jóvenes de la comunidad cubana –si bien, no todos– manejan un español parcialmente interferido, que ha hecho pensar que esta comunidad no constituye una excepción al ineluctable desgaste y a la potencial mortandad del español en un futuro inmediato. Es cierto que hace más de diez años, Castellanos (1990), tras un análisis cuidadoso de la situación lingüística del Gran Miami, concluía que el español seguiría siendo tan importante como el inglés, y se apoyaba en el constante flujo migratorio y en continuo aumento de turistas hispanoamericanos; pero no era menos cierto que también había voces discordantes. Su otro argumento, en cambio, el flujo constante de inmigrantes, ha perdido valor en los últimos años, al menos en cuanto a cubanos se refiere, pues no lo permiten las nuevas leyes, ahora hostiles a la recepción de nuevos refugiados de esta nacionalidad.

Desde hace ya varios años, como subraya Castellanos (1990), Miami se ha convertido en un centro turístico de primer orden: recibe anualmente a casi diez millones de visitantes, atraídos por el clima, las playas, las compras, la vida nocturna, los servicios médicos y estéticos. Sin duda, estos mismos factores han hecho de la ciudad un importante centro continental de congresos. Debido a la afluencia de visitantes hispanoamericanos y españoles es grande la demanda de personal bilingüe, factor que propicia la obtención de beneficios materiales, que fue señalado antes.

Ya Resnick (1988) había señalado que, aparte de ser un medio de comunicación internacional, el español era en Miami una lengua de indiscutible utilidad económica. Como gran centro comercial que era, como núcleo importante de inversiones y de todo tipo de actividades bancarias, y ahora, además, como nueva meca de servicios médicos y estéticos refinadísimos, ofrece al visitante mucho más que playas soleadas y hoteles suntuosos; es un destino, y no solo turístico, que entusiasma, sobre todo en Hispanoamérica. En esa ciudad, el español sirve para bastante más que para hablar con familiares y amigos del entorno. Saber español es, entre otras cosas, un negocio y una fuente de trabajo.

No se trata de conjeturas, sino de hechos. Sandra Fradd y Thomas Boswell, ambos profesores de la Universidad de Miami, han concluido la segunda parte de un estudio destinado al Departamento de Educación del Estado de la Florida –*Creating Florida's Multilingual Workforce*–, en el que ponen de manifiesto que los hablantes bilingües equilibrados reciben sueldos superiores al de los monolingües. Los hispanos de Miami que no hablan español, o no lo hablan bien, ganaron un promedio de 11 261 dólares al año; por otra parte, los que no hablan inglés, solo recibieron 6 147. En cambio, aquellos que manejan los dos idiomas recibieron sueldos de 18 105 dólares, es decir, 7 000 más al año que los monolingües de mayores ingresos.[14]

El Miami de hoy, con un mercado potencial de 735 millones de personas, amplía considerablemente sus ofertas de cargos para hablantes bilingües. Muestras de ello son las 261 empresas españolas que han seleccionado este enclave, consolidado ya como el primer centro financiero y de negocios para los vecinos del Sur, para establecer sus bases de lanzamiento hacia el mercado hispanohablante de los Estados Unidos y hacia Hispanoamérica. La primera gran empresa en llegar –en 1992– fue Iberia, que trasladó allí sus oficinas corporativas; es la única aerolínea europea que cuenta con su centro de distribución de aviones en suelo norteamericano, con el que ha conseguido crear un fortísimo nudo de comunicación entre Europa y América Central (vía Miami, de donde salen 27 vuelos semanales a las capitales del Istmo). Muy poco después llegaron el Banco de Santander Central Hispano y el Bilbao Vizcaya Argentaria, dos formidables colosos de esta industria con miles de millones de dólares en depósitos procedentes de Iberoamérica; también Telefónica Media, el 'buque insignia' de las empresas españolas

---

[14.] Son solo tres las ciudades norteamericanas en las que existen estas diferencias, Miami, San Antonio (Texas) y Jersey City (Nueva Jersey), aunque en la ciudad floridana los contrastes económicos entre bilingües y monolingües son mucho más considerables. Hay también diferencias, aunque en estos casos, insignificantes, en San Diego y en El Paso (Fradd, 1996; Fradd y Boswell, 1996).

(con Terra, Atento y B2B). En los últimos años, otras compañías, grandes, medianas y pequeñas, han ido desembarcando en la zona: Unión FENOSA, Seguros MAPFRE, Media Planning, Lácteos Pascual, Pescanova, Porcelanosa, y un larguísimo etcétera, en el que no pueden faltar los restaurantes (*Diego's*, *La Dorada, Spanish Gourmet, Macarena, Casa Panza, El Quijote, Mesón Rioja,* etc.) El Grupo Prisa ha trasladado a Miami desde Nueva York sus divisiones de radio (Grupo Latino de Radiodifusión), la editorial (Santillana Publishing) y la de música (Music Latina).

En la selección han influido, sin duda, la localización de la ciudad –cruce de caminos entre las dos Américas–, el extraordinario sistema de comunicaciones, las grandes ventajas impositivas del Estado floridano, la facilidad para construir sociedades, la eficaz estructura financiera y de servicios profesionales, la legislación laboral muy favorable al empresario y, sobre todo, la comodidad de poder hacer negocios en español. Esto explica las declaraciones del Vicepresidente Internacional de Trade and Bussiness Development Enterprise of Florida, que afirma que Miami ha desplazado a Nueva York como lugar donde se financian las transacciones privadas de comercio exterior entre los Estados Unidos e Iberoamérica.

A las empresas españolas se han unido otras hispanoamericanas, atraídas por las mismas ventajas. Ejemplo sobresaliente es el del Grupo Cisneros (refrescos y alimentos, concursos de belleza, medios de comunicación, entretenimiento), una de las asociaciones empresariales más grandes de Sudamérica, que cambia a Miami su sede operativa de Caracas, y también las oficinas internacionales de la línea aérea Lan-Chile. En el caso del Grupo Cisneros, toda la compañía ha seguido los pasos de una de sus filiales, el Television Group, dueña de una veintena de canales de televisión por cable que atiende el mercado hispanoamericano.

Los puestos de trabajo que estas empresas han abierto en la ciudad se suman por centenares, pues las firmas obtienen devoluciones de entre 3 000 y 6 000 dólares por cada puesto de trabajo creado, siempre que sean más de diez con un sueldo del 115% del promedio del Estado. Las nóminas que estos puestos conllevan representan cantidades muy significativas. Dado el éxito económico, realmente deslumbrante, de muchas de ellas, se supone que arraigarán en Miami y que servirán de imán a otras firmas que estudian seriamente este traslado, solo españolas, más de 30.

En la primera parte del proyecto, que comenzó en 1997, Fradd y Boswel indicaron que se estaba produciendo un descenso considerable en el dominio del español por parte de los hispanos jóvenes de Miami, situación que contrastaba con las muchas posibilidades de trabajo que ofrecía la ciudad para hablantes bilingües. Los autores señalaron que se corría el grave riesgo de que ciertos puestos de trabajo para los que el manejo de esta lengua era imprescindible se fueran de la Florida en busca de personal más competente lingüísticamente.

Debido a la existencia de una demanda cada vez más creciente de fuerza laboral con estas credenciales, la comunidad empresarial dejó sentir su preocupación con mucha fuerza, insistiendo en la importancia económica que revestía el poder expresarse en más de un idioma. Resultado inmediato de ello fue la promoción en la ciudad de nuevos programas escolares, no solo de carácter bilingüe, sino los de español para hispanohablantes, que remediarían la pérdida de destrezas lingüísticas de esos jóvenes.

Actualmente se han multiplicado con creces los cursos de español para hispanohablantes, con el fin de que aquellos que manejen su español nativo de manera insuficiente, lo recuperen del todo. El éxito es de tal envergadura, que los hispanos acuden a las aulas en números abrumadores. Un botón de muestra: en el curso académico 1997-1998, nos informa Lynch (2000), asistían a estas clases en el sistema público del Condado 97 086 personas.

Por otra parte, están los cursos de español con fines específicos, también exitosos. Los cursos que se ofrecen actualmente en los principales centros universitarios de Miami–Dade, tanto para anglos como para hispanohablantes, no son suficientes, a pesar de que por esas aulas han pasado varios miles de alumnos en la última década. Por eso se ha dado paso a un nuevo proyecto conjunto, al que se ha unido la Universidad Católica de St. Thomas, para ampliar considerablemente esas ofertas. El comienzo del año académico 2002-2003 vio una notable proliferación de estos cursos

A fines de la década de los 80, solo tres de las instituciones universitarias del Condado Miami-Dade ofrecían cursos de español para fines específicos: la Universidad de Miami, 'Español para negocios' y 'Español para diplomáticos'; la Florida International, 'Español para negocios' y 'Learning Technology in Spanish', centrado preferentemente en cuestiones informáticas. Los cursos de español para negocios tenían un diseño similar: estudio de vocabulario comercial, técnico y económico, y entrenamiento en la redacción de documentos que debían ser enviados a países de habla española. El Miami-Dade Community College, por su parte, dictaba dos curso de 'Español para asuntos de la salud'; en el primero de ellos, se daba énfasis a situaciones comunicativas entre pacientes y personal médico; en el segundo, más avanzado, en las aplicaciones del español en casos de emergencia, reproducidos de la vida real.

Cinco años más tarde, esta última institución fundaba su Bilingual Institute for Business and Technology, con una amplia oferta de cursos sobre atención y cuidado infantil, contabilidad, entrenamiento a administradores, tecnología electrónica, micro–computación y formación de recepcionistas de oficina. Las clases eran bilingües, de manera que los estudiantes pudieran aprender las terminologías técnicas.

El sistema escolar del Miami-Dade County, por su parte, se ha unido al trabajo a través de su red de 27 escuelas para adultos y sus 50 centros comunitarios y centros satélites. La División de Escuelas de Adultos, Vocacionales y Técnicas del sistema se ha lanzado a desarrollar uno de los programas educativos más grandes y efectivos de toda la Nación. En la actualidad cursan estudios en sus centros más de 175 000 hispanos y otros grupos minoritarios.[15]

La misión principal de este programa es preparar a los hispanos para la obtención de nuevos empleos y mejores sueldos. Entre la amplia gama de ofertas, los cursos más solicitados, además de los

---

[15.] Los cubanos son minoría: suelen disponer de conocimientos suficientes, aunque algunos se inscriben en ellos para subsanar en lo posible la formación anacrónica en ciencia y tecnología que traen los de más reciente arribo desde Cuba.

de idioma inglés, son los de computación, cosmetología, reparación de automóviles, asistencia odontológica y cuidado infantil.

Este gran proyecto no ha hecho más que comenzar, pero ya se hace preciso destacar que los hispanos de la Florida presentaron en diciembre de 1999 una de las tasas de desempleo más bajas de todo el país, un 3.4%. La gran campaña informativa que ha dado comienzo, bajo los auspicios de la Hispanic American Report, aspira a debitar esta situación y, si fuera posible, a eliminarla del todo.

Pero hay más. Miami aspira a convertirse en el año 2005 en otra Bruselas, el centro financiero de la poderosa Unión Europea, si por fin llega a ser sede definitiva del Área de Libre Comercio de las Américas (ALCA), una de las mayores alianzas comerciales del mundo, que agrupa a 34 naciones democráticas del hemisferios y que mira a un mercado potencial de 800 millones de personas. Desde 1994, en que surge el proyecto en el seno de la cumbre de Jefes de Estado celebrada en Miami, varias ciudades han pujado por conseguir esta capitalidad. Miami ha sido sede temporal hasta 2001; lo fue Panamá hasta febrero de 2003, fecha en que pasó a la capital mexicana. Allí, en 2005, por votación, se decidirá la sede definitiva. Miami-Dade está apostando con fuerza por conseguirla, para lo cual ha nombrado un equipo especial que cuenta con un presupuesto inicial de 700 000 dólares.

Miami es ya un importante centro continental de grandes congresos y convenciones: en un solo año, los asistentes a estos encuentros ocuparon 2 342 000 habitaciones de hotel y gastaron unos diez millones de dólares. Pero si la sede del ALCA va a Miami –que ya ganó la primera partida a Chicago y a San Antonio, gracias a una decisión del Senado de los Estados Unidos–, los beneficios económicos serían colosales. Solo la Secretaría General de esta asociación incrementaría las arcas de la ciudad en 140 millones y medio de dólares durante el primer año de actividad; un total de 250 personas (administradores, inspectores, economistas, traductores y secretarias) serían contratados para echar a andar este gigantesco aparato. El ALCA arrastraría consigo varias divisiones de la Organización de Estados Americanos (OEA), al Banco Interamericano de Desarrollo y a otras instituciones. Se hacen cálculos sobre lo que podría llegar a ser esta Bruselas americana (sin su importancia política, desde luego), partiendo de la base de que la sede de la Unión Europea empezó su andadura con 700 funcionarios y empleados y hoy cuenta con más de 26 000.

Con este presente y estos augurios parece más de evidente que el futuro del español en esta comunidad será muy halagüeño.

APÉNDICE E

'En un discurso o intervención pública hay que hablar en español
o en inglés, pero no mezclando ambas lenguas'

CUADRO 6.2b

	Cuba				EEUU		
	I	II	III	IV	I	II	III
1	0	71.4	73.3	94.1	100	16.6	50
2	0	9.5	13.3	0	0	66.6	50
3	0	0	3.3	0	0	0	0
4	0	14.3	10	5.8	0	0	0
5	100	4.7	0	0	0	16.6	0

Lugar de nacimiento y generación

CUADRO 6.2c

	Cuba		EEUU	
	M	F	M	F
1	79.4	74.3	25	42.8
2	11.8	5.7	75	42.8
3	0	2.8	0	0
4	5.8	11.4	0	0
5	2.9	5.7	0	14.3

Lugar de nacimiento y sexo/género

'La mezcla de español e inglés solo debe usarse cuando se habla en confianza'

CUADRO 6.3b

	Cuba				EEUU		
	I	II	III	IV	I	II	III
1	0	45	40	41	50	0	16.6
2	0	15	13.3	5.8	0	33.3	0
3	0	0	13.3	17.6	50	33.3	0
4	0	25	10	11.7	0	0	0
5	100	15	23.3	23.5	0	33.3	83.3

Lugar de nacimiento y generación

CUADRO 6.3c

	Cuba		EEUU	
	M	F	M	F
1	37.4	44.4	25	14.3
2	15.1	8.3	50	14.3
3	9	11.1	25	28.5
4	12.1	18.2	0	0
5	27.3	21.2	0	33.3

Lugar de nacimiento y sexo/género

'El mezclar español e inglés cuando se habla debe ser evitado siempre'

CUADRO 6.4b

	Cuba				EEUU		
	I	II	III	IV	I	II	III
1	50	33.3	35.5	37.5	50	0	50
2	0	9.5	19.3	18.7	0	0	0
3	0	0	16.1	6.2	50	33.3	0
4	50	23.3	3.2	6.2	0	33.3	50
5	0	33.3	25.8	31.2	0	33.3	0

Lugar de nacimiento y generación

CUADRO 6.4c

	Cuba		EEUU	
	M	F	M	F
1	37.1	34.4	33.3	19.6
2	14.3	17.1	0	0
3	5.7	11.4	33.3	28.6
4	17.1	5.7	0	42.8
5	25.7	31.4	33.3	19.6

Lugar de nacimiento y sexo/género

'Mezclar el español y el inglés cuando se habla es signo de distinción social'

CUADRO 6.5b

	Cuba				EEUU		
	I	II	III	IV	I	II	III
1	0	0	0	11.1	0	0	0
2	0	0	17.8	5.5	0	0	0
3	50	0	3.6	0	50	16.6	0
4	0	37.5	21.4	16.6	0	33.3	50
5	50	62.5	57.1	66.6	50	50	50

Lugar de nacimiento y generación

CUADRO 6.5c

	Cuba		EEUU	
	M	F	M	F
1	0	5.8	0	0
2	8.8	11.8	0	0
3	5.8	2.9	0	28.6
4	23.5	23.5	66.6	14.3
5	61.7	55.8	33.3	57.1

Lugar de nacimiento y sexo/género

'Sería una lástima que el español llegara a desaparecer de la comunidad de Miami'

CUADRO 6.6b

	Cuba				EEUU		
	I	II	III	IV	I	II	III
1	100	100	93.1	94.1	100	83.3	50
2	0	0	3.4	5.8	0	0	0
3	0	0	0	0	0	0	0
4	0	0	0	0	0	0	0
5	0	0	3.4	0	0	16.6	50

B. Lugar de nacimiento y generación

CUADRO 6.6c

	Cuba		EEUU	
	M	F	M	F
1	94.1	94.4	66.6	85.7
2	0	5.5	0	0
3	0	0	0	0
4	2.9	0	0	0
5	2.9	0	33.3	14.2

Lugar de nacimiento y sexo/género

REFERENCIAS BIBLIOGRÁFICAS

ADAMS, Karen y Daniel BRINK, eds. 1990. *Perspectives in official English: The campaign for English as the official language of the USA*, Berlin: Mouton de Gruyter.

AGHEYISI, Rebeca y Joshua FISHMAN. 1970. 'Language attitudes studies: A brief survey of methodological approaches', *Anthropological Linguistics* 12.137-157.

ÁGUILA, Juan M. del. 1998. *Exiles or inmigrants? The politics of National identity*, Cuban Studies Association Occasional Paper Series, Miami: University of Miami.

AJÁ DÍAZ, Antonio. 2000. 'La emigración cubana en los años noventa', *Cuban Studies / Estudios Cubanos* 30.1-25.

AID, F. M., M. C. RESNICK y B. SACIUCK, eds. 1976. *1975 Colloquium on Hispanic Linguistics*, Washington, D.C.: Georgetown University Press.

ALBA, Orlando. 1986. 'La variation de -/r/ dans l'espagnol de Santiago', en D. Sankoff, ed. 1986, 211.222.

ALVAR, Manuel. 1981. 'Español, castellano, lenguas indígenas (Actitudes lingüísticas en Guatemala suboccidental)', *Logos semantikós: Studia Lingüística in Honoren Eugenio Coseriu*, vol. 5. 393-406. Madrid: Editorial Gredos.

ALVAR, Manuel. 1982. 'Español e inglés. Actitudes lingüísticas en Puerto Rico', *Revista de Filología Española* 52.1-38.

ÁLVAREZ DÍAZ, José R. *et alli*. 1963. *Un estudio sobre Cuba*, Miami: Ediciones Universal.

AMAESTAE, Jon y David SATCHER. 1993. 'Linguistic assimilation in two variables', *Language Variation and Change* 5.77-90.

APPEL, René y Pieter MUYSKEN. 1987. *Language contact and bilingualism,* London: Edward Arnold.

ARBOLEYA, Carlos. 1985. *El impacto cubano en la Florida,* Miami.

ARENAS, Reinaldo, (1986). *Necesidad de libertad: Mariel. Testimonios de un intelectual disidente*, México, D.C.: Cosmos-Editorial, S.A.

ARNDT, W. W. 1970. 'Nonrandom assignement of loanwords: German noun gender', *Word* 26.244-253.

ATTINASI, John. 1983. 'Language attitudes and working class ideology in a Puerto Rican barrio of New York', *Ethnic Groups* 5.54-78.

BALSEIRO, José Joaquín, ed. 1976. *Presencia hispánica en la Florida. Ayer y hoy*, Miami: Ediciones Universal

BACH, Robert L. 1985. 'Socialist construction and Cuba emigration: Explorations into Mariel', *Cuban Studies/Estudios Cubanos* 15.19-36.

BACH, R. L., J. B. BACH y T. TRIPLETT. 1981-1982. 'The Flotilla entrants: Latest and most controversial', *Cuban Studies/Estudios Cubanos* 11/12.29-48

BARKIN, Florence. 1980. 'The role of loanword assimilation in gender assignement', *The Bilingual Review/La Revista Bilingüe* 7.105-112.

BEARDSMORE, H. 1971. 'A gender problem in a language contact situation', *Lingua* 27.141-159.

BELL, A. 1984. 'Language style as audience design', *Language in Society* 13.145-204.

BENTIVOGLIO, Paola. 1980-1981. 'El dequeísmo en Venezuela: ¿un caso de ultracorrección?', *Boletín de Filología* [de la Universidad de Chile] 31.705-719

BENTIVOGLIO, Paola. 1987. *Los sujetos pronominales de primera persona en el habla de Caracas*, Caracas: Universidad Central de Venezuela.

BENTIVOGLIO, Paola y Dexy GALVÉ 1998-1999. 'Ausencia y presencia de la preposición *de* ante cláusulas encabezadas por que en el español de Caracas: un análisis variacionista', en *Estudios en honor de Ambrosio Rabanales*, vol. I, 139-159. Tomo XXXVII del *Boletín de Filología [de la Universidad de Chile]*.

BERGENY, John J. y Garland D. BILLS, eds. 1983. *Spanish and Portuguese in social context*, Washington, D.C.: Georgetown University Press.

BLANSITT, B. y R. TECHNER, eds. 1980. *Festscrift for Jacob Ornstein*, Rowley [MA]: Newburry House Publishers.

BOOTH, Cathy. 1993. 'Miami: The Capital of Latin America', *Time Magazine*, 2 de diciembre.

BOSWELL, Thomas D. 1994. *A demographic profile of Cuban Americans*, University of Miami (Cuban-American Policy Center and Department of Geography), Miami: Cuban American Council, Inc.

BOSWELL, Thomas D. 1995. *Hispanic National groups in Metropolitan Miami*, Miami: Cuban-American National Council.

BOSWELL, Thomas D. 2000. 'Demographic changes in Florida and their importance for effective educational policies and practice', en Roca, ed. 2000, 406-431.

BOSWELL, Thomas D. y James R. CURTIS. 1984. *The Cuban-American experience: Culture, images, and perspectives*, Totowa [NJ]: Rowman & Allanheld.

BOWEN, Robert L., ed. 1980. *A Report of the Cuban-Haitian Task Force*, Washington, D.C.: United States Goverment Printing Office.

BRADCASTING & CABLE. 1999. *Broadcasting & Cable Yearbook 1999*. New Providence: Bowker Publication.

CASANOVA, María Julia. 2000. *Mi vida en el teatro: el teatro como culto y profesión: autobiografía de una teatrista en Cuba y en el exilio*, Miami: Ediciones Universal.

CASTELLANOS, Isabel. 1990. 'The use of English and Spanish among Cubans in Miami', *Cuban Studies/Estudios Cubanos* 20.49-63.

CASTRO Max J. 1992a. 'The politics of language in Miami', en GRENIER y STEPICK III, eds. 1992, 109-132.

CASTRO, Max J. 1992b. 'On the curious question of language in Miami', en Crawford, ed. 1992, 178-186.

Censos de población, viviendas y electoral, La Habana: República de Cuba.

Center for Advanced International Studies. 1967. *The Cuban immigration, 1959-1966, and its impact on Miami-Dade County*, Florida, Coral Gables: University of Miami.

CLARK, Juan M. 1977. The Cuban exodus: Background, evolution, impact. Miami: Union of Cubans in exile.

CLARK, J. M., J. I. LASAGA y R. S. REQUE. 1981. 'The 1980 Mariel exodus: An assessment and prospects', Washington, D. C.: Counsel for Interamerican Security.

CLYNE, Michael. 1967. *Transference and triggering*, The Hague: Marinus Nijhoff.

CLYNE, Michael. 1996. 'Multilingualism', en COULMAS, ed. 1996, 301-314.

COATES, Jennifer. 1990. 'Introduction', en Coates y Cameron, eds. 1990, 63-73.

COATES, J. Y D. CAMERON, eds. 1990. *Women in their speech communities: New perspectives on language and sex*, New York: Longman.

COBAS, José y Jorge DUANY. 1995. *Los cubanos en Puerto Rico. Economía étnica e identidad cultural*, Río Piedras: Editorial de la Universidad de Puerto Rico.

CONNELL, R. W. 1993. *Gender and power: Society, the person and sexual politics*, Oxford: Polity Press.

CONTINI-MORAVA, E. y B. SUSSMAN GOLDBERG, eds. 1995. *Meaning as explanation: Advances in linguistics sign theory* Berlin: Mouton de Gruyter.

COOPER, Robert L. y Joshua FISHMAN. 1974. 'The study of language attitudes', *Linguistics. An International Revue* 15.5-9.

COULMAS, Florian, ed. 1996. *The Handbook of Sociolinguistics*, Oxford-Malden: Blackwell Publishers.

CRAWFORD, James, ed. 1992. *Language loyalties. A source book on the Official English controversy*, London y Chicago: The University of Chicago Press.

Cuban American Policy Center. 1977. *Miami's Latin business*, Miami: Cuban American National Planning Council.

Cuban American Policy Center. 1988. *Miami's Latin businesses*, Miami: Cuban American National Planning Council.

Cuban Heritage Trail. 1994. *Florida Cuban heritage trail / Herencia cubana en la Florida*, Miami: Cuban Heritage Trail.

DAY, Jennifer Ch. 1996. *Populations projections of the United States by age, sex, race, and Hispanic origin: 1995-2050. Current Population Reports P25-1130*. Washington, D.C.: United States Bureau of the Census.

DÍAZ, Guarione, ed. 1980. *Evaluation and identification of policy issues in the Cuban community*, Miami: Cuban National Planning Council.

DIDION, Joan. 1987. *Miami*, New York: Simon and Schuster.

DIELBOLD, A. R. 1964. 'Incipient bilingualism', en Hymes, ed. 1964, 495-510.

DORIAN, Nancy. 1981. *Language death: The life cycle of a Scottish Gaelic dialect*, Philadelphia: University of Pennsylvania Press.

DRASCHNER, María. 1991. *The development of Cuban radio and television and the innovations of the CMQ Network* (tesis de maestría), Coral Gables: The University of Miami.

ECKERT, Penelope. 1989. 'The whole woman: Sex and gender differences in variation', *Language Variation and Change* 1.245-268.

EDICIONES UNIVERSAL. 2001. *Catálogo general de libros publicados*, Miami.

EDWARDS, A. L. 1967. *Techniques of attitudes scale construction*, New York: Appleton-Country-Crofts.

ESTEVE, Humilce. 1984. *El exilio cubano en Puerto Rico: su impacto político social*, 1959-1983, San Juan; Raíces.

FABRICIO, Roberto. 1972a. 'Stranded in Spain, Cubans wait and hope', *The Miami Herald* (16 de noviembre).

FABRICIO, Roberto. 1972b. 'For a few exiles, U.S. cuts red tape', *The Miami Herald* (28 de noviembre).

FAGEN, Richard R., Richard A. BRODY y Thomas J. O'LEARY. 1968. *Cubans in exile. Disaffection and the revolution*, Stanford: Stanford University Press.

FASOLD, Ronald W. 1985. *The sociolinguistics of society*, Oxford: Basil Blackwell Ltd.

FERNÁNDEZ, Roberto G. 1973. *The léxical and syntactical impact of English on the Cuban Spanish spoken in Southeastern Florida* [tesis de Maestría], Boca Ratón: Florida Atlantic University.

FERNÁNDEZ, José B. y Roberto G. FERNÁNDEZ. 1983. *Índice biográfico de autores cubanos* (Diáspora 1959-1979), Miami: Ediciones Universal.

FERREE, Myra Max. 1979. 'Employment without liberation: Cuban women in the United States', *Social Science Quarterly* 60.35-50.

FINCHOWETAL, E., ed. 1972. *Studies for Einer Haugen*, The Hague: Mouton.

FISHBEIN, M., ed. 1967. *Readings in attitude.* Theory and measurement, New York: John Willey and Sons.

FISHMAN, Joshua A. 1964. 'Language maintenance and language shift as a field of inquire', *Linguistics* 9.32-70.

FISHMAN, Joshua A. 1965. 'Language maintenance and language shift: The American immigrant case', *Linguistics* 16.19-36.

FISHMAN, Joshua. 1971. 'Bilingual attitudes and behaviors', en FISHMAN, COOPER y MA, eds. 1971, 105-116.

FISHMAN, Joshua. 1977. 'The spread of English as a new perspective for the study of language maintenance and language shift', en FISHMAN, COOPER y CONRAD, eds. 1977, 109-133.

FISHMAN, Joshua y John E. HOFMAN. 1966. 'Mother tongue and nativity in the American population', en FISHMAN y HOFMAN, eds. 1966, 12.41.

FISHMAN, Joshua A. et alii., eds. 1966. *Language loyalty in the United States*, The Hague: Mouton.

FISHMAN, Joshua, Robert COOPER y Roxana MA, eds. 1971. *Bilingualism in The Barrio*, Bloomington [IN]: Indiana University Press.

FISHMAN, J., R. L. COOPER y A. W. CONRAD, eds. 1977. *The spread of English: The sociology of English as an additional language*, Rowley [MA]: Newbury House.

FISHMAN, Joshua y G. D. KELLER, eds. 1982. *Bilingual education for Hispanic students in the United States*, New York: Teachers College Press.

FISHMAN, Joshua et alii. 1985. *Ethnicity in action. The communicative resources of ethnic languages in the United States*, New York: Bilingual Press/Editorial Bilingüe.

Florida News Media Directory, 1999. Radio Stations, publicado por Betty Highberger.

FONTANELLA DE WEINBERG, María Beatriz. 1974. *Un aspecto sociolingüístico del español bonaerense. La -/s/ en Bahía Blanca*, Bahía Blanca: Cuadernos de Lingüística.

FOX, Geoffrey E. 1979. *Working-class emigres from Cuba*, Palo Alto: R & E Research Associates, Inc.

FRADD, Sandra. 1983. 'Cubans to Cuban Americans: Assimilation in the United States', *Migration today* 11.34-42

FRADD, Sandra. 1996. *The economic impact of Spanish language proficiency in Metropolitan Miami*, Miami: Greater Miami Chamber of Commerce y The Cuban-American National Council.

FRADD, S. H. y T. D. BOSWELL. 1996. 'Spanish as an economic resource in metropolitan Miami', *Bilingual Research Journal* 20.283-337.

GARCÍA, María Cristina. 1996. *Havana USA. Cuban exiles and Cuban American in South Florida, 1959-1994*, Berkeley: University of California Press.

GARCÍA, Ofelia. 1995. 'Spanish language lost as a determinant of income among Latinos in the United States', en J-W TOLLEFSON, ed. 1995, 142-160.

GARCÍA, Ofelia y Ricardo OTHEGUY. 1985. 'The masters of survival send their children to school: Bilingual education in the ethnic schools of Miami', The Bilingual Review/La Revista Bilingüe 12.3-20.

GARCÍA, Ofelia y Ricardo OTHEGUY. 1987. 'The bilingual education of Cuban-American children in Dade County's ethnic schools', *Language and Education* 1.83-95.

GARCÍA, Ofelia y Ricardo OTHEGUY. 1988. 'The language situation of Cuban Americans', en McKAY y WONG, eds. 1988, 166-192.

GARCÍA, R. L. y C. F. DÍAZ. 1992. 'The status and use of Spanish and English among Hispanic youth in Dade County (Miami) Florida: A sociolinguistic study, 1989-1991', *Language and Education* 6.13-32.

GARCÍA YEBRA, Valentín. 1988. *Claudicación en el uso de preposiciones,* Madrid: Editorial Gredos.

GILES, H. y R. ST CLAIR, eds. 1979. *Language and social psychology*, Oxford: Blackwell Publishers.

GIMENO, Francisco y María Victoria GIMENO. 2003. *El desplazamiento lingüístico del español por el inglés*, Madrid: Cátedra.

GÓMEZ CAPUZ, Juan. 1998. *El préstamo lingüístico. Concepto, problemas y métodos*, València: Universitat de València.

GÓMEZ DACAL, Gonzalo. 2000. 'El español en las enseñanzas primaria y secundaria de los Estados Unidos', *El español en el mundo. Anuario del Instituto Cervantes*, 117-196. Madrid: Círculo de Lectores-Plaza Janés.

GOONEN, Norma. 1984. 'Cuban Americans in the United States', ERIC ED263294

GRANDA, Germán de. 1981. 'Actitudes sociolingüísticas en el Paraguay', *Revista Paraguaya de Sociología* 18.7-22.

GRENIER, Guillermo J. Y Alex STEPICK III, ed. 1992. *Miami now! Immigration, ethnicity, and social change*, Gainesville: University Press of Florida.

GRINGAS, R. 1974. 'Problems in the description of Spanish-English intrasentential code-switching', en BILLS, ed. 1974, 89-101.

GUERRA, Felicia y Tamara ÁLVAREZ-DETRELL. 1997. *Balseros: Historia oral del éxodo cubano del '94 / Oral history of the Cuba exodus of '94*, Miami: Ediciones Universal.

GUITART, Jorge M. 1982. 'Conservative versus radical dialects in Spanish: Some implications for language instruction', en FISHMAN y KELLER, eds. 1982, 167-177.

GUITART, Jorge M. 1986. 'The future of Spanish in the United States', comunicación presentada al symposium A Quarter Century of Cuba Culture in Exile, Miami.

GUMPERZ, John. 1976. 'The sociolinguistic significance of conversational code-switching', *Working Paper of the Language Behavior Research Laboratory* 46, Berkeley: University of California.

GYNAN, Shaw N. 1977. 'An analysis of attitude toward Spanish as expressed in US English Update', *Southwest Journal of Linguistics* 12.1-37.

HAMMOND, Robert M. 1976. 'Phonetic reestructuring in Miami Cuban Spanish' en AID, RESNICK y SACIUK, eds. 1976, 42-51.

HAMMOND, Robert M. 1978. 'An experimental verification of the phonemic status of open and closed vowels in Caribbean Spanish', en LÓPEZ MORALES, ed. 1978, 93-143.

HAMMOND, Robert M. 1979a. 'Restricciones sintácticas y/o semánticas en la elisión de /s/ en el español cubano [de Miami]', en MORALES y VAQUERO, eds. 1979, 41-57,

HAMMOND, Robert M. 1979b. 'The velar nasal in rapid [Miami] Cuban Spanish', en LANTOF, FRANK y GUITART, eds. 1979, 19-36.

HAMMOND, Robert M. 1980. 'The phonology of the liquids /r/ and /l/ in unaffected [Miami] Cuban Spanish', *SECOL Bulletin* 4.107-116.

HAMMOND y RESNICK, eds. 1988. *Studies in Caribbean Spanish*, Washington, D. C.: Georgetown University Press.

HASHEMIPOUR, Peggy, Ricardo MALDONADO y Margaret VAN NAERSSEN, eds. 1995. *Studies in Language Learning and Spanish Linguistics in Honor of Tracy D. Terrell*, San Francisco: McGraw-Hill.

HASSELMO, N. 1972. 'Code-switching as ordered selection', en FINCHOWETAL, ed. 1972, 76-89.

HOSPITAL, Carolina, ed. 1988. *Cuban American writers: los atrevidos*, Princeton: Ediciones Ellas/Linden Lane Press.

HOOBLER, Dorothy y Thomas HOOBLER. 1996. *The Cuban American family album*, New York-Oxford: Oxford University Press.

HYMES, Dell, ed. 1964. *Language in culture and society. A Reader in Linguistics and Anthropology*, New York-Evanson-London: Harper & Row Publishers.

JESÚS MATEO DE, Antonia. 1985. *Estudio semántico de las preposiciones de movimiento en el habla culta de San Juan* (tesis doctoral). Río Piedras: Universidad de Puerto Rico.

JONG DAVIS, Alicia de. 1988. 'El mercado hispano y los medios de comunicación', en CORTINA y MONCADA, eds. 1988, 239-242.

KANELLOS, Nicolás, ed. 1989. *Bibliographic Dictionary of Hispanic Literature in the United States*, Westport: Greenwood Press.

LABOV, William. 1966. *The social stratification of English in New York City*, Washington, D.C.: Center for Applied Linguistics.

LABOV, William. 1991. 'The insertion of sex and social class in the course of linguistic change', *Language Variation and Change* 3.205-254.

LAMBERT, Wallace E. 1964. *Social Phychology*, Englewood Cliffs [NJ]: Prentice-Hall.

LAMBERT, Wallace, M. ANISFELDT y G. YENI-KORNSHIAN. 1965. 'Evaluation reactions of Jewish and Arab adolescents to dialect and language variation', *Journal of Personality and Social Psychology* 2.84-90.

LAMBERT, Wallace y Donald TAYLOR. 1996. 'Language in the live of ethnic minorities: Cuban American families in Miami', *Applied Linguistics* 17.477-500.

LANTOF, Francine, Wattman FRANK y Jorge GUITART, eds. 1979 *Colloqium on Spanish and Luso-Brazilian linguistics*, Washington, D.C.: Georgetown University Press.

LAVANDERA, Beatriz. 1975. *Linguistic structure and sociolinguistic conditioning in the use of verbal endings in 'si' clauses [Buenos Aires Spanish]*, (tesis doctoral), Philadelphia: University of Pennsylvania.

LEYVA MARTÍNEZ, Ivette. 2000. 'Revistas literarias desafiando los rigores del páramo', *Encuentro de la Cultura Cubana* 18.155-162.

LINDSTROM, Naomi E. 1982. 'Cuban American and Continental Puerto Rican literature', en FOSTER, ed. 1982, 221-245.

LIPSKI, John. 1996. 'Patterns of pronominal evolution in Cuban-American bilinguals', en ROCA y JENSEN, eds. 1996, 159-186.

LLANES, J. 1992. *Cuba Americans: Masters of survival*, Cambridge [MA]: ABT Books.

LOASA, Luis. 1975. 'Bilingualism in three United States groups: Contextual use of language by children and adults in their families', *Journal of Educational Phychology* 67.617-627.

LÓPEZ, David E. 1982. *Language maintenance and language shift in the United States today*, Los Alamitos [CA]: National Center for Bilingual Research.

LÓPEZ, L. 1983. *A sociolinguistic analysis of /s/ variation in Honduran Spanish* (tesis de doctorado), University of Minnesota.

LÓPEZ MORALES, Humberto. 1971. 'Tres calas léxicas en el español de La Habana (Indigenismos, afronegrismos y anglicismos), en *Estudios sobre el español de Cuba*, 72-87 New York: Las Americas Publishing Co.; reimpreso en *Estudios sobre el español hablado en las principales ciudades de América*, ed. por Juan Miguel LOPE BLANCH, 49-61. México: Universidad Nacional Autónoma de México, 1977.

LÓPEZ MORALES, Humberto. 1979. 'Dialectos verticales en San Juan: índices de conciencia lingüística', en *Dialectología y sociolingüística. Temas puertorriqueños*, Madrid: Hispanova de Ediciones, 143-163.

LÓPEZ MORALES, Humberto. 1982. 'Nasals in Puerto Rican Spanish', en SANKOFF y CEDERGREN, eds. 1982, 105-113.

LÓPEZ MORALES, Humberto. 1988. 'Bilingüismo y actitudes lingüísticas en Puerto Rico. Breve reseña bibliográfica', en HAMMOND y RESNICK, eds. 1988, 66.73.

LÓPEZ MORALES, Humberto. 1990. 'En torno a la /s/ final dominicana. Cuestiones teóricas', *Voz y Letra* 1.129-137.

LÓPEZ MORALES, Humberto. 1992a. *Métodos de investigación lingüística*, Salamanca: Ediciones Colegio de España.

LÓPEZ MORALES. 1992b. 'Style variation, sex and linguistic consciousness', en MORENO FERNÁNDEZ, ed. 1992, 43-54.

LÓPEZ MORALES, Humberto. 1992c. 'Muestra de léxico panantillano. El cuerpo humano', en LUNA, ed. 1992, vol. III, 593-625; reimpreso en *Investigaciones léxicas sobre el español antillano*, 45-80. Santiago de los Caballeros: Pontificia Universidad Católica 'Madre y Maestra', 1991.

LÓPEZ MORALES, Humberto. 2000. 'El español en la Florida: los cubanos de Miami', *El español el mundo*, en *Anuario del Instituto Cervantes*, 2000, Madrid: Círculo de Lectores-Plaza Janés.

LÓPEZ MORALES, Humberto. 2001. 'Actitudes hacia la alternancia de códigos en la comunidad cubana del sur de la Florida', *Homenaje a Alberto Escobar, Lexis* [Número especial] 25.173-190.

LÓPEZ MORALES, Humberto. 2002. 'Los cubanos de Miami: actitudes lingüísticas hacia el español, el inglés, el bilingüismo y la alternancia de códigos', *Creación y exilio. Memorias del I Encuentro Internacional 'Con Cuba en la distancia'*, selección y prólogo de Fabio Murrieta, 17-27. Madrid: Editorial Hispano Cubana.

LÓPEZ MORALES, Humberto. 2003a. 'La comunidad cubana del Gran Miami: elección idiomática y medios de comunicación pública', en *El español en [los] Estados Unidos. Simposio de*

Chicago, http://cvc.cervantes.es/obref/español_eeuu/morales. htm.

LÓPEZ MORALES, Humberto. 2003b. Sociolingüística, 3ª ed. actualizada, Madrid: Editorial Gredos.

LÓPEZ MORALES, Humberto. 2003c. 'Actitudes hacia el español en la comunidad cubana del sur de la Florida', *Homenaje a José Jesús de Bustos Tovar,* Madrid: Universidad Complutense (en prensa).

LÓPEZ MORALES, Humberto. 2003d. 'La radio 'cubana' de Miami: ¿español o espanglish?' (en prensa).

LÓPEZ MORALES, Humberto. ed. *Corrientes actuales en la dialectología del Caribe hispánico. Actas de un simposio*, Río Piedras: Editorial de la Universidad de Puerto Rico.

LÓPEZ MORALES, Humberto, ed. 1983. *Introducción a la lingüística actual*, Madrid: Editorial Playor.

LORENZO, Emilio. 1996. *Anglicismos hispánicos*, Madrid: Editorial Gredos.

LUNA, Elizabeth., ed. 1992. *Scripta Philologica in honorem Juan M. Lope Blanch*, México: Universidad Nacional Autónoma de México.

LYNCH, Andrew. 1999. *The subjunctive in Miami Cuban Spanish: Bilingualism, contact, and language variability* (tesis doctoral), Minneapolis: University of Minnesota.

LYNCH, Andrew. 2000. 'Spanish-Speaking Miami in sociolinguistic perspective: Bilingualism, contact, and language maintenance among the Cuba-origin population', en ROCA, ed. 2000, 271-283.

LYNCH, A. y C. KLEE. 2003. 'Estudio comparativo de actitudes hacia el español en los Estados Unidos: educación, política y entorno social', *Lingüística Española Actual* (en prensa)

MACKEY, W. 1965. 'Bilingual interference: Its analysis and measurement', *Journal of Communication* 7.171-182.

MaCGAFFEY, Wyatt y Clifford R. BARNETT. 1962. *Cuba*, New Heaven.

McCOY, Clyde B. y Diana H. GONZÁLEZ. 1985. *Cuba immigration and immigrants in Florida and the United States. Implications for immigration policy*, Miami: University of Miami, Bureau of Economic and Business Research.

McKAY, S. L. Y C. S. WONG, eds. 1988. *Language diversity. Problems or resource? A social and educational perspective on language minorities in the United States*, Cambridge [MA]: Newbury House Publishers.

McKAY, Sandra y Sau-Ling WONG, eds. 2000. *New immigrants in the United States: Readings for second language education*, Cambridge: Cambridge University Press.

MacSWAN, Angus. 1996. 'For Latin American stars, all roads lead to Miami', *Reuters*, 23 de octubre.

MARSHALL, David. F, ed. 1991. *Language planning: Focusschrift in Honor of Joshua A. Fishman*, Amsterdam: John Benjamins.

MARTIN, Edwin M. 1963. 'U.S. outlines policy toward Cuban refugees', *Department of State Bulletin*, 24 de junio, 983-990.

MEECHAN, Marjory y Shana POPLACK. 1995. 'Orphan categories in bilingual discourse: Adjetivation strategies in Wolof-French and Fongbe-French', *Language Variation and Change* 7.169-194.

MICROSOFT, *Enciclopedia Encarta*, http://encarta.msn.com

MILLER, Wayne Herald. 1976. 'Cuban Americans. A guide to the Cuban American experiences', en *A comprehensive bibliography for the study of American minorities*, New York: New York University Press.

MILLER, Ann y Zheng-Sheng ZHANG, eds. 1986. *Proceedings of the Third Eastern States Conference on Linguistics*, Pittsburgh: The University of Pittsburgh.

MILROY, Leslie. 1980. *Language and social networks*, Oxford: Basil Blackwell Ltd.

MILROY, Leslie. 1987. *Observing and analyzing natural language*, Oxford: Basil Blackwell Ltd

MONTALBANO, William D. 1979. 'Spanglish spoken here', *The Miami Herald*, 1 de abril.

MONTANER, Carlos Alberto. 1991. *Impacto de la emigración cubana en el Puerto Rico actual*, Río Piedras: Editorial San Juan.

MORALES, Amparo. 1986a. *Léxico básico del español de Puerto Rico*, San Juan: Academia Puertorriqueña de la Lengua Española.

MORALES, Amparo. 1986b. 'La expresión de sujeto pronominal en el español de Puerto Rico', *Anuario de Letras* 24. 71-85

MORALES, Amparo. 1986a. *Gramáticas en contacto: análisis sintáctico sobre el español de Puerto Rico*, Madrid: Editorial Playor.

MORALES, Amparo. 1992. 'El español en los Estados Unidos: aspectos lingüísticos y sociolingüísticos', *Lingüística* 4.125-170.

MORALES, Amparo. 1997. 'La hipótesis funcional y la aparición del sujeto no nominal: el español de Puerto Rico', *Hispania* 80.154-165.

MORALES, Amparo. 1999. 'Tendencias de la lengua española en los Estados Unidos', *El español en el mundo. Anuario del Instituto Cervantes*, 241-272. Madrid: Círculo de Lectores-Plaza Janés.

MORALES, Amparo. 2001a. 'El español en [los] Estados Unidos. Medios de comunicación y publicaciones', en *El español en el mundo. Anuario del Instituto Cervantes 2001*, 243-279. Barcelona: Plaza & Janés-Círculo de Lectores.

MORALES, Amparo. 2001b. *Anglicismos puertorriqueños*, San Juan: Editorial Plaza Mayor.

MORALES, Amparo y Julia CARDONA. 1999. *Estados Unidos*, Cuaderno 8 de la serie *El español de América. Cuadernos bibliográficos*, Madrid, Arco/Libros.

MORALES, Amparo y María VAQUERO, eds. 1979. *Actas del III Simposio de dialectología del Caribe hispánico*, *Boletín de la Academia Puertorriqueña de la Lengua Española* [número especial] 7.

MORENO DE ALBA, José, ed. 1986. *Actas del II Congreso Internacional sobre el Español de América*, México, D.F.: Universidad Nacional Autónoma de México.

MORENO FERNÁNDEZ, Francisco. 1990. *Metodología sociolingüística*, Madrid: Editorial Gredos

MORENO FERNÁNDEZ, Francisco. 1997. 'Metodología del Proyecto para el estudio sociolingüístico del español de España y de América (PRESEEA)', en Moreno Fernández, ed. 1997, 137-167.

MORENO FERNÁNDEZ, Francisco, ed. 1992. *Sociolinguistics and stylistic variation*, 'LynX, A Monographic Series in Linguistics and World Perception, col.3, València: University of Arizona-Universitat de València.

MOUGEON, R., E. BENIAK y D. VALOIS. 1985. 'A sociolinguistic study of language contact, shift, and change', *Linguistics* 23.4-55.

MUYSKEN, P. 1981. 'La mezcla de quechua y castellano [sic]: el caso de la *media lengua* en el Ecuador', *Lexis* 3.41-56.

MYERS-SCOTTON, Carol. 1993a. *Duelling languages: Grammatical structure of code-switching*, Oxford: Oxford University Press.

MYERS-SCOTTON, Carol. 1993b. *Social motivations for code-switching: Evidence from Africa*, Oxford: Oxford University Press.

MYERS-SCOTTON, Carol. 1996. 'Code-switching', en COULMAS, ed. 1996, 217-237.

National Center for Education Statistics. 1997. *Digest of Education Statistics*, 1997, NCES 98-115. Washington, D.C.

NAVARRO, Carlos. 1963. *An analytical study of three hundred and sixty-one slang forms collected at random from a heterogeneous group of twenty-six Cuba informants* (tesis de maestría), Coral Gables: University of Miami.

NICHOLS, P. C. 1983. 'Linguistic options and choices for black woman in the rural South', en Thorne, Kramarae y Henley, 1983, 54-68.

NOELLE, E. 1979. *Encuestas en la sociedad de masas*, Madrid: Alianza Editorial.

O'HARE, William. 1987. 'Best metros for Hispanic businesses', *American Demographics*, 31-33, November.

ORTIZ LÓPEZ, Luis Alfredo. 1991. *La estratificación léxica de San Juan: déficit vs. variación* (tesis de maestría), Río Piedras: Universidad de Puerto Rico.

ORNSTEIN, J. ed. 1988. *Research on issues and problems in U.S. Spanish*, El Paso: Pan American University.

OTHEGUY, Ricardo. 1993. 'A reconsideration of the notion of loan translations in the analysis of U.S. Spanish', en ROCA y LIPSKI, eds. 1993, 21-46.

OTHEGUY, Ricardo. 1995. 'When contact speakers talk linguistic theory listens', en CONTINI-MORAVA y SUSSMAN GOLD-BERG, eds. 1995, 213-242

OTHEGUY, Ricardo y Ofelia GARCÍA. 1988. 'Diffusion of lexical innovations in the Spanish of Cuban Americans', en ORNS-TEIN, ed. 1988, 203-237.

OTHEGUY, Ricardo y Ofelia GARCÍA. 1993. 'Convergent conceptualizations as predictors of degree of contact in U.S. Spanish', en ROCA y LIPSKI, eds. 1993, 135-154.

OTHERGUY, R., O. GARCÍA y M. FERNÁNDEZ. 1989. 'Transferring, switching, and modeling in West New York Spanish: An intergenerational study', en WHERRITT y GARCÍA, eds. 1989, 41-52.

OTHEGUY, Ricardo, Ofelia GARCÍA y Ana ROCA. 2000. 'Speaking in Cuban', en *New immigrants in the United States*, en McKAY y WONG, eds. 2000, 165-187.

PEARSON, B. y A. McGEE. 1988. 'Language choice in Hispanic background Junior High School students in Miami: A 1988 update', comunicación presentada a The Ninth Conference on Spanish in the United States, Miami.

PEN CLUB DE ESCRITORES CUBANOS EN EL EXILIO. 2001. *La literatura cubana del exilio*, Miami: Ediciones Universal.

PÉREZ, Lisandro. 1992. 'Cuban Miami', en GRENIER y STE-PICH III, eds, 1993, 83-108.

PÉREZ, Lisandro. 2000. 'De Nueva York a Miami. El desarrollo demográfico de las comunidades cubanas en [los][Estados Unidos', *Encuentro de la cultura cubana* 15. 13-23.

PÉREZ FIRMAT, Gustavo. 1995. *Next year in Cuba: A Cubano's coming-of-age in America*, New York: Doubleday-Anchor Books.

PÉREZ-FIRMAT, Gustavo. 1997. *A willingness of the heart: Cubanidad, cubaneo, cubanía*, Cuban Studies Association Occasional Paper Series, Miami: University of Miami.

POPLACK, Shana. 1983. 'Lenguas en contacto', en LÓPEZ MORALES, ed. 1983, 183-207.

POPLACK, Shana. 1987. 'Contrasting patterns and code-switching in two communities', en WASKENTYNE, ed. 1989, 86-98.

POPLACK, Shana y David SANKOFF. 1980. *Borrowing: The synchrony of integration*, Montréal: Centre de Recherche de Mathématiques Appliquées, Raport Tecnique, nº 1158.

POPLACH, S., D. SANKOFF y C. MILLER. 1988. 'The social correlates and linguistic consequences of lexical borrowing ad assimilation', *Linguistics* 16.47-104

PORTES, Alejandro y Robert L. BACH. 1985. *Latin Journey: Cuban and Mexican immigration to the United States*, Berkeley-Los Ángeles: University of California Press.

PORTES, Alejandro, Juan M. CLARK y Robert D. MANNING. 1985. 'After Mariel: A survey of the resettlement experiences of 1980 Cuba refugees in Miami', *Cuban Studies / Estudios Cubanos* 15.37-59.

PORTES, Alejandro y Rafael MOZO. 1985. 'The political adaptation process of Cubans and other ethnic minorities in the United States', *International Migration Review* 19.35-63.

PORTES, Alejandro y R. SCHAUFFLER. 1993. 'Language and the second generation', MS. Johns Hopkings University.

PRIETO, Yolanda. 1987. 'Cuban women in the U.S. labor force: Perspective on the nature of change', *Cuban Studies / Estudios Cubanos* 17.73-91.

PROHÍAS, Rafael J. y Lourdes CASAL. 1973. *The Cuban minority in the U. S.: Preliminary Report on need identification and program evaluation*, Boca Ratón: Florida Atlantic University.

QUILIS, Antonio. 1983. 'Actitud de los ecuatoguineanos ante la lengua española', *Lingüística Española Actual* 5.269-275.

RAMÍREZ, Arnulfo G. 1992. *El español de los Estados Unidos. El lenguaje de los hispanos*, Madrid: Editorial MAPFRE.

RESNICK, Melvyn C. 1988. 'Beyond the ethnic community: Spanish language role and maintenance in Miami', *International Journal of the Sociology of Language*, 69.89-104.

RIEFF, David. 1987. *Going to Miami: Exiles, tourists, and refugees in the new America*, Boston: Little, Brown.

RIPOLL, Carlos. 1987. *Cubanos en los Estados Unidos*, New York: Eliseo Torres and Sons.

RIVERA, Rosa. 1986. *Alternancia de modo en el español de Puerto Rico. Análisis de lenguas en contacto* (tesis de maestría), Río Piedras: Universidad de Puerto Rico.

ROCA, Ana. 1988. 'Bilingualism and the Cuban exile community', comunicación presentada a la Southeast Conference on Foreign Languages and Literatures, Winter Park.

ROCA, Ana. 1991. 'Language maintenance and language shift in the Cuban American Community of Miami: The 1990's and beyond', en MARSHALL, ed. 1991, 245-257.

ROCA, Ana, ed. 2000. *Research in Spanish in the United States: Linguistic issues and challenges*, Somerville [MA]: Cascadilla.

ROCA, Ana y John LIPSKI, eds. 1993. *Spanish in the United States: Linguistic contact and diversity*. Berlin: Mouton.

ROCA, Ana y J. B. JENSEN, eds. 1996. *Spanish in contact: Issues in bilingualism*, Somerville [MA]: Cascadilla Press.

ROKEAH, R. 1968. 'The nature of attitudes', *International Encyclopedia of Social Sciences*, vol. 1, 449-458.

ROSADO, Olimpia. 1977. *¿Conoce usted su idioma?* Miami: Editorial AIP.

RUSSETT, Bruce M. *et alii*, 1964. *World Handbook of political and social indicators*, New Heaven.

RYAN, E. B. 1979. 'Why do low-prestige language varieties persist?', en GILES y ST. CLAIR, eds. 1979, 94-111.

SANKOFF, David, ed. 1986. *Diversity and diachrony*, Current issues in linguistic theory, 53, Amsterdam/Philadelphia; John Benjamins Publishing Co.

SANKOFF, D. y H. CEDERGREN, eds. 1982. *Variation Omnibus*, Alberta: Linguistic Research

SELLTIZ, C., L. S. WRIGHTSMAN y S. W. COOK. 1980. *Métodos de investigación en las relaciones sociales*[9], Madrid: Rialp.

SHAW, Marvin y Jack M. WRIGHT. 1967. 'Methods of scale construction', en SHAW y WRIGHT, eds. 1967, 15-32.

SHAW, Martin y Jack M. WRIGHT, eds. 1967. *Scales for the measurement of attitudes*, New York: McGraw-Hill

SHUY, R. W., A. W. WOLFRAM y W. K. RILEY. 1968. *Field techniques in an urban language study*, Washington, D.C.: Center for Applied Linguistics.

SILVA CORVALÁN, Carmen. 1982. 'Extending the sociolinguistic variable rule to syntax: the case of pleonastic clitics in Spanish', en SANKOFF y CEDERGREN, eds. 1982, 335-342.

SILVA CORVALÁN, Carmen. 1986. 'Bilingualism and language change: The extension of *estar* in Los Ángeles Spanish', *Language* 62.587-608.

SILVA CORVALÁN, Carmen. 1990. 'Current issues in studies in language contact', *Hispania* 73.162-177.

SILVA CORVALÁN, Carmen. 1994. *Language contact and change: Spanish in Los Ángeles*, Oxford: Clarendon.

SILVA CORVALÁN, Carmen. 2000. 'La situación del español en [los] Estados Unidos', *El español en el mundo, Anuario del Instituto Cervantes* 2000. 65-116. Madrid: Instituto Cervantes-Plaza & Janés Editores-Círculo de Lectores.

SILVA CORVALÁN, Carmen. 2001. *Sociolingüística y pragmática del español*, Washington, D.C.: Georgetown University Press.

SOLÉ, Carlos A. 1979. 'Selección idiomática entre la nueva generación de cubano-americanos', *The Bilingual Review/La Revista Bilingüe* 1.1-10.

SOLÉ, Carlos A. 1980. 'Language use patterns among Cuban-Americans, en BLANSITT y TECHNER, eds. 1980, 274-281.

SOLÉ, Carlos A. 1982. 'Language loyalty and language attitudes among Cuban Americans', en FISHMAN y KELLER, eds. 1982, 254-268.

SORUCO, Gonzalo. 1996. *Cubans and the mass media in South Florida*, Talahassee: The University Press of Florida.

STACZEK, John J. 1981. 'Linguistic and cultural contact in Southeast Florida: A perspectives of the 80s', *Cuadernos sobre la lengua española y el bilingüismo* 1-49

STACZEK, John J. 1983. 'Code-switching in Miami Spanish: The domain of health care services', *The Bilingual Review / La Revista Bilingüe* 1.41-46.

STACZEK, John J. ed. 1988. *On Spanish, Portuguese and Catalan Linguistics*, Washington, D.C.: Georgetown University Press.

Strategy Research Corporation. 1984. *The U.S. Hispanic Market*, Miami: Strategy Research Corporation.

Strategy Research Corporation. 1989. T*he U.S. Hispanic Market*, Miami; Strategy Research Corporation.

Strategy Research Corporation. 1998. *The U.S Hispanic Market*, Miami: Strategy Research Corporation.

Strategy Research Corporation, 1999. *The U.S. Hispanic Market*, Miami: Strategy Research Corporation.

TEATROENMIAMI.COM. http://www.teatro enMiami.com

THECHNER, R. V, G. D. BILLS y J. R. CRADDOCK. 1975. *Spanish and English of United States Hispanos: A critical annotated linguistic bibliography*, Arlington [VI]: Center for Applied Linguistics.

THORNE, B, Ch. KRAMARAE y N. HENLEY, eds. 1983. *Language, gender and society*, Cambridge [MA]: Newbury House.

TIMM, L. A. 1975. 'Spanish-English code-switching: el porqué y how-not-to', *Romance Philology* 28.4-16.

TOLLEFSON, J-W. ed. 1995. *Power and inequality in language education*, Cambridge: Cambridge University Press.

TUCKER, G., W. LAMBERT y A. RIGAULT. 1977. *The French speaker's skill with grammatical gender: An example of rule-governed behavior*, The Hague: Mouton.

ÜBER, Diane Ringer. 1986a. 'Los procesos de retroflexión y geminación de líquidas en el español cubano: Análisis sociolingüístico y dialectológico', en MORENO DE ALBA, ed. 1989, 350-356.

ÜBER, Diane Ringer. 1986b. 'A particle analysis of vocalic processes in Cuban Spanish', en MILLER y Zheng-Sheng ZHANG, eds. 1986, 501-509.

ÜBER, Diane Ringer. 1988. 'Neutralization of liquids in syllable rhymes: Recent Cuban arrivals in the United States', en STACZEK, ed. 1988, 38-46.

ÜBER, Diane Ringer. 1989a. 'Noun-phrase pluralization in the Spanish of Cuban Mariel entrants', *Hispanic Linguistics* 3.75-88.

ÜBER, Diane Ringer. 1989b. 'La elisión de la /s/ nominal en el español cubano de [los] Estados Unidos y la hipótesis funcional', *Revista/Review Interamericana* 19.104-110.

ÜBER, Diane Ringer. 1995. 'On the achieving competence in two languages: The role of necessity for the Cuba Mariel entrants', HASHEMIPOUR, MALDONADO y VAN NAERSSEN, eds. 1995, 128-138.

University of Miami, 1967. *The Cuban immigration: 1959-1966, and its impact on Miami-Dade County,* Florida, Miami: University of Miami, Center for Advanced International Studies.

United Nations. 1960. *Demographic Year Book*, New York: United Nations.

United Nations. 1963. *Compendium of social statistics*, New York: United Nations.

United States Bureau of the Census. 1989. *The hispanic population of the United States: March 1989,* Current Reports, Series P-20, No. 444, Washington, D.C.: United States Printing Office. 0000

United States Department of Heath, Education and Welfare. 1962. *Cuba's children in exile*, Washington, D.C.: Children's Bureau, United States Government Printing Office. *1967

United States Deparment of Health, Education and Welfare. 1967. *Cuban Refugee Program Fact Sheet*, Washington, D.C.: United States Government Printing Office.

Unites States Bureau of the Census 1982. 1980 *Census of Population. Characteristics of the population*, vol. 1. Washington, D.C.: United States Government Printing Office.

United States Bureau of the Census 1993. 1990 *Census of Population. Characteristics of the population*, vol. 1. Washington, D.C.: United States Government Printing Office.

United States Bureau of the Census, 2001. *2000 Census of Population. Characteristics of the population*, vol. 1. Washington, D.C.: United States Government Printing Office.

VALDÉS, Isabel. 1995. *Hispanic market handbook: A definite source for reaching this lucrative segment of American consumers*, New York: Gale.

VALLEJO CLAROS, B. 1970. *La distribución y estratificación de /r/, /rr/ y /s/ en el español cubano* (tesis de doctorado), Austin: The University of Texas.

VARELA, Beatriz. 1974. 'La influencia del inglés en los cubanos de Miami y New Orleans', *Español Actual* 26.16-25.

VARELA, Beatriz. 1979. 'Observaciones sobre los isleños, los cubanos y la importancia del bilingüismo', *New Orleans Ethnic Cultures* 1.63-68.

VARELA, Beatriz. 1981. 'El habla de los *marielitos*', *La Chispa '81. Selected Proceedings*, 343-351. New Orleans: Tulane University.

VARELA, Beatriz. 1983. 'Contact phenomena in Miami, Florida', en BERGENY y BILLS, eds. 1983, 61-66.

VARELA, Beatriz. 2000. 'El español cubano-americano', en ROCA, ed. 2000, 173-176.

VARONA, Esperanza B. de. 1987. *Cuban exile periodicals at the University of Miami Library*. An annotated bibliography, Madison: University of Wisconsin.

VARONA, Esperanza B. de. 1993. *Posters of the Cuban diáspora. A bibliography*, Albuquerque: University of New Mexico.

WALLACE, Richard. 1991. 'South Florida grows a Latin bent', *Miami Herald*, 6 de marzo, 1A y 22A.

WASKENTYME, H. J. ed, 1987. *Methods V: Proceedings of the V International Conference on Methods in Dialectology*, Victoria: University of Victoria Press.

WEINREICH, Uriel. 1953. *Language in contact*, New York: Publications of the Linguistic Circle of New York.

WENTZ, J. 1977. *Some considerations in the development of a syntactic description of code-switching* (tesis de doctorado), Urbana: University of Illinois.

WHERRITT, I. y O. GARCÍA, eds. 1989. *U.S. Spanish: The language of Latinos, International Journal of the Sociology of Language* [Número especial], 79.

WILSON, Kenneth L. y W. A. MARTIN. 1982. 'Ethnic enclaves: A comparison of the Cuban and Black economies in Miami', *American Journal of Sociology* 80.135-160.

ZAMORA, Juan. 1975. 'Morfología bilingüe: la asignación de género a los préstamos', *The Bilingual Review/La Revista Bilingüe* 2.239-247.

ÍNDICE DE CUADROS

ÍNDICE DE GRÁFICAS

www.ingramcontent.com/pod-product-compliance
Lightning Source LLC
Chambersburg PA
CBHW031119020426
42333CB00012B/151